特大城市非集中建设区规划和管控探索——以武汉市为例

武汉市规划研究院　主编
胡　飞　黄晓芳　袁建峰　张古月　胡冬冬　著

中国 · 上海
同济大学出版社
TONGJI UNIVERSITY PRESS

前言

改革开放以来，中国经历了锐意发展、波澜壮阔的城镇化进程，社会经济各领域均取得了显著成绩。尤其是一批特大城市，作为城镇化发展的主力军，推动着经济要素重组、人口集聚流动和土地空间的变化，对加快我国城镇化进程起到巨大促进作用。然而，较为粗放的发展方式导致城市空间急剧扩张，人地矛盾、生态环境矛盾空前尖锐。面对城市快速发展中资源和环境的巨大压力，科学发展观、城乡统筹、生态文明建设、乡村振兴等理念和相关政策陆续出台，城市建设区之外的“非集中建设区”引发全社会热切的关注。与此同时，随着新型城镇化的推进和国土空间规划体系的建立，特大城市正面临国土空间规划编制的新任务，如何在新的空间规划体系下，协调好保护与发展的关系，统筹配置城市集中建设区与非集中建设区的空间资源，合理引导城乡功能，以促进城市高质量发展，成为具有时代性和挑战性的重要课题。

纵观我国“非集中建设区”的规划理论与实践历程，其发展大体经历了不断系统化、多元化的过程——由“尊崇自然”到“关注乡村”，再到“强化生态管控”，最后发展为“营造复合功能的魅力乡野地区”。总体上，“非集中建设区”并无统一概念，与之相关的思想最早可追溯到古人“天人合一”“道法自然”等生态观。至近现代，“非集中建设区”的规划理论与实践研究才逐渐展开。1949 年初至 20 世纪末是规划“重城市，轻外围”的阶段，“非集中建设区”的规划实践一般仅在市域城镇体系、乡村建设规划、农业产业规划中有所涉及。21 世纪初，为应对城市无序扩张的现实问题，以“划线刚性管控生态总量与框架结构”为主要做法的非集中建设区规划陆续在全国各大城市开展。深圳、武汉、成都等城市先后划定基本生态控制线，并实现生态框架的制度化管理。但该阶段对保护与发展的关系处理较为简单，在实施过程中逐渐暴露出精细度、灵活性与针对性不足的问题。2012 年至今，随着我国治理理念的不断进步，以及经济发展方式转变带来的乡野休闲活动和创新发展需求的增加，对“非集中建设区”的规划研究掀起了新一轮的热潮，北京、上海、武汉等特大城市逐步实施特色小镇、田园综合体等规划建设，营造城乡统筹发展、功能复合多元的魅力乡野地区成为“非集中建设区”研究新的探索方向。

在当前新型城镇化、乡村振兴发展大背景下，关于“非集中建设区”的研究有多重视角，有的重在培育乡村内在功能，有的着力于区域生态资源保护与协调，有的侧重研究城乡统筹政策机制。本书侧重在从服务特大城市“非集中建设区”规划编制和管控视角出发，定格于当前国土空间规划体系改革的时代背景，在总结思考武汉市多年多项目实践的基础上，对特大城市“非集中建设区”体系框架的构建、编制技术及管控方式的创新进行系统的论述和规律性探讨。

全书分为理论篇与实践篇，共设 8 章。前 5 章为理论篇。首先系统梳理非集中建设区缘起的时代背景，界定并概述其内涵特征与研究的现实意义，并从理论思想演变与规划管控实践两个层面对既有研究展开全面总结。由此在第 5 章提出基于“纵向层级传导、横向多规关联、融入国土空间规划”总体思路而构建的特大城市非集中建设区“市级总体规划、区（县）级分区规划、镇（乡）级控制性详细规划、村级实施性规划”四个层级规划体系的理论框架及其规划核心内容。这一理论框架实用意义较大，为其后章节中详细描述的武汉市规划实践奠定了基础框架。第 6 章至第 8 章为实践篇，基于多层级、多类型的代表性实践案例，阐述武汉市非集中建设区“市级、区级、乡级、村级”四个层次的规划体系及其编制管控的重点，探讨其规划实施路径与管控方式方法，是对特大城市非集中建设区规划开展的有益探索。

本书重要的学术价值与理论贡献在于编著者在新的空间规划治理体系下，基于城乡多元功能培育与精细务实的管理需求，从武汉市丰富的非集中建设区规划实践中，提炼总结出新时期特大城市非集中建设区的规划框架与编制管控内容体系。同时，本书所做的研究是基于武汉市近年来大量、典型的规划创新与实践研究，其中部分规划探索已经开始实施，并取得了较好的社会经济效益，对类似区域的规划建设具有较强的借鉴意义和启示作用。

在生态文明建设、新型城镇化、经济新常态等新理念的持续推动下，人们对非集中建设区的认识已经逐渐从单纯的生态保育向魅力塑造转变，城乡规划理念也正迎来新一轮较大的变化，全域化、系统化、差异化与精准化的规划编制管理模式是未来的发展方向。而非集中建设区的规划编管研究亦可被视为我国规划快速发展和持续完善的重要实践成果，对维护区域生态平衡、促进乡村地区振兴、满足居民日益增长的休闲诉求和实施全域统筹的空间资源管理具有重大意义。本书的研究是在武汉市非集中建设区规划实践基础上的系统思考与实践总结，其价值在于理论框架的创新性、规划实践的应用性和对未来的启发性。衷心希望本书能够有益于推动和开展非集中建设地区研究与规划应用工作，使之取得更为丰硕的成果，并对更广泛的研究和规划编制工作起一定的借鉴与启发作用。

目 录

下篇 实践篇

上篇

理论篇

第 1 章
非集中建设区研究的时代背景

近年来，城市集中建设区之外区域的发展愈来愈引起规划者的关注。该区域由于规划体系欠缺、“多规”冲突多、空间治理效率低等困境，是规划编制与管理的薄弱区域。本章重点从快速城镇化进程影响、生态文明建设总体要求、乡村振兴战略实施导向、国土空间规划改革使命的时代背景四个方面，全面认知非集中建设区发展背景，有助于非集中建设区的空间体系构建，制定相应的空间管控引导措施。

1.1 快速城镇化进程的时代影响

城镇化是以农村人口向城市迁移和集中为特征的一种历史过程，表现在人的地理位置的转移、职业的改变以及由此引起的生产与生活方式的演变。不同国家经济发展水平不同，其城镇化发展水平也往往存在较大差异，换言之，城镇化发展水平与一个国家的经济发展程度密切相关。随着工业和服务业的发展，第二、三产业在经济结构中的比重增加，人口由农业部门向工业、服务业转移，产业结构的转变伴随着收入水平的增长，城镇化是经济发展到一定阶段的自然结果。

1.1.1 世界城镇化进程

工业革命之前，城镇化发展十分缓慢。直到 18 世纪中叶的工业革命，从欧洲开始的以机器大工业取代了手工业生产，世界从农业社会开始迈入工业社会，从乡村化时代开始进入城镇化时代。

一、世界城镇化发展阶段

伴随工业化在世界范围内的不断推进，世界城镇化水平呈现不断提升的态势。依据联合国开发计划署有关人类发展报告相关数据， 1800 年世界人口约为 9.8 亿人，其中约 5% 生活在城市中。1850 年，世界人口约 12.6 亿人，城市人口的比重约 6.3%。1900 年，世界人口约 16.5 亿人，城市人口比重达到 13.3%。2000 年，世界人口约 60.5 亿人，城镇化水平约为 47.2%。与此同时，城镇化在世界各个地区表现出巨大的差异性（表 1-1）。

诺瑟姆（Ray M. Northam）认为城镇化呈现“S”形曲线发展，按照城镇化率划分发展阶段，城镇化率低于 30% 为初级阶段，城镇化率在 30% ～ 70% 为高速发展阶段，当城镇化率超过 70% 为平稳发展阶段。按照此标准，世界城镇化发展可分为三个阶段。第一阶段为城镇化初步发展阶段（1900 年之前），发达国家和地区城镇化接近 30%，世界城镇人口比重超过 10%。第二阶段为城镇化局部加速发展阶段（1900—1950 年），世界城镇人口比重接近 30%，发达国家和地区城镇化加速发展，城镇化率超过 50%，发展中国家和地区城镇化水平不足 20%，发展中国家和地区城镇化进程明显滞后于发达国家和地区。第三阶段为城镇化的高速发展阶段（1950 年之后），全世界城镇化水平取得较大提高，20 世纪 70 年代，发达国家和地区城镇化率达 70%，发展中国家和地区的城镇化达 30%，并进入高速发展阶段。21 世纪初，世界城镇化水平超过了 50%，城镇化呈加速发展态势。

表 1-1　世界城镇化进程及地区差异

年份	世界		发达国家和地区城镇水平	发展中国家和地区城镇水平
	总人口（亿人）	城镇水平		
1800 年	9.8	5.1%	7.3%	4.3%
1825 年	11.0	5.4%	8.2%	4.3%
1850 年	12.6	6.3%	11.4%	4.4%
1875 年	14.2	8.8%	17.2%	5.0%
1900 年	16.5	13.3%	26.1%	6.5%
1925 年	19.5	20.5%	39.9%	9.3%
1950 年	25.0	29.0%	52.5%	16.7%
1975 年	40.6	37.9%	75.0%	29.3%
2000 年	60.5	47.2%	79.1%	41.7%
2015 年	72.0	53.7%	82.3%	49.3%

资料来源：联合国开发计划署人类发展报告数据整理

二、世界城镇化新的趋势

城镇化和城市自身的发展过程，是人类活动的地理空间格局和社会结构的深刻变化过程。按照联合国的统计数据，至 21 世纪第一个十年末，世界城镇化率超过 50%，生活在城市的人口超过总人口的一半，人类经济社会活动的空间分布结构已经进入以城市为主的新阶段。

总体来看，进入 21 世纪后，发达国家的人口城镇化率接近饱和水平。而从较长时期看，发达国家城市人口的绝对规模，有可能随着人口负增长而出现一定程度的负增长。发展中国家的城镇化步伐将明显加快，其城市人口的绝对规模也将稳定增长，由此带来的效应会与发达国家的情形有显著不同。

大都市区扮演着重要的角色。大都市区集中了很大比例的人口和经济活动。在世界经济合作与发展组织（Organization for Economic Co-operation and

Development，OECD，简称经合组织）国家，总人口中有 70%以上生活在大都市地区，发展中国家将出现一批新的大都市群。《2009 年世界发展报告：重塑世界经济地理》的研究发现，发展中国家人口和经济活动在地理空间上的集聚，基本上与先行国家的历史轨迹相类似。可以预期，发展中国家将会随着经济发展而出现一批新的大都市群。

城市竞争力取决于多主体的合作质量及其在城市网络中所形成的独特优势，从而促进城市之间以及城乡之间协调发展。全球经济网络正日益演变成为一个将全世界各大枢纽与节点连接在一起的横向网络。城市的竞争力将取决于价值链上各个参与方合作的效率和质量，取决于城市在区域网络中所处的地位及其具备的核心优势。

信息网络大大拓宽了城市的活动空间，使城市得以延伸其各种功能的地域分布，使城镇化呈现扩散化趋势，扩散化趋势引导了城市产业和人口的疏解，使其部分职能外迁，使城市外围出现了新的制造中心区域，促进了城市郊区化发展。同时，城镇化发展又呈现集聚化趋势，在全球经济一体化的形势下，信息网络发达的地区也是区位条件最好且人口集聚度高的地区。这类地区所处的城市有潜力成为信息节点城市，甚或区域中心城市，并向外呈非连续性扩张。

城市发展从生产型转向生态型、个性化、特色化城市。随着环境意识和可持续发展理念深入人心，维护城市生态平衡、建设绿化城市、促进城市和自然更加和谐，已成为各国大中小城市的共同目标，在各个地区也相应形成如生态型城市、最佳人居环境城市等概念。21 世纪的城市将是“生态循环型绿色城市经济”的城市，伴随现代人生活质量不断提高，人们越来越注重城市的多元化。

1.1.2 中国快速城镇化进程

通过整理国家统计局关于 1949—2018 年历年城镇化数据以及城镇化率变化情况（表 1-2），可将中华人民共和国成立以来我国的城镇化发展大体分为四个阶段。

表 1-2　我国 1949—2018 年城镇化率及年增长变化一览表

年份	城镇化率	增长率	年份	城镇化率	增长率	年份	城镇化率	增长率
1949 年	10.64%	—	1973 年	17.2%	0.07%	1997 年	29.92%	0.55%
1950 年	11.18%	0.54%	1974 年	17.16%	-0.04%	1998 年	30.4%	0.48%
1951 年	11.78%	0.6%	1975 年	17.34%	0.18%	1999 年	30.89%	0.49%
1952 年	12.46%	0.68%	1976 年	17.44%	0.1%	2000 年	36.22%	5.33%
1953 年	13.31%	0.85%	1977 年	17.55%	0.11%	2001 年	37.66%	1.44%
1954 年	13.69%	0.38%	1978 年	17.92%	0.37%	2002 年	39.09%	1.43%
1955 年	13.48%	-0.21%	1979 年	19.99%	2.07%	2003 年	40.35%	1.44%
1956 年	14.62%	1.14%	1980 年	19.39%	-0.6%	2004 年	41.76%	1.23%
1957 年	15.39%	0.77%	1981 年	20.16%	0.77%	2005 年	42.99%	1.23%
1958 年	16.25%	0.86%	1982 年	21.13%	0.97%	2006 年	43.9%	0.91%
1959 年	18.41%	2.16%	1983 年	21.62%	0.49%	2007 年	44.94%	1.04%
1960 年	19.75%	1.34%	1984 年	23.01%	1.39%	2008 年	45.68%	0.74%
1961 年	19.29%	-0.46%	1985 年	23.71%	0.7%	2009 年	46.59%	0.91%
1962 年	17.33%	-1.96%	1986 年	24.52%	0.81%	2010 年	47.5%	0.91%
1963 年	16.84%	-0.49%	1987 年	25.32%	0.8%	2011 年	51.27%	3.77%
1964 年	18.37%	1.53%	1988 年	25.81%	0.49%	2012 年	52.57%	1.3%
1965 年	17.98%	-0.39%	1989 年	26.21%	0.4%	2031 年	53.7%	1.13%
1966 年	17.86%	-0.12%	1990 年	26.41%	0.2%	2014 年	54.77%	1.07%
1967 年	17.74%	-0.12%	1991 年	26.94%	0.53%	2015 年	56.1%	1.33%
1968 年	17.62%	-0.12%	1992 年	27.63%	0.69%	2016 年	57.35%	1.25%
1969 年	17.5%	-0.12%	1993 年	28.14%	0.51%	2017 年	58.52%	1.17%
1970 年	17.38%	-0.12%	1994 年	28.62%	0.48%	2018 年	59.58%	1.06%
1971 年	17.26%	-0.12%	1995 年	29.04%	0.42%	—	—	—
1972 年	17.13%	-0.13%	1996 年	29.37%	0.33%	—	—	—

数据来源：根据国家统计局数据整理

一、恢复和起步时期（1949—1960 年）

这一时期是中国城镇化发展较快时期，城镇人口从 1949 年的 5765 万人增长至 1954 年的 9949 万人，城镇化率年平均增长率约 0.6 个百分点，是总人口年平均增长率的 3 倍多（图 1-1）。

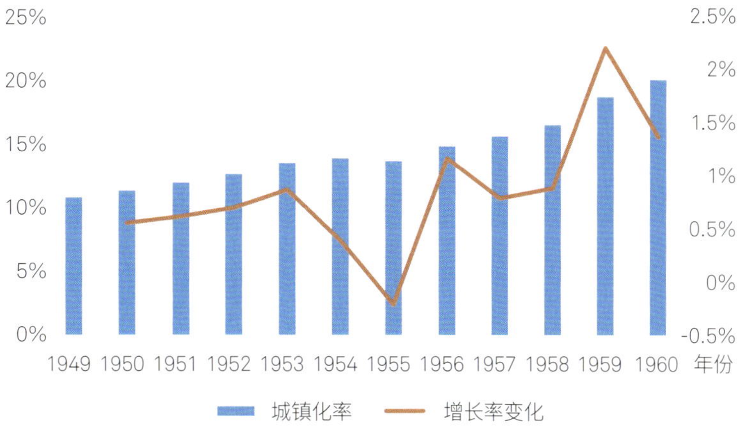

图 1-1　1949—1960 年城镇化率及变化情况

二、城镇化停止阶段（1961—1974 年）

1961 年中国出现了经济发展的大滑坡，中央政府大力调整工业结构，通过提高设市设镇标准大量精简城市人口。至 1965 年，全国有城市 168 个，与 1961 年相比，减少 40 个，下降约 20%。“三线”企业的布局过于分散，阻滞了基建投资对城镇建设的促进作用，造成城镇迁出人口大于迁入人口。这一时期城镇人口的增长主要为自然增长（图 1-2）。

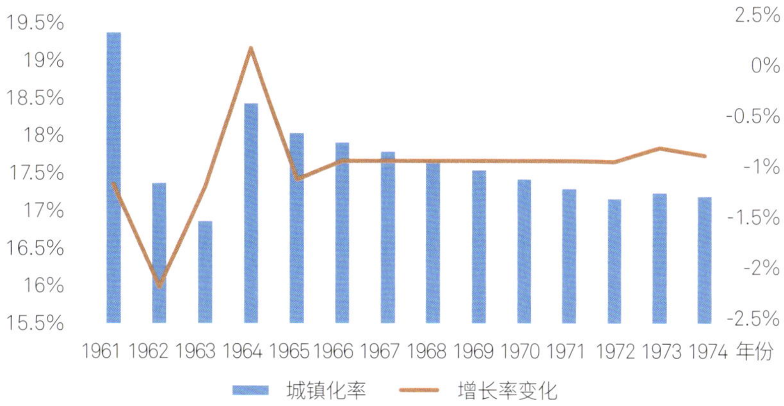

图 1-2　1961—1974 年城镇化率及变化情况

三、城镇化增长阶段（1975—1991 年）

随着改革开放的深入，我国城市的建设进入生机旺盛的时期。至 1991 年年末，城镇人口比 1978 年增长 80.9%，平均每年增长 5.8%。城镇化率达 26.94%，比 1978 年提高 9 个百分点（图 1-3）。

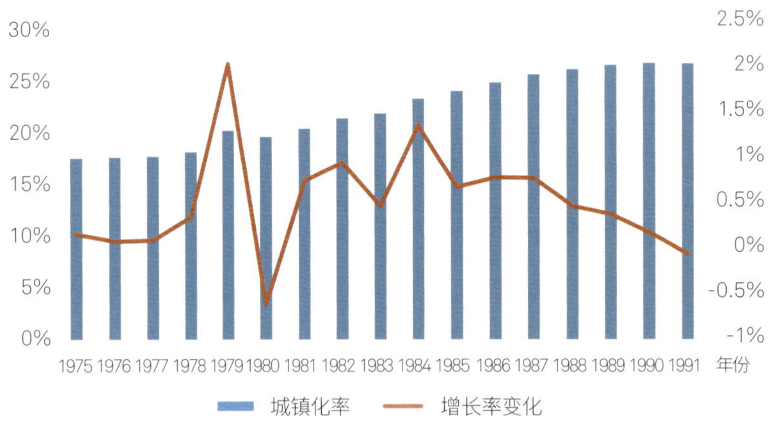

图 1-3　1975—1991 年城镇化率及变化情况

四、城镇化快速发展阶段（1992 年及以后）

城市作为区域经济社会发展的中心，其地位和作用得到前所未有的认识和重视。“十六大”明确提出“要逐步提高城镇化水平，坚持大中小城市和小城镇协调发展，走中国特色的城镇化道路”。至 2018 年年底，城镇人口占总人口比重为 59.58%，比 1991 年增长 32.64%（图 1-4）。

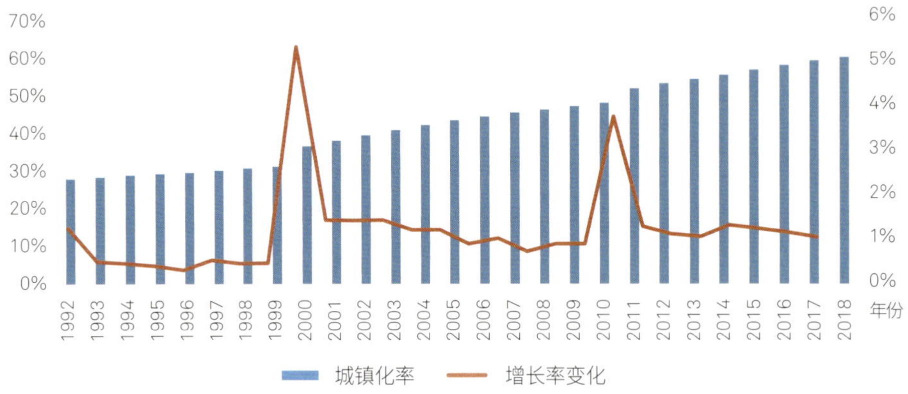

图 1-4　1992—2018 年城镇化率及变化情况

1.1.3 中国特大城市发展的典型特征

按照 2014 年国家对城市等级标准，城区人口在 1000 万人以上的是超大城市，城区人口在 500 万～ 1000 万人的城市是特大城市。通过梳理 2017 年我国主要特大城市的城镇化发展情况，发现其总体呈现三大特征（表 1-3）。

表 1-3　2017 年主要大城市城镇化率一览表

城市	城镇化率	城市	城镇化率	城市	城镇化率
深圳市	100%	天津市	82.93%	杭州市	76.80%
上海市	87.70%	南京市	82.29%	无锡市	76.00%
北京市	86.50%	沈阳市	81.00%	苏州市	75.90%
广州市	86.14%	武汉市	80.04%	西安市	73.42%
佛山市	94.96%	大连市	78.30%	青岛市	72.57%
东莞市	89.86%	长沙市	77.59%	郑州市	72.22%

资料来源：根据国家统计局数据整理。

一、特大城市是带动我国的城镇化的核心基地，以特大城市为核心的城市群（区域）成为我国城镇化发展的主要区域

2018 年我国城镇化率平均水平超过为 59%，特大城市城镇化率超过 70%，远高于平均水平。京津冀、长江三角洲、珠江三角洲三大城市群，山东半岛城市群，海峡西岸城市群，中部地区的中原城市群、长江中游城市群，西部地区的成渝城市群、关中城市群、北部湾城市群，东北地区的哈长城市群、辽中南城市群等城镇化都保持较快发展，对我国新型城镇化进程起到巨大的推动作用。

二、特大城市急剧拓展的城镇空间需求面临更为昂贵的生态代价

特大城市的建设空间呈现出近域连绵和圈层拓展的态势，其经济发展往往以牺牲生态环境换取 GDP 的增长。为满足发展空间需求，特大城市的生态空间遭受侵占和吞噬的现象屡见不鲜，城市生态资源保护尤为艰难，生态空间体系的构建压力也日渐增大。

三、乡村环境和空间品质提升需要新的路径

在城镇化与农村城镇化并举的前提下，强调和突出了农村城镇化的发展，从而形成中国独特的二元城镇化结构。伴随新型城镇化的发展，农村人口流出，农村人居空间逐步萎缩。近年来，农村户籍红利逐步显现，不少农民选择保留农村户籍，仅实现居住空间的转移，乡村存在低成本的闲置空间，闲置空间逐渐成为外来人口的聚居地。而外来人口的聚居将诱发本地农民改扩建住宅的行为，导致乡村环境的杂乱和空间品质的下降。

1.1.4 特大城市城乡关系的演变

城乡关系是一个内涵复杂的、多重关系的集中概括，而可持续的城乡关系则需要去把城市和乡村这两个不同特质的经济单元和聚落空间综合起来，在保留各自禀赋特征的前提下，二者合理分工，功能互补，形成一种效益共享、责任共担、相互协调、共同发展的关系，以消除城乡二元结构，加速实现现代化的过程。

一、城乡关系演变历程

1. 以城市为中心、兼顾农村时期

1949 年后，我国确立了“以城市为中心、兼顾农村”的城乡关系总基调；直到改革开放前，我国是以城市为重心，政府建立了一整套微观经营机制和高度集中的计划配置资源制度为特征的计划经济体制，形成中国特色的城乡分割的二元经济和社会结构。

2. 工农互促、城乡互动时期

1979—1984 年，在农村改革的推动下，城乡沿着大致协调的方向发展。农村经营管理体制改革由点到面全面铺开，农村经济迅速发展，城市改革也随后启动，小城镇建设初具规模，成为城乡协调发展的主要载体，形成以农村改革为主、城市改革相配合的局面，城乡二元经济结构开启了破冰之旅。

3. 以农养工、以乡养城时期

1989—1999 年，市场经济体制下生产要素的流动促进城乡协调发展变化。市场经济的发展让原本在农村内部消化的资金、土地和劳动力等要素在回波效应的带动下都被城市经济发展吸引而大量流往城市，城乡差距再次拉大。十四届三中全会确立了建立社会主义市场经济体制的大目标，其在城乡关系中表现为以农补工、以乡养城的状态。

4. 新世纪“城乡一体化”时期

为了消解城乡二元经济结构，我国政府先后制定了城乡统筹、以城带乡和城乡一体三个不同的调整城乡关系和协调城乡发展的策略，并在随后的方针政策中提出了一系列促进城乡协调发展的政治举措。以十六大为标志，我国城乡协调发展的理念有了根本的转变，从重城轻乡到统筹兼顾。十八大明确指出，解决好农业、农村、农民问题是全党工作的重中之重，要坚持走中国特色的农业现代化道路，并要把推动城乡发展一体化作为解决“三农”问题的根本途径。城乡一体化发展已然成为我国城乡关系的一种新的战略取向和发展策略。《国家新型城镇化规划（2014 — 2020 年）》提出紧紧围绕全面提高城镇化质量，加快转变城镇化发展方式，以人的城镇化为核心，有序推进农业转移人口市民化；以城市群为主体形态，推动大中小城市和小城镇协调发展。新形势下，高质量发展的城乡一体化有助于缩小城乡经济和社会发展的差距，全面提高公共服务和社会福利水平，为经济蓬勃发展提供充沛的内生动力，将推动构建双循环新格局。

二、特大城市城乡发展存在挑战

城乡发展差距依然很大，乡村地区发展不充分。城乡差距是城乡发展不协调的最突出表现，表现在经济、政治、文化、社会以及生态等多个方面。依据国家统计局数据，我国城乡居民收入差距比在 2018 年是 2.09 ∶ 1，缩小城乡差距、维护社会公平，成为协调城乡发展的一大挑战。

城镇发展不能很好地形成对农村经济的辐射和带动作用。特大城市的城镇化率与发达国家发展水平接近，但存在土地城镇化快于人口城镇化、环境污染引起生态环境破坏等问题，这已成为城乡协调发展中亟待解决的问题。

农村、农业、农民问题依然是城乡协调发展的重要瓶颈。我国城乡差别最主要的表现就是农业和非农业比较生产率造成的发展差异，二元比较生产率的差异造成资金、人力、科技生产要素流出农村，进一步拉大了城乡差距。

1.2 生态文明建设的时代要求

1.2.1 生态文明建设的内涵

生态文明从广义角度看，是人类社会继原始文明、农业文明、工业文明后的新型文明形态。它以人与自然协调发展作为行为准则，建立健康有序的生态机制，实现经济、社会、自然环境的可持续发展。从狭义角度来看，生态文明是与物质文明、政治文明和精神文明相并列的现实文明形式之一，着重强调人类在处理与自然关系时所达到的文明程度。

城市生态文明是指城市发展过程中，将核心是从“人统治自然”过渡到“人与自然协调发展”，在提高城镇化水平同时，注重人自身素质的提高，要做到自然的和谐与城市的发展。在发展中，更加关注生态资源敏感的非城镇集中建设区的保护与利用，推进绿色发展、低碳发展，将城乡的发展推进一个全新的历程。

1.2.2 城市生态文明建设的重点

一、城市生态文明建设要维护城市生态安全

生态安全是生态系统得以延续的保障。生态文明要求城市各种建设活动都必须履行与维护生态安全的责任和义务，人人都要对保护生态尽职尽责，不以恶小而为之，不以善小而不为。面临生态破坏的情况，应自觉承担建设和改善生态的责任和义务。每个城市、每个社会组织和机构都要尽到责任，形成一种平等合作关系，共同保护和建设生态系统。

二、城市生态文明建设要促进经济与生态资源协调发展

生态文明要求城市选择有利于生态安全的经济发展方式，建设并开拓有利于生态平衡、节约能源资源和保护生态环境的产业结构、增长方式、消费方式。推行循环经济，提高可再生能源比重，有效控制污染物排放，保持经济发展与环境资源承载力之间的平衡，实现经济与生态协调发展。

三、城市生态文明突出强调人与自然的平等、共生

人类是自然系统中的一员，与自然界万物是平等的，是共生共存的，人与自然不是主从关系，更不是征服与被征服、控制与被控制的关系，人类必须尊重自然，依靠自然，顺应自然，与自然和谐相处。人类所生活的城市，其建设不能逾越自然生态环境的承载极限，建设生态文明城市的目标是使得生物资源得到有

效保护。自然资源得到合理利用，环境污染得到有效控制，城市规划、建设、管理科学有序，经济社会协调发展，人与自然大道高度和谐。

四、城市生态文明建设应形成节约资源和保护环境的空间格局

城市生态文明应尽快形成节约资源和保护生态环境的空间格局、产业结构、生产方式、生活方式。资源环境问题，究其本质是发展方式、经济结构和消费模式问题。在生产、流通、分配、消费的各个领域，必须根据自然环境承载力规划经济社会发展，把节约环保的要求体现在每一个领域，杜绝先污染后治理、先破坏后恢复的现象。

1.2.3 生态文明理念导向下非城镇集中建设区的发展要求

党的十八大以来，生态文明建设被放在突出地位，我国相继出台《关于加快推进生态文明建设的意见》《生态文明体制改革总体方案》等政策文件，为生态文明理念融入城镇化建设勾勒了清晰的“路线图”， 由此将引发我国城乡规划发展与建设思路的转变。

一、科学合理地开发利用自然，在自然承载力范围内推进城镇化

在价值理念上，生态文明要求特大城市城镇化过程必须尊重自然、顺应自然和保护自然。换言之，就是对自然要有敬畏之心、感恩之心，不能凌驾于自然之上。要按照客观规律，科学合理地开发、利用自然，在自然承载力范围内推进城镇化。要努力构建城镇的生态文化，提高城镇居民的生态意识，倡导生态文明理念的牢固树立。

二、城镇化发展由外延扩张为主转向优化土地空间结构为主

生态文明要求特大城市城镇化过程中保障生态空间格局，将生态文明理念融入城镇化过程，要求根据土地空间的自然属性和自身特点，从区域整体空间格局的全局着眼，规划土地空间格局，做到合理开发和有序开发。规划空间格局重点是优化土地空间结构和提高土地空间的利用效率，从占用土地的外延扩张为主转向调整优化土地空间结构为主，按照生产发展、生活富裕、生态良好的要求，促进“生产、生活、生态”空间融合发展。

三、优先保障农业发展空间、维育生态空间等非集中建设的空间

农业发展、生态维系是关系国计民生的根本性问题，城乡发展建设不能以牺牲环境、透支资源为代价。科学引导生态地区、农业地区大量人口向城镇集中，促进生态地区和农业地区人口外迁。按照资源节约、环境友好的要求，因地制宜发展特色产业，探索生态经济发展的新路子，促进特大城市非城镇集中建设区在开发中保护、在保护中开发，将生态保护与优化生产力空间布局结合起来，以环境容量优化为目标展开区域布局，科学构建合理的城镇发展格局、农业保护格局、生态安全格局，从而提高生态文明建设水平。

1.3 乡村振兴战略的实施导向

1.3.1 乡村振兴战略的解读

实施乡村振兴战略，是党的十九大作出的重大决策部署，中国特色社会主义进入新时代，我国社会主要矛盾已经转化为人民日益增长的美好生活需要和不平衡不充分的发展之间的矛盾。我国社会主要矛盾的转化，对我国城镇集中建设区外围的农业、农村、农民发展提出了新的要求。一方面，人民日益增长的美好生活需要对粮食安全、生态安全、健康养生、休闲旅游等方面提出了要求；另一方面，我国发展不平衡、不充分问题在城镇集中建设区外围的乡村最为突出，农村现代化存在薄弱环节，乡村治理体系和治理能力亟待强化。实施乡村振兴战略，要按照“产业兴旺、生态宜居、乡风文明、治理有效、生活富裕”的总要求，建立健全的城乡融合发展体系。

在乡村发展方面，实施乡村振兴战略，就是要让乡村发展生产力和调整完善生产关系同步进行，乡村加快经济发展和社会事业发展齐头并进，达到全面兼顾。

在乡村建设方面，乡村振兴就是要实现“五位一体”的总布局、总目标。通过“产业兴旺”和“生活富裕”来建设物质文明，通过“乡风文明”来建设精神文明和社会文明，通过“生态宜居”来建设生态文明，通过“治理有效”来建设政治文明。

在乡村现代化方面，乡村振兴战略的目标是经济现代化、社会现代化以及人的素质现代化都要实现。“产业兴旺”指向农村各类产业经济的蓬勃发展；“生活富裕”指向农村产业发展资金的充裕储备、农民用于消费享受的充足物质资源；“乡风文明”指向乡村风俗习惯和农民信仰须符合社会主流精神文化的要求；“生态宜居”指向农民物质生活水平的提高、生态环境的绿色和谐；“治理有效”指向乡村各方面均得到有效治理，农村社会秩序井然、安定和谐，农民安居乐业的美好图景。

1.3.2 乡村振兴战略实施要求

一、着力构建城镇外围的乡村产业振兴体系

推动乡村产业振兴，要构建现代农业产业体系、生产体系、经营体系，实现农村第一、二、三产业深度融合发展，进一步提高国家粮食安全保障水平，牢牢把握国家粮食安全主动权；以农业供给侧结构性改革为主线，推动农业从增产导向转向提质导向，增强我国农业创新力和竞争力，为建设现代化经济体系奠定坚实基础，为农民增收拓展空间。

新型农业生产体系要紧紧围绕发展现代农业，夯实农业生产能力基础，实施农业综合生产能力提升重大工程，确保国家粮食安全和主要农产品有效供给；加快农业转型升级，优化农业生产力布局，推进农业结构调整，壮大特色优势产业，保障农产品质量安全，实施质量兴农重大工程，培育提升农业品牌，更好地应对农产品进口冲击和国际农产品市场剧烈波动不利影响，更好地满足居民食物消费升级需要。

新型农业产业体系要紧紧围绕农村第一、二、三产业融合发展，促进农业内部融合、延伸农业产业链、拓展农业多种功能，发展乡村新产业新业态，壮大乡村产业，扩大农民持续较快增收渠道。

新型农业经营体系，要培育新型农业经营主体。小农户将在我国长期存在，在实践中要促进小农户与现代农业生产有机衔接。新型农业经营主体带动小农户发展现代农业，让小农户分享现代农业发展增值收益。这就要求加快健全紧密的利益联结机制，让小农户通过土地流转、要素入股、劳动力就业、产销对接等形式参与新型农业经营，促进乡村产业发展，多途径、高保障持续增加广大农民收入。

二、着力建设宜业宜居的美丽生态家园

推动乡村生态振兴，要以绿色发展为引领，严守生态保护红线，加强农村资源环境保护，统筹山、水、林、田、湖、草保护建设，保护好绿水青山和清新清净的田园风光，推进农业农村绿色发展，加快农村人居环境整治，让良好生态成为乡村振兴支撑点，打造农民安居乐业的美丽家园。

推动乡村生态振兴，大力改善水电路气等基础设施建设，加强农村污水、垃圾等突出环境问题综合治理，改善农村人居环境，推进农村“厕所革命”，完善农村生活设施，补齐农村生态环境建设短板，让乡村成为生态涵养的主体区。

三、着力传承发展中华优秀传统文化

我国优秀农耕文明源远流长，寻根溯源的人文情怀和乡村情结历久弥新。把现代城市文明合理导入融会，乡村振兴将具有更深厚的文化土壤。

推动乡村文化振兴，要深入挖掘农耕文化蕴含的优秀思想观念、人文精神、道德规范，结合时代要求，在保护传承的基础上创造性转化、创新性发展，焕发乡村文明新气象，更好满足农民精神文化生活需求。

推动乡村文化振兴，要以乡村公共文化服务体系建设为载体，培育文明乡风、良好家风、淳朴民风。乡村文化振兴，不仅可以为乡村全面振兴提供精神动力，而且传承的乡村优秀文化与乡村优美环境结合起来，还能成为珍贵的乡村旅游资源。

四、要着力增强内生发展能力

乡村振兴，必须将自上而下推动与乡村内生发展有机地结合起来，单靠外部援助激活乡村发展的探索多以失败告终。推动乡村振兴，在加强顶层设计自上而下推动的同时，绝不能放弃并且要高度重视农民首创乡村振兴路径。人才振兴十分关键。要实施好乡村振兴人才支撑计划，培育新型职业农民，加强农村专业人才队伍建设，吸引更多社会人才投身乡村建设。

1.3.3 乡村振兴战略下非城镇集中建设区的发展要求

一、乡村发展成为特大城市功能作用发挥的重要途径

要有效地利用好乡村自身的资源要素并服务于整个地区。对城镇集中建设区外围乡村来讲，在特大城市核心的辐射影响下，在辐射范围不断扩大的过程中，输出了很多就业机会和公共服务，对城镇集中建设区外围农业、农村、农民具有正外部性，有助于加强人口集聚和土地集约使用，促进就地城镇化和农村现代化。

二、合理配置城乡发展资源，形成城乡合作伙伴关系

特大城市城镇集中建设区外围发展包括两个方面，一方面是乡村自己要发展，乡村的发展应该是本土、多元和高效的发展；另一方面是要保障城乡之间的合作伙伴关系，把城市和乡村组成一个相互联系、相互依赖的功能实体和空间实体，城乡之间是合作伙伴关系，且是平等的。平等的城乡合作伙伴关系建立，一是合作方的平等和独立，不管是大是小，都是一个独立的地域单元；二是要考虑不同的行政管理因素，它们各自有自己的主体，有自己的行政区划。

三、发展农村的新产业、新业态，推动农村第一、二、三产业融合发展

从产业与空间上来看，集中建设区外围农业是农民的第一就业空间；离开农村到特大城市核心从事非农产业就业空间是农民的第二就业空间；再者就是发展农民的第三就业空间，通过推动农村第一、二、三产业融合发展，发展农村的新产业、新业态，让农村在耕地之外能为农民创造更多的服务大都市区的就业机会。城乡在要素、资源融合的过程当中会产生新的经济体，会产生不同于传统的第一、二、三产业分类的经济，并形成第一、二、三产业融合。第一、二、三产业融合的发展会形成一种新的经济体，这种新的经济体一定会有自身空间的承载，这种承载不同于以往在集中建设区外围农村地区从事农业，或者是农民剩余劳动力进入城市去从事城市的第二产业、第三产业，它是在集中建设区外围乡村地区形成的第一、二、三产业融合的新的经济体。

四、强化规划引领，政策引导，引领乡村地区振兴

特大城市的城乡地区相互作用将产生的不同效应。一种是“灯下黑”，实际上是一种极化效应，中心地区更多地吸收了外部地区的资源要素，这种吸引力推进了自身的发展，但是削弱了外部地区的发展。另一种发展的模式是扩散效应，就是在吸收外部要素资源的同时，通过内部核心的创新形成新的关系，并且把这种创新更多地辐射到外部地区，形成扩散效应。特大城市城乡地区的长远发展目标，就是要通过政策引导，规划引领，弱化极化效应，增强扩散效应。

1.4 国土空间规划改革的时代使命

1.4.1 国土空间规划的历史演变

《中共中央国务院关于建立国土空间规划体系并监督实施的若干意见》中明确提出：国土空间规划是国家空间发展的指南、可持续发展的空间蓝图，是各类开发保护建设活动的基本依据。建立国土空间规划体系并监督实施，将主体功能区规划、土地利用规划、城乡规划等空间规划融合为统一的国土空间规划，实现“多规合一”。

空间规划改革将建立全国统一、相互衔接、分级管理的国土空间规划体系，将涉及各类空间在功能、内容、标准、实施等方面的协调和整合。回顾我国国土空间规划主要发展历程，我国国土空间开发利用取得了重大成就。

1987 年，国家发展和改革委员会发布《国土规划编制办法》，该编制办法规定了国土规划的原则、任务和内容，提出国土规划是国民经济和社会发展计划体系的重要组成部分，是资源综合开发、建设总体布局、环境综合整治的指导性计划，是编制中、长期计划的重要依据。

进入 21 世纪，自中央提出“建立国家空间规划体系”以来，全国开展国土规划编制试点，探索国土规划在新世纪的编制思路和技术方法。各部委和地区纷纷开展空间规划体系和规划协调机制的探索工作。

2010 年，《全国主体功能区规划》发布，对优化国土空间开发格局做出基础性安排，为国土空间规划工作提供了有益探索。

2013 年，《中共中央关于全面深化改革若干重大问题的决定》明确建立“空间规划体系，划定生产、生活、生态开发管制边界，落实用途管制”，以及“完善自然资源监管体制，统一行使国土空间用途管制职责”。

2014 年，《国家新型城镇化规划（2014—2020 年）》要求推动有条件地区的经济社会发展总体规划、城市规划、土地利用规划等“多规合一”。同年，国家发改委、国土资源部、环境保护部和住建部联合下发《关于开展市县“多规合一”试点工作的通知》，部署在全国 28 个市县开展“多规合一”试点。

2015 年，《生态文明体制改革总体方案》将国土空间规划作为一项重要的制度建设内容予以明确，要求构建“以空间规划为基础，以用途管制为主要手段的国土空间开发保护制度”，构建“以空间治理和空间结构优化为主要内容，全国统一、相互衔接、分级管理的空间规划体系”。

2017 年，中共中央办公厅、国务院办公厅印发《省级空间规划试点方案》，标志着省级空间规划试点工作正式全面开展。试点工作力求站在宏观、全局的高度，科学设计了“先布棋盘、后落棋子”技术路线，并选择海南、宁夏等 9 省区开展国土规划实践工作。同年，《全国国土规划纲要（2016—2030 年）》经国务院发布实施，对国土空间开发、资源环境保护、国土综合整治和保障体系建设等作出总体部署与统筹安排，对涉及国土空间开发、保护、整治的各类活动具有指导和管控作用，对相关国土空间专项规划具有引领和协调作用。这是我国首个全国性国土开发与保护的战略性、综合性、基础性规划。

2018 年，《中共中央关于深化党和国家机构改革的决定》组建自然资源部，并赋予其“建立空间规划体系并监督实施”的重要职责，要求“强化国土空间规划对各专项规划的指导约束作用，推进多规合一，实现土地利用规划、城乡规划等有机融合”。至此，探索多年的“多规合一”集成为“国土空间规划”。

总的来看，我国国土空间规划从改革开放到现在，经历了三个阶段。第一阶段为改革开放之初至 21 世纪初，建立了“增长主义”导向下的空间规划体系，以城市规划和土地利用规划为主，旨在科学开发土地利用资源，促进经济发展。第二阶段为 2010—2018 年期间，以“多规合一”试点，探索空间规划体系改革阶段，重在化解“多规冲突”下的空间管制矛盾。第三阶段为 2018 年至今，重在“生态文明”下的国土空间规划体系重构，注重生态文明建设，促进可持续发展。

1.4.2 国土空间规划编制内容的变革

当前社会无论政治、经济还是科学技术等条件均已发生了翻天覆地的变化。国土空间规划的编制重点内容也应与时俱进。

一、国土空间开发利用应与资源环境承载量相匹配，促进人的和谐发展

契合尊重自然、顺应自然、保护自然的生态文明理念，根据区域资源环境基础状况，从国土空间系统各要素（包括水资源、自然生态、耕地资源、地质灾害、大气环境和水环境、地形地貌等）入手，对区域资源环境的限制性和承载能力进行评价，识别国土开发的资源环境限制性要素及限制程度。

二、国土空间规划应注重全域统筹与协调，促进城乡均衡发展

国土空间规划应避免重城轻乡，突出全域一体化，在资源生态环境可承载的范围内，结合区域适宜性评价，依据经济安全、粮食安全、生态安全、环境安全等底线思维，综合考虑经济社会发展、产业布局、人口集聚趋势，科学划定永久基本农田红线、生态保护红线，明确设定空间规划的不能建设或限制建设区的底线，从而推进基本农田和生态用地保护，提高建设用地节约集约水平，提升国土资源利用效率。

把总体发展战略和空间布局、空间管控相结合，优化城镇、农业、生态三

类空间，即生活、生产和生态“三生”空间，进而形成协调一致的空间管控分区。

三、以国土空间综合整治为手段，保护和提升城镇外围国土功能

针对资源环境问题，实施国土综合整治重大工程，修复和提升国土空间功能。开展以农用地、城乡建设用地、生态用地为主体的土地综合整治。按照农业现代化生产的要求，多途径提高耕地质量。推进城镇外围低效用地更新利用，改善整体生活环境，提升整体风貌。

优化农村居民点用地布局，注重乡村自然人文景观保护与开发；大力推进生态环境综合整治，国土整治工作应与生态修复工作结合，提高区域森林覆盖率，减少水土流失保证生物多样性，维持生态系统平衡，还原自然属性，打造“山、水、林、田、湖、草”生命共同体，促进生态文明建设。

国土空间规划是作为深化新型城镇化建设、推进国土生态文明建设、保障社会经济可持续发展的战略工具，是对国土空间未来利用的导向，应在区域资源承载的范围内，对城镇、农业和生态空间布局统筹优化，对土地、水体、林木、矿产、能源、生物等空间资源开发、利用与保护进行合理安排，因此，在编制时需要注重区域资源利用在各项约束条件下的效益最大化。

1.4.3 国土空间规划改革下非城镇集中建设区的发展思路

一、应对规划体系改革，重构非城镇集中建设区的规划体系

在国土空间规划编制改革的道路上，生态文明理念是国土空间规划的灵魂。传统的空间规划秉承以经济效益为导向的规划模式，注重生产要素的空间集聚与扩散、人口和产业的空间分布，甚少考虑生态环境等外在因素对空间组织的影响，忽略了以生态为基础的整体性规划思想。国土空间规划要顺应生态文明建设大势，以尊重自然、顺应自然和保护自然的生态文明理念为规划灵魂，在时空尺度上统筹协调人与自然、人与人、经济与社会的平衡。

很多国家和地区开展了生态导向下的国土空间规划实践，比如荷兰开展了“绿心”和“绿线”规划探索，中国台湾开展了“三生空间”规划编制探索。日本开展“生态平衡”规划时实践。借鉴国内外成功的规划实践探索，将生态文明理念融入国土空间规划各方面和全过程，构建国土空间规划编制与管控体系。

二、“双循环”时代背景下，聚焦区域空间一体化发展

在“双循环”战略大背景下，探索非城镇集中建设区发展路径。加强非城镇集中建设区与中心城之间的人口、产业统筹，促进基础设施互联互通，形成梯度发展和优势互补的区域协调分工体系，合理配置国土空间资源，激发经济增长新动能，实现区域协调发展。

三、全域全要素规划管控下，探索山、水、林、田、湖、草等资源的保护与利用

突出全域、全要素的规划管控，开展全域、全要素的资源环境承载力与空间适应性评价。基于地形、气候、水资源、优质耕地、地质环境、生态功能、环境容量和海岸海洋等资源环境要素，从对国土开发的限制性“短板”因素——“山、水、林、田、湖、草”等资源环境入手，综合评价特定区域空间所能承载的国土开发规模和强度。同时，要从限制性区域中寻找国土开发的适宜空间，对城乡建设和产业的空间布局加以引导。

四、生态底线约束下，构建非城镇集中建设区的开发保护格局

始终坚持绿色发展，守住绿水青山底线，优先保护区域自然环境与生态环境，以自然保护区、自然与文化遗产保护区、风景名胜区、森林公园、地质公园等为主体，将具有代表性的自然生态系统、珍稀濒危野生动植物物种的天然集中分布地、有特殊价值的自然遗迹所在地和文化遗址等划入基础生态用地，维系水源涵养、水土保持、防风固沙、生物多样性保护等生态功能，划定生态红线，构建非城镇集中建设区生态空间，约束无序开发，使重点产业发展规模控制在资源环境可承载范围之内。

五、高质量发展导向下，构建非城镇集中建设区的产业功能体系

非城镇集中建设区要紧紧围绕农村第一、二、三产业融合发展，构建现代化产业体系。从非城镇集中建设区的产业链视角出发，重点围绕产业融合、科技创新和现代农业服务化发展三个方面来构建完善的乡村产业体系。在产业融合方面，大力发展现代农业，促进农业融合化发展，由生产型向产业型转变，推动农业向终端型、体验型、循环型、智慧型延伸发展。在科技创新体系方面，依靠科技创新和应用来推进传统农业的改造和转型升级，通过科技创新创造农业新兴产业和乡村未来产业，打造农业产业新业态、新模式、新经济。在农村现代服务业方面，补齐农村服务业发展的“短板”，缩小城乡基本公共服务差距，加大水、电、气、道路等基础设施投资力度，加快农业生产和农村生活便利化服务业的发展。

六、高水准环境品质下，构建非城镇集中建设区的游憩空间

非城镇集中建设区的游憩空间以田园生态景观、农业生产和优质农产品为基础，结合国土综合整治工程，包括土地整治、河道整治、环境整治等，改善人居生活环境，修复受损生态系统，促进生态保护，提高国土开发效益和效率，营

造不同特色主题游憩活动的区域，促进单一农业生产到综合休闲度假产品发展升级，将非城镇集中建设区的游憩空间打造为田园体验度假、生态观光游览等为一体的休闲旅游综合区域。

本章小结

本章重点从“快速城镇化发展、生态文明建设、乡村振兴和国土空间规划改革”四个方面，详细解读特大城市非城镇集中建设区规划与建设的时代背景。

在快速城镇化发展方面，全面梳理世界和我国城镇化发展历程，研究特大城市的城乡互动发展关系，提出在快速城镇化进程中，发挥非城镇集中建设区的资源禀赋优势，促进城乡功能互补，形成一种效益共享、责任共担、相互协调、共同发展的关系，以消除城乡二元结构，加速实现现代化的过程。

在生态文明建设的时代要求方面，解读生态文明建设的内涵，研究生态文明建设重点，提出要更加关注生态资源敏感的非城镇集中建设区的保护与利用，推进绿色发展、低碳发展，将城乡的发展推进一个全新的历程。

在乡村振兴战略实施背景下，围绕“产业兴旺、生态宜居、乡风文明、治理有效、生活富裕”的总要求，研究非城镇集中建设区作为实施乡村振兴的主要战场，应强化规划引领、政策引导，引领乡村地区振兴；合理配置城乡发展资源，将乡村发展成为特大城市功能作用发挥的重要途径；着力构建非集中建设区的产业振兴体系，发展新产业、新业态，推动乡村地区一、二、三产业融合发展。

在国土空间规划改革方面，全面梳理国土空间规划发展历程以及试点经验，提出将生态文明理念融入非城镇集中建设区发展各方面，构建非城镇集中建设区国土空间规划编制与管控体系。在全域全要素规划管控下，探索山、水、林、田、湖、草等资源的保护与利用；在生态底线约束下，构建非城镇集中建设区的开发保护格局；在高质量发展导向下，构建非城镇集中建设区的产业功能体系；在高水准环境品质要求下，构建非城镇集中建设区的游憩空间。

第 2 章 非集中建设区的内涵解析

面对快速城镇化进程中愈加尖锐的资源环境矛盾，城市，尤其是作为我国城镇化主力军的特大城市集中建设区之外的“非集中建设区”逐渐成为社会各界关注的重点，相关理论与实践研究随之兴起。目前，关于“非集中建设区”的相关研究多集中于对城市非建设用地的探讨，如生态用地的保护和农业用地发展等方面，而对特大城市“非集中建设区”的内涵特征、构成要素与规划编制管理技术的整体化、系统化探索相对较少。本章基于服务城乡规划编制和管控的角度，从地理区位、承载功能与用地构成方面探讨了“非集中建设区”的概念内涵，并针对特大城市“非集中建设区”典型的人地资源矛盾、复合功能需求、多元化建设主体等特征，分别明确其资源系统、功能系统与空间系统的各类核心构成要素，为特大城市“非集中建设区”规划编制管理研究奠定了概念基础。

2.1 非集中建设区的概念及特征

2.1.1 非集中建设区概念的缘起

“非集中建设区”的概念是相对于“城市集中建设区”而界定和派生出来的，它与“城市集中建设区”构成城市的“底与图”的关系。

“城市集中建设区”的概念最初来自《城市总体规划编制审批管理办法（征求意见稿）》，是指城市总体规划中因城市发展和集中建设的需要而划定的城市开发边界内的区域，包括已建城区和规划中确定的新城、新区及各类开发区，组团式城市的主城和副城，不包括外围独立发展的县城、县级市及镇区。这一概念强调了两个方面，一是“建设活动”；二是“集中性”。反映了我国 20 世纪 90 年代初以城市开发建设活动为中心的规划理念和城市建设管理思路。[1] 在这样的城市建设理念和社会经济快速发展的时代背景下，我国城镇化进程不断加快，城市建设用地飞速增长并不断向外蔓延，由此而产生一系列的社会、经济和生态问题，尤其在特大城市和大城市中显得尤为突出。随着大城市的“城市病”日趋严重，人们对于生态与环境保护的意识持续提升，“城乡规划”理念与思路逐渐由偏重“集中建设”向“绿色生态发展”与“城乡统筹发展”不断演进。基于此，与“城市集中建设区”相对应的“城市非集中建设区”的相关概念随之产生，并得到越来越多学者的重点关注，大量的相关研究蓬勃兴起。

1. 程遥，赵民．“非城市建设用地”的概念辨析及其规划控制策略[J]. 城市规划，2011,35(10):10.

2.1.2 非集中建设区概念的相关研究概述

虽然对于“城市非集中建设区”的研究得到学界广泛关注，并已纳入城乡规划领域，各大城市也相继开展了相关实证探索，但其概念内涵尚缺乏统一的认识和明确的定义。总体而言，既有“城市非集中建设区”的相关研究主要集中于“非集中建设区”的空间承载体，即体现“非建设性”属性的点状或片状的“非建设用地”层面，而从区域总体层面探索“非集中建设区”的相关研究尚且较少。

一、既有“非建设用地”概念的相关研究综述

我国最早类似“非建设用地”的概念出现于 1991 年修订的香港《城市规划条例》，该条例中提出了“城市非建设性用地”的组成。而内地关于“非建设用地”的概念则是起源于《深圳市城市总体规划（1996—2010）》，该规划将全市土地划分为城市建设用地、农业保护用地、水源保护用地、组团隔离用地、旅游休闲用地、郊野游览用地、自然生态用地和发展备用地，其中后七

类明确为城市非建设用地。2005 年，深圳市以政府令的形式颁布《深圳市基本生态控制线管理规定》，成为国内首个城市非建设用地管理的法定文件。[2] 随后，成都、重庆、杭州、武汉等特大城市相继开展“非（城市）建设用地规划（研究）”，掀起了国内对于该领域的研究热情。

在相关研究中，学者们对于“非建设用地”的概念尚未形成统一认识，主要提出“非城市建设用地”“非建设用地”“城市非建设用地”三种概念。其中，“非城市建设用地”来自建设部颁布的《城市用地分类与规划建设用地标准》（GBJ 137—90），主要指水域和其他用地（E），其中包括了村镇建设用地（E6），可以理解为城市总体规划所确定的，在规划期内不被用于城市建设的用地，强调的是规划区范围内除城市建设用地或集中城市建设用地以外的区域。“非建设用地”的概念主要源于国家标准《土地利用现状分类》（GB/T 21010-2007），包括农用地和未利用地，但它将一些明显发挥生态环境功能的用地纳入建设用地范围，如风景旅游用地、水库水面等。[3] 还有一些学者，如刘敏提出“城市非建设用地”的概念，将其定义为：在城市区域范围内，从宏观到微观的一切自然或人工的植物群体、山林水体及具有绿色潜能的空间等系列用地。与此同时，许多城市或地区提出了多种与非建设用地相关的概念，包括结构性绿地、生态廊道、环城绿带、区域绿地等。国外相关研究虽未明确“非建设用地”的概念，但类似的探索包括城市增长边界控制、城镇周边隔离绿带、公园系统等规划研究一直受到重视。

二、既有“非集中建设区”概念的相关研究综述

随着“非建设用地”的相关研究和规划在深圳、广州、北京等特大城市逐步开展实践，更多的城市相继开展深入研究，提出了“非集中建设区”的概念及其相应的规划编管要求。

一些学者认为“非集中建设区”的概念与“非城市建设用地”的概念较为相似，多是指城市规划确定的城市、县、镇的建设用地之外的区域，并提出特大城市的非集中建设区通常包括城市的区域性生态绿地、绿楔与重要的生态廊道，往往作为城市的生态控制区予以管控，其关注点侧重于生态用地的保护与农业发展用地的指标。[4] 还有一些学者认为城市非集中建设区与城市集中建设区相对，其内涵是市域范围内城市集中建设区以外的广大区域，以城市内区域性生态绿地、绿楔和重要的生态廊道为主，同时也包括相对分散的建设板块、乡村空间等，与集中建设区共同构成城市全域发展的基本框架。[5]

总体而言，目前学术界对于“非集中建设区”的相关研究主要侧重于“非建设用地”的相关理论和实践方法研究层面，而既有“非建设用地”研究着重于对其概念的辨析界定、外围镇村区域的生态保护与土地利用管控以及镇村体

2. 王锋，李开猛，李晓军 . 城市非城市建设用地“控用结合”规划方法及广州市从化新城实践 [J]. 规划师 ,2017,5(33):47-48.
3. 郭红雨，蔡云楠，肖荣波，等 . 城乡非建设用地规划的理论与方法 [J]. 城市规划 ,2011,35:35-39.
4. 张一凡，马璇，冯琼 . 总规创新视角下非集中建设区的规划路径与方法初探 [J]. 城市规划学刊 ,2017,8:188-189.
5. 盛洪涛，汪云 . 非集中建设区规划及实施模式探索 [J]. 城市规划学刊 ,2012,3:30-31.

系发展研究等方面，对于从宏观区域和总体空间层面，将“村庄、农用地、生态用地”等“非建设用地”作为一个整体系统地探索和发展“非集中建设区”概念内涵的研究较少，且尚未形成统一观点，尤其是对其规划编制、管控等技术方法的研究仍处于起步状态。

2.1.3 非集中建设区概念的界定

综合当前学术界相关研究，基于服务城乡规划编制和管控角度出发，我们从城市地理空间、城市功能和城市用地三个维度对“非集中建设区”的概念内涵进行分析，并界定本书中“非集中建设区”的概念。

从城市地理空间角度，非集中建设区是指国土空间规划所确定的规划管理控制区范围内，城市和小城镇集中建设区外围的近、中、远郊各圈层，具有连续大面积的、以自然或农业状态为主的区域，与城镇集中建设区有机结合，构成完整的城乡系统。

从城市功能角度，非集中建设区是指城镇集中建设区外围，以发展农业生产和保护生态平衡为主要目标，以山、水、林、田、湖、草等自然地为空间载体，可为农村居民提供生产与生活服务功能，同时为城镇居民提供户外运动、休闲度假、科普教育等休闲游憩功能的区域。

从城市用地角度，非集中建设区是指包含了非建设用地中的水域、农林用地、其他非建设用地以及建设用地中乡村居民点、区域交通、区域公用设施、特殊用地、采矿用地和其他建设用地。它是以非建设用地为主体，同时涵盖部分不影响非集中建设区主导功能的、少量零散的建设用地的混合区，并与城镇建设用地一起构成了整个城市的土地资源。

综上所述，将本书中“非集中建设区”的概念界定为：国土空间规划所确定的规划管理控制区范围内，因发展和集中建设需要而划定的城市、县、小城镇开发边界外围，以“建设空间零散性”“农业主导性”“系统完整性”“田园风光”为主要特征，以农业生产生活、生态维育发展、郊野休闲旅游为主要功能，以山、水、林、田、湖、草等非建设用地及少量零散配套服务设施建设用地为空间载体的区域，与城镇集中建设区有机结合，构成完整的城乡系统。

2.1.4 特大城市非集中建设区的特征

一、特大城市的界定及其特征

1. 特大城市的界定

我国超大城市、特大城市的界定，源于传统的以城市人口规模作为城市分类的方法，即按城市人口的多少来划定城市等级的大小。

2014 年 3 月 16 日，国务院出台的《国家新型城镇化规划（2014 — 2020 年）》，将市辖区常住总人口超过 500 万人的城市定义为特大城市，100 万～500 万人的城市定义为大城市。2014 年 11 月，国务院印发《关于调整城市规模划分标准的通知》，规定城区常住人口 500 万～ 1000 万人的城市为特大城市。

因此，本书中特大城市指常住总人口 500 万～ 1000 万人的城市。

2. 特大城市的主要特征

（1）特大城市人口密集且规模巨大，人群多样化特征显著。

随着我国城镇化进程的快速发展以及人口户籍政策的松动，人口大量从农村地区向城市迁移和流动。尤其是特大城市，通常对人口具有强大的集聚作用，不断吸引着包括周边中小城市与农村地区的人口，促使特大城市的人口规模快速膨胀，逐渐成为人口规模巨大且最为密集的区域。据统计，目前中国内地有 32 座特大城市和超大城市，其人口规模占据全国总人口的 19% 左右。在人口规模不断增长的同时，人口流迁与人口多元化相伴而生。大量的外来人口，尤其是非农流动人口与城市间移民快速涌入城市，这些具有不同社会、经济和文化属性的外来人口的加入使得特大城市的人口构成变得更加复杂和多元[6]，对于特大城市的供需体系和未来发展产生深远影响。

（2）特大城市功能复合性较强。

一方面，特大城市规模巨大、类型多元的城市人群必然带来更为复杂化、多样化的人群需求，由此也必将产生更为复合的城市功能发展诉求。特大城市不仅需要满足本地居民日益增长的各类物质文化生活需求，同时还需要满足不断涌入特大城市的外地人士不同的工作生活需求以及一些短期暂时的需求，这些都需要特大城市通过更加复合高效的功能配置来持续不断地更新和供给多元化设施，强化城市治安管理等。另一方面，特大城市作为一个区域中心增长极，不仅承担着重要的区域经济中心职能，往往也承担着区域政治、文化中心的重要职能，不少特大城市本身就是直辖市或省会城市，其城市功能相比较于其他中小城市更具有高复合性的特征。

（3）特大城市辐射带动能力较强，是区域高质量和创新发展的源头和引擎。

在城镇化进程中，特大城市通常聚集了全国较为先进的生产力、较为高端的技术和人才队伍、较为密集的资本和较为领先的管理手段，具有较高的生产效率和较强的经济影响力，同时其在国民经济中的主导作用进一步强化了其经济效益的集聚作用，不断促使特大城市成长为重要的国民经济增长极、区域发展的中心地和辐射源，带动区域整体经济社会的发展。[7] 我国三大经济圈——环渤海地区、长江三角洲、珠江三角洲，都是围绕某一个或几个特大 / 超大城

6. 高颖，张秀兰 . 我国特大城市人口结构特点及变动趋势分析 [J]. 人口学刊 ,2016,2（38）:18-19.

7. 李昶 . 我国特大城市建设用地变化特征及其影响因素研究 [D]. 重庆：重庆大学，2013.

市，在满足其产业发展需求，为其提供相应资源、生产和服务配套的过程中形成的。在区域经济产业发展的过程中，特大 / 超大城市作为区域发展的中心，往往也是区域经济新动能和创新产业的孵化地和诞生地，不断促进和引领城市和区域向高品质、高质量发展迈进。

（4）特大城市规模外延扩张态势显著，生态环境破坏明显。

随着特大城市城镇化速度的不断加快和经济的快速增长，城镇化所带来的人口和产业不断向特大城市聚集，使得特大城市的发展呈现出急剧拓展的态势。在用地规模上表现为城市建设用地需求量飞速增长，土地资源愈加紧张；在空间上表现为城市空间逐步向外蔓延扩展或连片、分片式扩展，形成圈层式的结构。而庞大的人口又需要一定数量的耕地以保证粮食生产和供给，因此特大城市建设用地需求与耕地资源保护矛盾尤为严峻，同时城市快速蔓延也带来生态资源的侵蚀和恶化，区域生态支撑能力持续衰退，不仅引发一系列环境问题，更是危害了特大城市自身的可持续发展。

二、特大城市非集中建设区的主要特征

1. 自然资源要素丰富且保护与利用的矛盾突出

相比于中小城市，特大城市地域广袤，地形地貌多样，非集中建设区内土地资源总量尤为丰富，往往拥有山、水、林、田、湖、草等全要素自然资源，资源规模巨大且类型复杂多样。比如武汉市非集中建设区山、水、林、田资源禀赋显著，其非集中建设区地域范围占据了全市市域范围的 60% 左右，并拥有山、湖、河、滩涂、湿地、岗地、丘陵等多类型的自然资源和地貌特征，动植物丰富多样，具有较高的生态保育、科学研究与观光游憩价值。然而，特大城市自身高强度的经济活动和建设发展需求带来了土地空间快速拓展和生态环境日趋破坏，进一步导致特大城市非集中建设区内自然资源要素保护与利用的矛盾突出。

一方面，丰富多样的自然资源为城市生态安全提供了坚实保障，也为生态合理化利用与价值最大化发挥提供了有利条件；另一方面，城市经济发展和人群活动带来的城市空间的急剧拓展和环境污染问题，造成越来越多的自然资源遭受侵蚀或枯竭，耕地林地逐渐被建设用地所吞噬，河湖水系因生活生产污水排放而被污染，部分自然生态资源因过量的人为活动而被破坏，带来特大城市非集中建设区内自然资源保护与利用的矛盾日益增大。

2. 以生态保护、农业生产和郊野休闲为主导功能

非集中建设区作为广阔而丰富的自然生态资源的集中承载地，在特大城市发展中承载着主要的生态功能。一方面，非集中建设区为各类动植物的生长提

供栖息地，对区域生态环境和生物多样性起着至关重要的保护作用；另一方面非集中建设区为城市发展和居民生活提供必要的生态服务，如稳定调节大气与气候、净化水域土壤、防治噪声等，是城市建设发展赖以生存的保障。同时，特大城市非集中建设区内丰富的耕地资源与城市大规模人口增长带来的粮食供应压力，使得特大城市的非集中建设区具有农业生产的主导功能，以支撑城市社会经济的全面发展。

除了核心的生态保护和农业生产功能之外，特大城市的非集中建设区往往还具有景观游憩、文化休闲、观光度假等郊野休闲功能。一方面，特大城市非集中建设区内丰富多样的生态自然为发展郊野休闲观光提供了基础和条件；另一方面特大城市中人群的多样化需求以及城市快节奏、高压力的生活都使人们对在大自然里郊野游憩等活动怀有更高的期待，而非集中建设区中的风景区、森林公园等能为居民提供丰富的自然休闲空间，是人们放松身心、缓解压力的重要场所。

3. 建设需求多元复杂

城市，是一个复杂的巨系统。特大城市，由于其功能的复合性和人群构成的多元化，其城市结构更加复杂，随之带来更加多样化的土地建设需求。特大城市的非集中建设区内建设需求不仅包括生态资源的修复和利用，还包括农业生活生产设施建设、休闲旅游设施建设、各类区域供应设施建设及其他设施的建设等，一方面其所需的各类建设规模与密度较之中小城市更大，另一方面其建设活动所涵盖用地类型更加多样，并可能同时涉及村民、企业、政府等多类主体，以及国土规划、农业、林业、水利、交通、旅游等多个管理部门，建设需求多元复杂，管理矛盾较为突出。

4. 自然景观风貌与人工景观风貌融合共生

非集中建设区由于其农业主导的特征，其总体呈现出乡野田园的自然景观风貌；而特大城市的非集中建设区由于其生态、农业、休闲等功能复合性和建设需求的多元性，使得特大城市的非集中建设区中除了传统的村庄、农田、自然风景以外，呈现出较多的以“少量、小型、零散”的建设模式为特征的休闲游憩景点、文化服务设施、康养度假设施、农业体验设施等建设项目。因此，不同于城市集中建设区和中小城市非集中建设区，特大城市非集中建设区在景观风貌上则呈现出连续广阔的自然景观风貌和星罗棋布的人工景观风貌融合共生的特色风貌（图 2-1）。

图 2-1 非集中建设区景观风貌示意图

2.2 非集中建设区的构成要素

非集中建设区是一个以保护为主导的城市社会、经济、自然复合多变的大系统，因此我们需要从其物质存在的实体空间出发，分析其核心要素构成，以便更好地指导城乡空间规划的编制与管控。鉴于出发角度的不同，本节将非集中建设区系统构成按以下三种分类方法进行分析。

2.2.1 自然资源构成要素

一、自然资源的概念界定

自然资源是天然生成的物质来源，是人类生存和发展的物质基础。[8] 国际上较早给出自然资源较完备定义的是地理学家齐默尔曼，他在《世界资源与产业》一书中指出，无论是整个环境还是其某些部分，只要它们能（或被认为能）满足人类的需要，就是自然资源。齐默尔曼的“自然资源”是一个主观的、相对的、从功能上得出的概念。《英国大百科全书》对自然资源的定义是：“对人类可以利用的自然生成物及生成这些成分的源泉的环境的功能。”这个定义明确指出了环境功能也是自然资源。联合国环境规划署（UNEP）将自然资源概念界定为：自然资源是指在一定的时间、地点条件下，能够产生经济价值，以提高人类当前和未来福利的自然环境因素和条件。国内关于自然资源的界定主要为广泛存在于自然界并能为人类利用的自然要素。《辞海》把自然资源定义为：“天然存在的自然物，不包括人类加工制造的原料。如土地资源、水利资源、生物资源和海洋资源等，是生产的原料来源和布局场所。”这个定义强调了自然资源的天然性。2000 年，《中国资源科学百科全书》按照对自然资源的传统认知，即自然资源是人类可以利用的一部分天然物质和能量，将其概括为：“自然资源是人类可以利用的、自然生成的物质和能量。它是人类生存与发展的物质基础。”[9]

总的来说，自然资源是一个具备天然性、功能性的，能够被人类生产、生活利用而产生经济价值，提高人类当前和未来福利的自然环境因素的总称，其具有经济、环境、社会、法律等多重属性。

二、基于土地利用的非集中建设区自然资源要素构成

由于自然资源的广泛性和抽象性，其往往可依据物质不同的属性、用途、目的等而被划分为不同的类别，譬如按再生性自然资源可划分为再生资源要素与非再生资源要素两类，按照存在形态自然资源可划分为有形自然资源和无形自然资源等。但由于自然资源主要是以土地的形态（山岭、荒地、滩涂）存在，

8. 寇宗淼 . 底线思维是基石：国家机构改革中自然资源全要素管控的再认识 [J]. 北京规划建设，2018，（6）：34-36.
9. 张景华 . 经济增长中的自然资源效应研究 [M]. 北京：中国社会科学出版社，2014.

或是依附于土地（矿藏、水流、森林、草原）存在，无论哪种分类体系都是以土地作为最基本的依托和基础的。因此，从土地角度出发，根据《中国自然资源手册》，自然资源共分为 9 类，包括土地资源、森林资源、草地资源、水资源、气候资源、矿产资源、海洋资源、能源资源和其他资源。

在此自然资源分类基础上，结合特大城市非集中建设区的资源禀赋和特点，从实体国土空间和土地利用角度将其自然资源构成要素划分为“山、水、林、田、湖、草、其他”7 类要素（图 2-2），共同构成非集中建设区的自然资源生态系统。

1. 山体资源

山体资源为非集中建设区内具有较大绝对高度和相对高度的凸起地貌的土地资源，通常具有显著的景观特征，并含有较为丰富的矿产资源、动植物资源等，具有保护生物物种的重要生态作用。

2. 水体资源

水体资源为广义上可被利用的各种陆地水源，包括具有动能特征的江、河、渠等水流，也包括沼泽、滩涂等不同类型的湿地资源、地下水资源等，是城市自然生态系统的重要组成部分。

3. 林地资源

林地资源是指生长乔木、竹类、灌木等的土地资源，是森林资源的重要组成部分，通常具有调节温度、改善土壤结构、涵养水源、净化空气等重要生态作用，并为农业生产提供重要条件。

4. 田地资源

田地资源是指以种植农作物为主的耕地资源，主要为农业生产、农业休闲等提供基本条件。

5. 湖泊资源

湖泊资源主要指非集中建设区内聚集大片水域的土地资源，通常蕴含丰富的水生动植物资源、矿产资源等，具有生态调节、农业生产及旅游休闲等重要功能。

6. 草地资源

草地资源指以生长多年生草本植物为主的、可供放养或割草饲养牲畜的土地资源，是维护生态平衡的重要组成部分，为发展畜牧业生产、休闲观光等提供重要支撑。

（a）山体资源

（b）水体资源

（c）林地资源

（d）田地资源

（e）湖泊资源

（f）草地资源

（g）其他土地资源

图 2-2　自然资源要素示意图

7. 其他土地资源

其他土地资源主要指非集中建设区内服务于农业生产生活、休闲旅游等各类功能的建设性土地资源，包括村庄建设用地、采矿用地、区域交通设施用地、其他建设用地等资源要素。

2.2.2　功能类型构成要素

根据非集中建设区的生态保护、农业生产和郊野休闲三大主导功能，从功能类型角度将非集中建设区构成要素划分为生态主导型要素、农业主导型要素、休闲主导型要素和综合服务型要素四大类别。

一、生态主导型要素

生态主导型要素主要指承担区域生态保育、生态安全防护等功能的空间要素，包括生态保护及维育类要素、生态安全防护类要素两个小类（图 2-3）。

1. 生态保护及维育类要素

生态保护及维育类要素指从区域生态效益要求和可持续发展的角度出发，以生态保护、生态维育为主导功能，必须发挥生态效应的空间要素。它主要指非集中建设区内对整个区域生态起至关重要作用的生态保护区域，包括生态红线、山、水、林、田、湖、草等自然要素的核心保护区域、生态敏感地带、生态廊道地点等空间要素。

2. 生态安全防护类要素

生态安全防护类要素主要指从区域建设安全角度出发，具有一定面积、以生态化安全防护为主导功能、不适宜开展建设的空间要素，包括地形坡度较大、地质条件恶劣、地基结构复杂的区域。

二、农业主导型要素

农业主导型要素主要指承担农业生产生活功能的空间要素，包括农业生产类要素和农业生活类要素两小类（图 2-4）。

1. 农业生产类要素

农业生产类要素指以现代化、规模化农业耕作、畜牧、种植养殖等农业生产功能为主的空间要素，主要包括基本农田、林地、园地、草地等非建设型用地空间。

图 2-3　生态主导型要素示意图

图 2-4　农业主导型要素示意图

2. 农业生活类要素

农业生活类要素指以农民日常居住、消费和休闲等功能为主的空间要素，包括农村居民点、农村公共服务及绿地广场等配套服务设施。

三、休闲主导型要素

休闲主导型要素主要指基于农业生产、自然生态等资源发展以乡村旅游、休闲观光、农事体验、养老康体等功能的空间要素，包括生态休闲类要素、农业休闲类要素和城乡复合功能类要素三小类（图 2-5）。

1. 生态休闲类要素

生态休闲类要素指依托大面积自然植被，发展可供城乡居民科研、教育、观光、游憩等功能的空间要素，包括森林公园、湿地公园等。

2. 农业休闲类要素

农业休闲类要素指利用农业景观资源和农业生产条件，发展农业观光、农事体验等功能的空间要素，包括各类农业主题景区等。

图 2-5　休闲主导型要素示意图

3. 城乡复合功能类要素

城乡复合功能类要素指非集中建设区内以发展康养度假、文化展览、教育科研等城乡复合功能为主导，建设用地规模相对较大、边界相对统一完整的空间要素，包括田园综合体、功能小镇等。

四、综合服务型要素

综合服务型要素指为非集中建设区各类生产生活功能服务的综合性服务设施，包括具有相对较大规模、较高级别的商业服务设施、公共服务设施、道路及水电气等工程性基础设施、基础设施控制廊道等。

2.2.3　空间形态构成要素

统筹考虑城乡空间结构体系以及各类空间要素承担的不同结构职能，从空间形态角度将非集中建设区构成要素划分为“点”状空间要素、“线”形空间要素和“面”域空间要素三大类别。

一、“点”状空间要素

“点”状空间要素主要指在非集中建设区域内，面积相对小而零散、特征相似，且具有一定系统性和完整性的地理空间，由非自然类点状空间要素和自然类点状空间要素两类构成。非自然类点状空间要素包括作为非集中建设区极核的功能复合体，如功能小镇等；以及农村生活及生产服务设施、休闲服务设施等，如自然村湾、休闲农业景点、公共服务设施、工程性基础设施等。自然类点状空间要素主要为面积较小的自然水塘等。

二、“线”形空间要素

“线”形空间要素主要指线状或带状的生态景观廊道、交通及基础设施廊道，包括绿楔走廊、高速公路走廊等。这些线形空间要素往往承担区域中轴线职能，促进非集中建设区内各类要素高效流动，充分发挥区域生态服务和生产服务的综合功能。

三、“面”域空间要素

“面”域空间要素主要指非集中建设区中连续性大面积、分布广泛且特征突出的自然生态系统，往往表现为整个非集中建设区网络体系的背景，包括基本农田区域、山水资源保护区等。

2.3 非集中建设区研究的意义

2.3.1 有利于维护区域生态平衡，促进城市健康可持续发展

特大城市城镇化的快速扩张导致生态环境的建设性破坏日益严重，而非集中建设区作为城市生态资源的主要集聚场所和承载空间，为栖息其中的生物群落提供了基本的生存空间，对于保护重要生物栖息地、保持城市生态结构完整、维持城市生态系统稳定，以及改善和提高城市居民生活环境等方面都具有重要作用。

特大城市非集中建设区研究将各类自然生态资源作为重要研究对象。一方面，通过整合各类资源构建完善的生态空间体系，提出相应的功能引导和管控措施，对各类自然生态资源予以系统化和精准化的保护与引导，以此强化资源保护质量和效率，协调特大城市非集中建设区中资源保护与利用的矛盾，并通过生态体系调节改良整个区域生态环境的基本承载力，提升环境质量，是维护城市生态安全、保持区域生态平衡的基本保障。另一方面，特大城市非集中建设区的研究在保护区域自然生态环境、发挥资源生态效益的同时，也为城市集中建设区内的居民提供了一个更加良好的生活环境和休闲游憩场所，对于促进特大城市健康可持续发展具有十分重要的意义。

2.3.2 有利于控制城市无序蔓延，创造集约高效的城市环境

随着城镇化的推进，我国特大城市建成区快速扩张，国土开发强度也不断上升，尤其是在珠三角、长三角等区域内，部分城市的国土空间开发强度目前已超过 30% 的国际警戒标准，上海、深圳等地甚至逼近 50%，因此限制城市无序扩张成为迫切需要解决的现实问题。[4]

在特大城市建设区快速蔓延的态势下，非集中建设区的规划研究将重点着力于统筹快速城镇化阶段城市发展与资源保护的关系，清晰界定和控制城市非集中建设区边界，并深度剖析非集中建设区的结构特征和核心问题，充分认识其空间发展动力机制和演变规律，对于指导城市整体结构优化、控制城市无序蔓延具有十分重要的意义。同时，非集中建设区研究将进一步统筹城乡区域发展需求和空间资源配置，合理调控城乡建设和资源利用，不断促进城乡全域空间由无序到有序、由粗放到集约、由外延向内涵模式转变，是促进城市集约高效发展的重要措施。

2.3.3 有利于促进和带动乡村地区振兴发展

特大城市非集中建设区是农村生产、生活、生态的主要空间承载地，对于维护和保障农业生产、发展和培育多元化农业产业新动能、带动和提高农村居民生活质量、保护和建立多样化的乡土生境系统等多方面起着至关重要的作用。

特大城市非集中建设区研究将农村生产生活生态“三生空间”作为重要对象进行统筹研究，梳理不同区域、不同类型乡村的建设和发展条件，探索城乡融合的乡村综合发展新模式、新路径，构建现代化、规模化发展的农业产业体系，培育乡村新兴功能业态，完善镇村建设及配套设施，营造富有田园特色的乡土景观风貌，从“三生融合”层面统筹引导农村各类空间布局，为乡村全面振兴发展提供必要的支撑。同时，非集中建设区研究通过规划控制、调整及引导的手段，对城乡空间格局的塑造、城乡利益格局的分配起着重大作用，是促进城乡融合、实施乡村振兴战略的重要抓手和主要途径。

2.3.4 有利于满足城市居民日益增长的休闲诉求

随着我国治理理念的不断进步，2015 年绿色发展作为五大发展理念之一被明确提出，经济发展方式的转变使得休闲活动和创新经济成为城市发展的重要动能。特别是对于特大城市来说，一方面，更加多元化的人群需求和快节奏的生活压力导致城市居民的郊野休闲诉求日益增长；另一方面，随着经济发展和社会进步，休闲经济也逐渐成为越来越多的城市，尤其是大城市和特大城市新的经济增长点。而特大城市的非集中建设区正是一种具有休闲、旅游、文化、创新等复合功能的魅力空间，是满足人民群众日益增长的休闲诉求的重要空间载体。

特大城市的非集中建设区研究在保障生态和农业生产功能的基础上，将全面探索新的发展理念和经济模式变化对非集中建设区功能配置产生的影响，研究新时代契合城乡居民需求、适宜郊野地区发展的多元化功能，并予以合理安排和建设引导，对于满足城市居民日益增长的休闲诉求具有重大意义，并有助于乡村地区不断实现由农业生态生产功能向城市魅力地区转变。

2.3.5 有利于实施全域统筹的城乡土地用途管理

特大城市的撤县设区使得“市域 = 规划区”的情况越来越多，大面积非集中建设区被纳入城市规划区的空间范围，全域规划成为多数大城市必须面临的重要课题。同时，多规融合的总体要求下，非集中建设区恰恰是能够衔接住建、国土、环保等多个事权部门的重要空间载体。[4]

因此，在当前全域统筹和多规融合的发展要求下，传统规划以集中建设区为关注重点而形成的“城乡二元化”的规划编制框架及规划管控手段均不再适用，开展基于城乡统筹思路的非集中建设区规划研究的必要性越发突出。尤其是在当前国土空间规划改革的新时代，非集中建设区研究不仅仅是针对传统生态地区等非城市建设用地的研究，而且还是将对非集中建设区中“山、水、林、田、湖、草”全域全要素作为“生命共同体”而开展的全面深入研究，通过统筹自然生态和乡村地区的各类保护建设要求及其与城市集中建设区的各项建设关系，将规划结构引导、边界落实、功能布局、分类管控全面结合，精准界定各类要素的边界，引导城乡土地功能发展，制定全域全要素空间管控，有利于搭建城乡土地统一规划和统一管理的平台，助推精细化、高质量的土地用途管理，以及构建更具全局观、更具规范性的城乡规划体系和实践。[1] 同时，对于转变以建设用地为核心的传统城市规划理念、探索更有效的非建设区的管控模式等具有积极意义。

本章小结

自21世纪初，随着城乡规划的理念与思路由“重城市、轻外围”“重集中建设，轻生态保护”向“绿色生态发展”与“城乡统筹”不断转变，“非集中建设区”研究逐渐成为当前空间规划的热点与重点，相关理论研究与规划实践陆续在全国各地展开。尽管当前学术界对于“非集中建设区”的概念尚未形成统一认知，但总的来看，“非集中建设区”的概念内涵更强调农业、生态和休闲“三位一体”的“非建设性”功能主导，更强调与城市集中建设区构成图底关系的系统完整性，更强调乡野田园的景观风貌特征。因此，“非集中建设区”研究不仅仅是关注生态保护与农村发展，而更应是一个统筹保护与协调的城乡社会经济自然的复合系统建设。在城乡功能方面，“非集中建设区”构成系统重点由生态主导型要素、农业主导型要素、休闲主导型要素和综合服务型要素四类要素支撑其生态保护、农业生产和郊野休闲三大主导功能发展；自然资源系统方面体现为由“山、水、林、田、湖、草、其他”七类自然要素共同构成的“生命共同体”发展；而城乡空间结构体系中又表征出“点”状、“线”型和“面”域三类要素有机结构，承载不同的结构性职能。各类系统构成要素相互协调，有机运作，推动“非集中建设区”的可持续发展。

当前，随着新型城镇化建设的推进与国土空间规划体系的建立，基于城乡统筹发展与生态文明建设思路的“非集中建设区”规划研究的必要性越发突出。“非集中建设区”规划研究不仅在促进规划编管系统完善方面发挥着重要作用，对维护区域生态平衡、促进乡村地区振兴、满足居民日益增长的休闲诉求和实施全域统筹的空间资源管理均具有重大意义。

第 3 章
非集中建设区研究的理论基础

本章阐述了国内外非集中建设区理论的诞生、发展以及当下的最新动态，总结非集中建设区理论在不同时代背景下的主要思想观点和特征。

3.1 国外非集中建设区的思想理论研究

3.1.1 思想萌芽：亲近自然

早期学者的注意力主要集中在城市。由于城市的无序建设和环境恶化，人们开始渴望乡村生活和自然环境；同时乡村地区农业经济发展迟缓，建设无序和污染问题尚未暴露，更多地显示出其原真自然的特征。在这种语境下，包含广大乡村和自然空间的非集中建设区作为缓解城市病的良方，是一种“乌托邦”式的幻想家园寄托。

1516 年英国人托马斯 · 莫尔（Sir Thomas More）发明了“乌托邦”这个词，在其构想的世界中，乌托邦由 54 个小城镇组成，围绕着这些小城镇的是优质的农田，城镇居民有一半从事农业工作。而在托马斯 · 康帕内拉（Tommas Campanella）设想的“太阳城”中，农业工作是用义务劳动来进行的，因此每个公民都必须要前往田园从事这种工作（图 3-1）。后来刘易斯 · 芒福德（Lewis Mumford）对这些乌托邦作品进行归纳，总结这些城市设想都是“把田园的宽裕带给城市，把城市的活力带给田园”[10]。而 19 世纪末至 20 世纪前半叶玛塔（Arturo Soria y Mata）1882 年提出“带形城市”（Linear City）、霍华德（Ebenezer Howard）1898 年提出“田园城市”（Garden City）、赖特（Frank Lloyd Wright）1932 年提出“广亩城市”（Broadacre City）、沙里宁（Eliel Saarinen）1942 年提出“有机疏散理论”（Theory of Organic Decentralization）等一系列现代城市规划理论和实践，从某种程度上说，也都可看成是将“把田园（非集中建设区）带给城市”思想的深化和具化。

10. 黄雪垠 . 城市乌托邦的现实构想：读霍华德《明日的花园城市》[J]. 资源与人居环境，2011(12)：73-74.

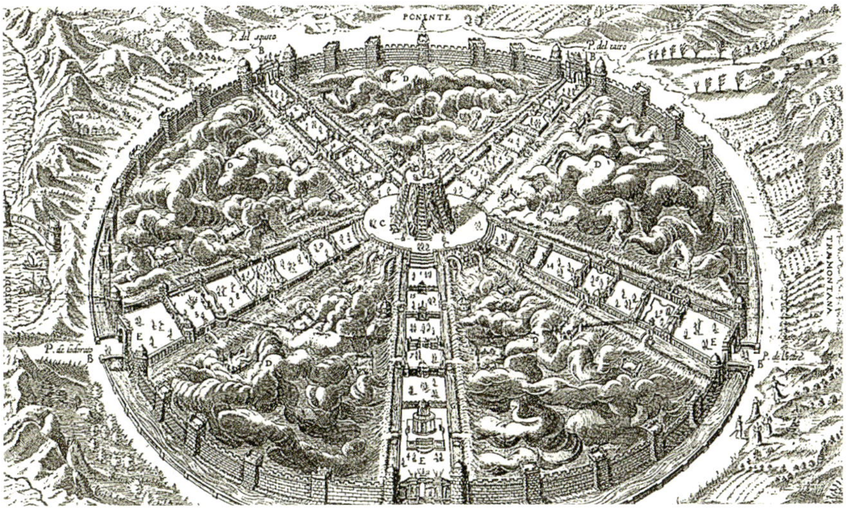

图 3-1 “太阳城”示意图

资料来源：https://www.sohu.com/a/219499742_281892

一、“带形城市”理论

1882 年西班牙工程师索里亚 · 玛塔提出“带形城市”理论，其设想是城市沿一条高速度、高运量的轴线向前发展，城市宽度约为 500 米，城市长度则无限制。玛塔认为这种带形城镇结构不仅有利于交通运输，更重要的是能使城市居民容易亲近自然（图 3-2）。英国的第二代新城的实践中明显也受到了该理论的影响，斯大林格勒的带形城市规划（20 世纪 20 年代）、哥本哈根的“指状结构城市”规划（1947 年）以及丹下健三的东京规划（20 世纪 60 年代），都进一步继承和发扬了该理论。

二、“田园城市”理论

“田园城市”是 19 世纪末英国社会活动家霍华德提出的关于城市规划的设想。霍华德认为应该建设一种兼有城市和乡村优点的理想城市，他称之为“田园城市”。在田园城市的示意图中，相对于城市用地的 1000 英亩，农业用地达到 5000 英亩以上，如此大规模的农业空间，不仅可以保证城市居民可以呼吸大自然的新鲜气息，城市居民还可以在周末前往自己租种的菜地劳作（图 3-3）。这正如他认为的：“郊区的早期出现，说明了另一个更重要的事实，维持生命的力量和机构、园艺与耕作、休息与劳动、休养所和避难所的出现是出于城市的需要或者是因为城市有缺陷。”[11]

11. 明日的田园城市 [M]. 商务印书馆 ,（英）霍华德（Howard, 2009）

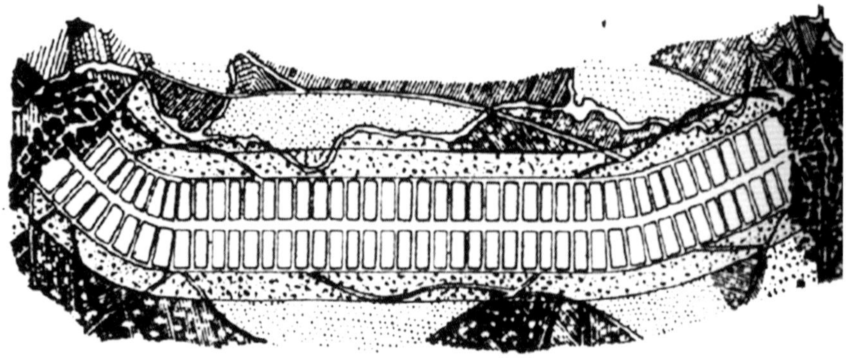

图 3-2 “带形城市”示意图
资料来源：https://baike.baidu.com/item/ 带型城市 /7046160

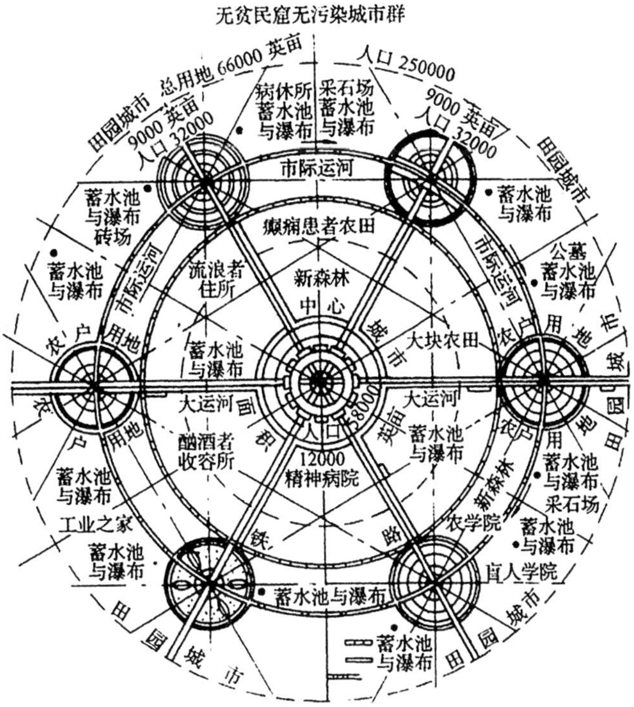

图 3-3 “田园城市”示意图
资料来源：https://newhouse.fang.com/house/2018-04-12/28197643.htm

三、“广亩城市”理论

美国建筑师 F.L. 赖特一直崇尚 19 世纪 90 年代左右在美国威斯康星州那种拥有自己宅地的庄园生活，加之当时汽车和电力设施的发展，他在 20 世纪 30 年代提出了“广亩城市理论”。在他所描述的“广亩城市”里，每个独户家庭周边各自拥有约 1 英亩土地，可生产供自己家庭消费的蔬菜和食物（图 3-4）。这种理论在某种意义上提倡把城市打散并溶解于乡村之中。在 20 世纪 60 年代以后美国城市普遍存在的郊区化现象可看成是广亩城市思想的一种实践。

四、“有机疏散”理论

“有机疏散”理论是由著名的建筑师、城市规划师伊利尔 · 沙里宁提出。沙里宁形象地将城市比作生物的活性机体，将城市片区比作细胞组织，细胞之间存在空隙和汁液（非集中建设区空间），使得细胞可以有机生长。沙里宁在大赫尔辛基规划中，按照有机疏散的原则，在城市外围建立一些半独立的城镇，城镇之间有绿化隔离（图 3-5）。

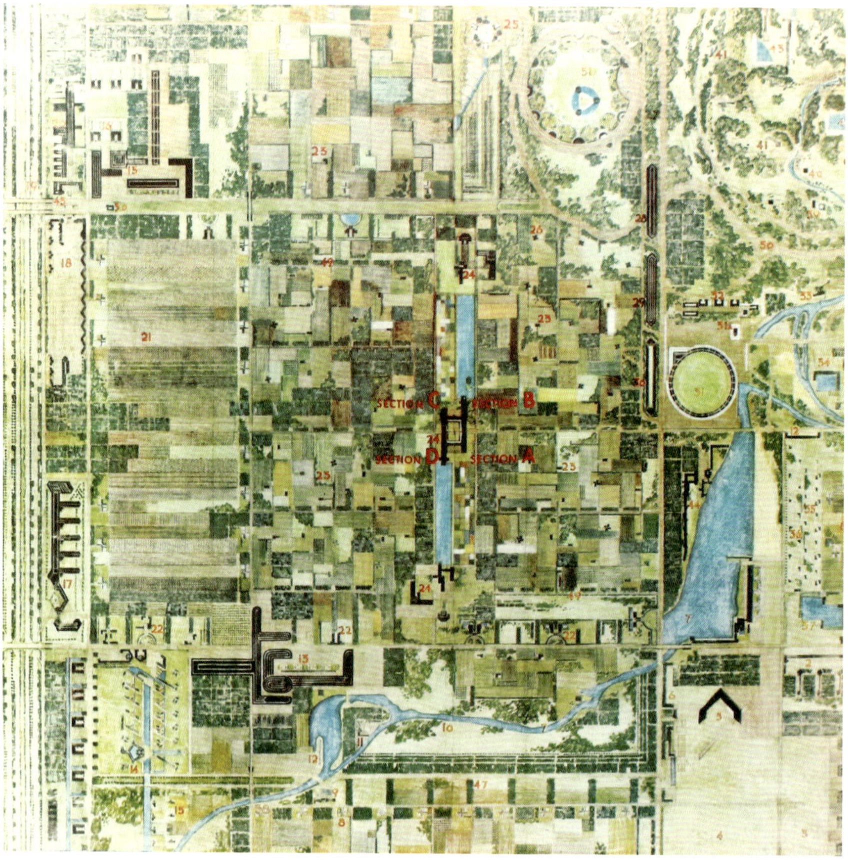

图 3-4 “广亩城市”示意图
资料来源：https://baike.baidu.com/item/ 广亩城市 /3790596?fr=aladdin

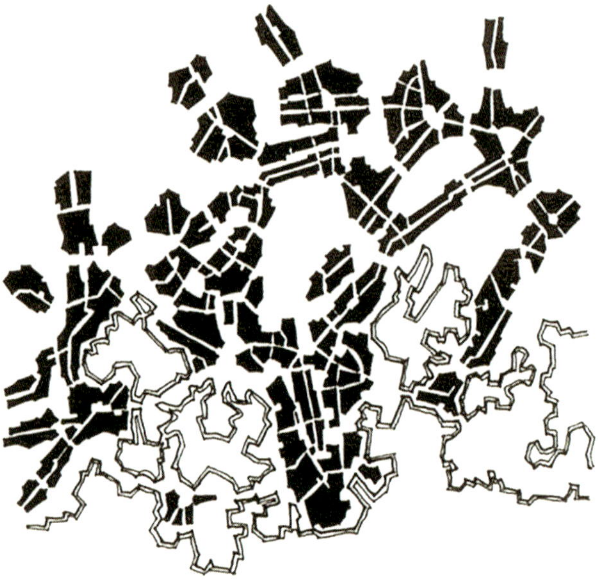

图 3-5 大赫尔辛基规划示意图
资料来源：http://www.civilcn.com/yuanlin/yllw/ghsj/1441956274258153.html

将上述四类思想进行对比："带形城市"并未打破城市集中建设区与非集中建设区隔阂，只是期望改善集中建设区的"厚度和形状"来提升城镇集建区与非集中建设区的自然接触和景观渗透；"田园城市"设想将大城市分解为多个小城镇，使其更充分地嵌入非集中建设区的自然景观之中；"广亩城市"则完全走向极端，它反对城市集聚，提出将城市完全打散并混入乡村非集中建设区，是一种极度分散的思想；而"有机疏散"理论介于三者之间，是一种带有相对集中的分散主义。但正如前述总结，无论上述思想如何发展，究极其思想本质，始终都可看成"城市亲近自然"思想的一种演绎和某种建设模式的探索。

3.1.2 思想发展：保护自然

随着城市和社会生产力的不断发展，对非集中建设区的开发和索取日益增长，并逐步超过其负荷，人类也开始意识到非集中建设区不是逃避大城市病的乌托邦，而是同样需要保护和尊重的对象。

一、启蒙：《人与自然》的先见之明

在 19 世纪，当时大多数人都还认为自然资源是无限的，根本不能理解人类会对自然环境造成伤害。在这种背景下，1864 年美国著名的博物学家乔治 · 马什出版了《人与自然》一书，呼吁人要与自然相互协调，以一种不损害自然环境的方式去开发利用土地资源。该观点在美国得到广泛重视，19 世纪后期美国林务局的第一任负责人吉福德 · 平肖认为马什的书是"划时代的"[12]。美国景观之父奥姆斯特德则主张通过城市公园系统来改善城市环境并有效保护优质自然资源，这种思想在后来他设计的举世闻名的波士顿公园系统中得以充分体现。

12. 孙玉伟 . 20 世纪 60—90 年代美国环境保护运动研究 [D]. 济南：山东师范大学，2013.

二、兴起：《寂静的春天》和《设计结合自然》引发的环保思潮

《寂静的春天》是被誉为"现代环保之母"的美国生态文学作家蕾切尔 · 卡逊的代表作品之一。该书一经问世，就引起了极大的反响。在该书中作者以大量的科学事实和实验数据为基础，向大众阐述了人与自然之间必须和平相处才能持续发展的思想。由此人们沉睡的生态保护意识开始被唤醒，世界范围内逐步掀起了环保运动的高潮。

除此之外，另外一本不得不提的著作是美国景观设计大师伊安 · 麦克哈格的作品《设计结合自然》。如果说《寂静的春天》把环境保护带入了公众视野，那么《设计结合自然》则是将环境保护真正引入城市规划、城市设计、景观环境设计等领域，其对相关从业者的启迪和影响一直延续至今，正如书中所说，

“（它）用特别才能和技术以及优越的判断力才能完成的具体实例说明这门新的学科（景观生态学）如何可以和必须应用到实际环境中去”。

三、成熟：“深层生态学”创立

早在 1949 年美国环境主义者利奥波德所著的《沙乡年鉴》中，他就提出将生态保护由技术上升至道德思想层面。他认为应该把土壤、水、植物、动物统一在土地共同体中，且共同体中的成员地位平等。[13] 后来挪威的哲学家阿伦 · 奈斯进一步据此提出了“深层生态学”（deep ecology）的概念，认为人并不是处于自然界之上或之外，而是和其他生物体一样，是构成生物群体的一个组成部分，即都是所谓的“生物网的网结”。[14]“深层生态学”的理论提出，一方面为认识人类与自然的关系提供了新的思维方式和研究方法，另一方面也为激进环境主义的产生埋下了伏笔。

3.1.3 当前思想若干新动向

一、“多元思想交锋”

激进环保主义与“明智使用”运动。阿伦 · 奈斯的“深层生态学”成为后来激进环境主义的主要思想基础，基于此思想，许多激进保护组织开始涌现，并发起了大量非常激进的环保运动并取得许多成果。其中比较著名的是美国陆军工程兵团与环保署签订的“雁眼一瞥”规定（“glancing goose” test），该规定认为：只要是大雁在天上飞行时看了一眼以为是可以着陆的地方，就可认定其为受美国联邦管制的湿地。[15] 该规定以及后续联邦法院据此作出的一系列判决，使得美国联邦可管制的湿地达到了 1 亿英亩以上，而其中很大的一部分为私人所有，这就导致该规定必然遭到大量湿地私人业主的抵制。

因此在环保运动逐步走向激进的同时，质疑的声音也开始涌现，譬如美国从 1970 年就兴起的一系列“绿色反弹”（Green Backlash）活动［具体又可细分为“明智使用”（Wise Use）运动、“县权至上”（County Supremacy）运动、“产权”（Property Rights）运动等[16]］。其中“明智使用”运动引用了吉福德平 · 肖的有关观点，认为自然是一种资源，应在“科学管理”的前提下进行“明智使用”，该思想得到了里根、布什等政府时期美国政府不同程度的支持。

二、“边缘思想崛起”

乡村复兴理念的发展。正如前文所说，在 20 世纪早中期，国外学界的主流思想理论关注城镇化、工业化以及由此带来的对自然环境的认知变化。但从

13. 曾繁仁 . 在交流互鉴中创造中国多彩的生态文化 [J]. 人与生物圈，2018(Z1)：152-156.
14. 贾学军 . 深层生态学的理论梳理及评析 [J]. 甘肃联合大学学报 (社会科学版)，2007(03)：5-9.
15. 韩铁 . 环境保护在美国法院所遭遇的挑战：“绿色反弹”中的重大法律之争 [J]. 美国研究，2005(03)：60-81, 4.
16. 赵虹，陶婵娟 . 20 世纪末美国反环保运动与联邦政府的行为 [J]. 学术探索，2009(2)：112-115.

1970 年以来，学者们已经开始对非集中建设区内的广大乡村地区有所关注。而关注的重点，则存在一个明显的脉络：由农业生产开始，并逐步拓展至乡村景观环境保护、乡村文脉复兴等多元领域。

在农业生产方面，基于农业政治学研究的发展，许多学者开始重视粮食问题、农业规模化等内容，并在关注和思考过程中间接促进了乡村复兴研究的兴起。例如诺贝尔经济学奖获得者西奥多 · 舒尔茨在《改造传统农业》中认为，乡村复兴内涵的实质是农业发达，而发达的农业体系和现代化的乡村则是国民经济增长的重要组成部分。[17] 国外学术界中乡村经济学某种程度上等同于农业经济学，因此与乡村复兴内涵联系最紧密的是农区、农业等概念。

在 1970—1990 年，环境压力及可持续发展的提出，引发对乡村景观的研究。乡村景观概念缘于麦克哈格和刘易斯等人对大地景观概念的基础上，综合了乡村人居环境理论的有关知识，是一个较前沿的研究领域。当前研究主要包括以下一些方面：一是乡村景观演变的动力机制研究，其研究认为分析景观格局和动力机制对于生态学和地理学而言都是主要研究目的之一。二是乡村景观规划设计 , 被认为是一个可以有效调节人类与环境关系的工具。正如奥姆斯特德所说：“景观规划不仅要提供一个健康的城市环境，也要提供一个受保护的乡村环境。”三是乡村景观可持续研究，该概念于 1996 年“欧洲乡村景观的未来”会议中被重点提及，具体包括乡村景观的恢复和景观多样性保护等内容。[18]

17. 沈费伟，刘祖云 . 海外“乡村复兴”研究：脉络走向与理论反思 [J]. 人文地理，2018，33(1)：16-23.
18. 李雷，沈守云，廖秋林，等 . 乡村景观的研究现状与展望 [J]. 中南林业调查规划，2008(1)：19-23.

3.2 国内非集中建设区的思想理论总结

3.2.1 古代思想萌芽：尊重自然

考古证实，我国古代最早的城市距今约有 4000 多年的历史，而中国最古老的规划思想早在城市诞生之前就已经孕育。在悠久的历史发展进程中，我国积累了大量的非集中建设区的规划建设经验，出现了多样化的思想萌芽。值得注意的是，不同于西方的城市规划理论存在明确的发展时间、因果关系和清晰逻辑，中国古代非集中建设区的规划思想和理论没有形成一个完整的系统，但是从规划思想的分散和统一的角度出发，受到以下四个方面的深远影响。

一、“天人合一”的哲学观

“天人合一”是中国古代最具代表性的哲学思想之一，其思想起源可以追溯到《周易》和《道德经》，它表达了一种人与自然和谐相处的哲学思想。这种思想对我国古代城市非集中建设区的规划建设活动产生了重大影响。[19] 例如在规划选址方面，“天人合一”思想认为规划选址要与自然环境相协调，比如《管子 · 乘马》中就提出“凡立国都，非于大山之下，必于广川之上；高毋近旱而水用足，下毋近水而沟防省；因天材，就地利”的见解。在土地承载力方面，规划应该考虑根据环境承载力来合理规划城镇、村庄规模和人口数量，比如《管子 · 八观》中提到“夫国城大而田野浅狭者，其野不足以养其民。城域大而人民寡者，其民不足以守其城。凡田野万家之众，可食之地，方五十里，可以为足矣”，“万家以下，则就山泽可矣。万家以上，则去山泽可矣”，体现了古人的强调环境、人口、资源相协调的生态哲学观。

19. 武前波，崔万珍 . 中国古代城市规划的生态哲学：天人合一 [J]. 现代城市研究，2005(09)：47-51.

20. 刘凯 . 中国古代建筑中的实物模数 [J]. 城市建设期刊，2012.

二、“遵循礼制”的伦理观

古代的礼制思想和等级观念也对古代非集中建设区的建设规模和功能定位有着极大的影响。周代实行分封制之下的“井田制”，即把耕地划分为 9 块方田，周围的 8 块田由 8 户耕种，谓之私田，私田收成全部归耕户所有；中间是公田，由 8 户共耕，收入全归封邑贵族所有。[20] 此外，在《商君书 · 徕民篇》中也阐述了非集中建设区的重要作用，如“地方百里者，山陵处什一，薮泽处什一，薮谷流水处什一，都邑蹊道处什一，恶田处什二，良田处什四，以此食作夫五万，其山陵、薮泽、谿谷可以给其材，都邑蹊道足以处其民，先王制土分民之律也”。同时，当时也有了城乡分工的思想，例如管子在齐国任宰相时将齐国划分为 21 乡，其中 15 个乡以从事农业为主，6 个乡以从事工商为主。

三、“道法自然”的生态观

“道”是道家生态论及思想的核心，《老子》中提到“人法地，地法天，天法道，道法自然”，即“道”是天地万物运动的规律，又是整个宇宙最本质、最普遍的规律，“道法自然”即效法天地之道，对万物不采取过多的干预，顺应天道自然秩序。古人主张适度开发，以土地承载力来控制开发强度，保护有限的自然资源。“山泽各致其时”就良好体现了这个理念。《孟子 · 尽心上》中记载“食之以时，用之以礼，财不可胜用也”，即对于自然资源应该合理利用，尊重自然规律和四时节气，不能超过自然的承载力来做事。此外，在传统民居的营建中，古人也提倡根据土地资源来合理安排生活用地和生产用地，生活用地选在背山面水之处，但尽量不要占用良田，要节约土地。

四、“天工开物”的科学观

“天工开物”的科学观起源于农耕文明，古代人长期从事农业生产劳动，遵循自然规律，按照二十四节气的变化进行农业生产和生活，积累了大量的实践经验，从而极大促进了古代的农业、水利、数学和测量学等科学技术的发展，也影响古代非集中建设区的建设活动。[21] 古代农业生产与水利工程常常结合在一起，强调综合整体规划，例如都江堰水利工程和农业灌溉，二者密不可分，不但能够防洪、抗洪，而且便于航行、灌溉。再如春秋后期的绍兴城也是在综合治水取得成效的基础上发展起来的，将开采山石与整治环境相结合，从而逐渐发展成聚落，逐渐从乡镇发展成为城市。此外，古代数学和测量学的发展，影响了非集中建设区的用地规划和功能布局，在村庄建设和房屋建造的时候，古人追求用地尽量方正，院落封闭组合，公共建筑或是其他重要建筑居中布局，街道的宽度、院墙的长度和高度、房屋的开间和进深，古代匠人都有着精确的计算和规定。

21. 张慧 . 先秦生态文化及其建筑思想探析 [D]. 天津：天津大学，2010.

3.2.2 现代思想理论：保护与发展

中国从 1840 年鸦片战争到 1949 年的近代史期间，饱受战乱和压迫，虽过程中有过“西学中用”的理论发展，但没有形成完整的思想体系。现代关于非集中建设区的系统性思想理论，一般认为从 1949 年后出现。中华人民共和国成立后，非集中建设区思想理论从城乡二元结构下仅关注乡村建设，到城乡统筹背景下的乡村振兴、生态空间保护，再到魅力地区营造，规划关注点逐渐从外在物质延伸到内生动力。

一、乡村建设：从“统筹发展”到“乡村振兴”

我国非集中建设区产生了巨大的变化，大致可分为早期萌芽时期（1949—1978 年）、起步摸索时期（1979—2004 年）、城乡全面发展时期（2005 年至今），出现了城乡统筹理论、美丽乡村理论、田园综合体理念、乡村振兴战略等一系列的乡村规划理论和实践经验。

1. 城乡统筹理论

1949—1978 年的早期萌芽时期，我国非集中建设区主要是处于战后的恢复发展阶段，乡村建设主要是以土地改革为核心，配套建设一些基础设施。1979—2004 年起步摸索时期，非集中建设区的建设活动主要是以农民自主建房和政府投资的基础设施建设为主。在进入第三个阶段——城乡全面发展时期以后，城乡关系开始调整，国家推出一系列促进乡村发展的政策措施，并以“建设社会主义新农村”的具体形式推进实施。党的十八大以来，在“全面建成小康社会”的总目标指导下，城乡统筹理论进入新阶段，延伸发展出美丽乡村、田园综合体、乡村振兴等新理论内容。

2. 美丽乡村理念

2008 年浙江省安吉出台了《建设“中国美丽乡村”行动纲要》，实施美丽乡村计划，改善了该地区的农村人居环境和生态景观，带动农村旅游发展，促进农民增收增产，在全国引起极大反响。随后，浙江省在全省推广美丽乡村计划，广东省、海南省等地也开始启动美丽乡村建设。[22] 随后，2012 年第十八次全国代表大会明确提出“美丽中国”的概念，美丽乡村建设是“美丽中国”在乡村地区的具体实践和重要载体。2013 年的中央一号文件（《中共中央 国务院关于加快发展现代农业进一步增强农村发展活力的若干意见》）中第一次提出建设美丽乡村的奋斗目标，“美丽乡村建设”也是第一次替代“新农村建设”一词出现在国家文件中。由此可见，“美丽乡村”已成为新时代社会主义新农村建设的代名词，广州、海南、江苏等地也掀起美丽乡村建设的新热潮。

22. 戴鹏华．浙江乡村景观发展探析 [J]. 中国园艺文摘，2018，34(02):144-145+200.

3. 田园综合体理念

2013 年无锡田园东方项目启动建设，首次引入“田园综合体”的商业概念和产业模式，重塑阳山乡村发展格局，国内首个“田园综合体”项目诞生（图 3-6 ～图 3-9）。田园综合体是一种针对乡村地区开展的全新综合发展模式，将农业、文旅、社区相结合，围绕循环农业、创意农业、农事体验三大主题，以政府、企业、农民相合作的方式，进行较大规模的

图 3-6 无锡阳山田园综合体规划平面图

资料来源：杨柳 . 田园综合体理论探索及发展实践 . 中外建筑，2017(06)：128-131.

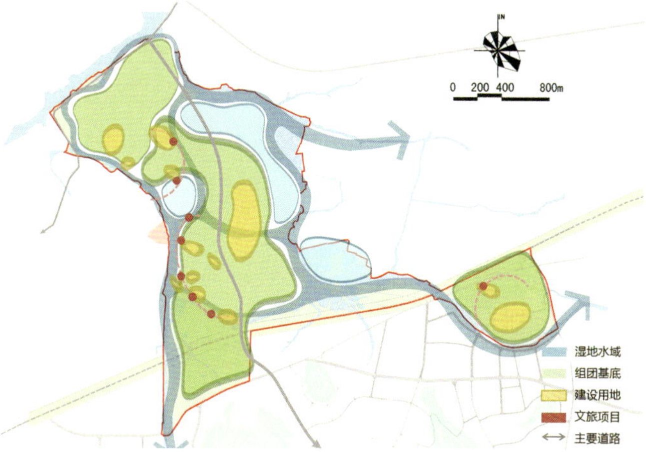

图 3-7 无锡阳山田园综合体结构图

资料来源：杨柳 . 田园综合体理论探索及发展实践 . 中外建筑，2017(06)：128-131.

图 3-8 无锡田园东方鸟瞰效果图

资料来源：张诚，徐心怡 . 新田园主义理论在新型城镇化建设中的探索与实践 . 小城镇建设，2017(03)：56-61.

图 3-9 无锡田园东方农业种植实景图
资料来源：张诚，徐心怡 . 新田园主义理论在新型城镇化建设中的探索与实践 . 小城镇建设，2017(03)：56-61.

综合型规划、开发、运营。[23] 2017 年 2 月，“田园综合体”一词被正式写入中央一号文件《中共中央 国务院关于深入推进农业供给侧结构性改革加快培育农业农村发展新动能的若干意见》，一经提出立即引起广泛关注和热烈讨论，被认为是新时期解决“三农”问题的创新发展战略，是当前乡村发展新型产业的亮点举措。[24-25]

23. 冯双 . 城市边郊田园综合体规划设计研究 [D]. 长沙：湖南大学 ,2018.
24. 杨柳 . 田园综合体理论探索及发展实践 [J]. 中外建筑，2017(06)：128-131.
25. 张诚，徐心怡 . 新田园主义理论在新型城镇化建设中的探索与实践 [J]. 小城镇建设，2017(03)：56-61.
26. 郭杰，高庚渠，江飞，等 . 资源型城市转型发展现代农业可行性研究：以平顶山市为例 [J]. 农村经济与科技，2019，30(11)：189-190.

4. 乡村振兴战略

2017 年 10 月，习近平总书记在十九大报告中第一次提出乡村振兴战略，认为实施乡村振兴战略是新时期“三农”工作的总抓手。2018 年 1 月中共中央国务院公布了名为《中共中央 国务院关于实施乡村振兴战略的意见》的中央一号文件，阐述了新时代实施乡村振兴战略的重大意义和总体要求，从提升农业发展质量、推进乡村绿色发展、繁荣兴盛农村文化、构建乡村治理新体系、提高农村民生保障水平、打好精准脱贫攻坚战、强化乡村振兴制度性供给、强化乡村振兴人才支撑、强化乡村振兴投入保障、坚持和完善党对“三农”工作的领导等方面进行安排部署。2018 年 9 月中共中央、国务院印发了《乡村振兴战略规划（2018—2022 年）》，对实施乡村振兴战略作出了阶段性谋划，细化、实化工作重点及政策措施，部署重大工程、重大计划和重大行动，确保乡村振兴战略落实落地，成为指导各地区各部门分类有序推进乡村振兴的重要文件依据。[26]

二、生态空间：从“反规划”到“保护与发展”

1989 年我国地理学界与生态学界从景观生态的角度创立了中国景观生态

研究会，认为城市发展对自然景观的“适应性”应作为规划设计的思想之一，并由此确定早期的“生态空间保护思想”。2000 年后专家学者和政府文件中出现了一些新的理论探索，例如俞孔坚基于城市生态安全格局提出的“反规划”理论，住建部集诸家理论提出的“城市双修”理论（城市修补和生态修复理论），十八大报告提出“生态文明理论”，等等。

1.“反规划”理论

“反规划”一词最早是由俞孔坚等人在《论反规划与城市生态基础设施建设》一文中提出的。[27]“反规划”理论不是反对规划本身，而是认为城市规划设计应打破传统的思维，改变原有的“城市与环境”的“城市为图、环境为底”的关系，调整为“以环境为图，以城市为底”，即优先对非建设用地进行规划设计，而不是直接在“建设用地”上进行规划。“反规划”理论试图通过建立自然和人文的过程安全和持续健康的景观生态格局来综合解决国土生态安全、乡村风貌特色以及乡村功能形态等系列问题。俞孔坚等人在北京、中山、台州等地区的规划设计方案中均践行了该理论。[28]

2. 城市双修理论

2015 年住房和城乡建设部在总结诸位专家的思想和理论的基础上，提出“城市双修”理论。“城市双修”是一种具有中国特色的针对城市集建区和非集中建设区的渐进式更新理论研究和可持续发展方式，该理论的提出为全面解决快速城镇化过程中带来的生态保护、用地结构、建设风貌、人地和谐等方面问题提供了新思路。[29]从内容上来看，“城市修补”主要是针对城市集中建设区来提出的，主要涉及城市天际线、城市色彩、重点地区改造、交通设施改善、城市综合管廊、城市片区功能更新等内容；而“生态修复”则主要是针对非集中建设区提出的，主要涉及山体、河道、湿地、海湾岸线、林地等生态敏感区以及其他受到破坏的生态要素的系统修复和保护工作。原有的生态保护规划主要针对水体、山体和片区生态要素的修复，而“生态修复”理念是对整个生态系统性的复合化的修复和保护。以三亚市生态修复规划为例，该规划提出在综合性生态修复的基础上，对市域范围内的山、河、海、湿地、棕地、绿地等要素进行系统性修复，弥补了原有生态系统修复的片面化、单一化的问题。[30]

3. 生态文明理论

2012 年，党的十八大报告提出“把生态文明建设放在突出地位，融入经济建设、政治建设、文化建设、社会建设各方面和全过程”，并明确提出“建立体现生态文明要求的目标体系、考核办法、奖惩机制”等，通过划定生态保

27. 俞孔坚，李迪华 . 论反规划与城市生态基础设施建设 [C]// 中国风景园林学会、四川省建设厅、成都市建设委员会、成都市园林局 . 中国科协 2002 年学术年会第 22 分会场论文集 . 2002：12.
28. 章莉莉，陈晓华，储金龙 . 我国乡村空间规划研究综述 [J]. 池州学院学报，2010，24(06)：61-67.
29. 雷维群，徐姗，周勇，等 .“城市双修”的理论阐释与实践探索 [J]. 城市发展研究，2018，25(11)：156-160.
30. 菅泓博，李彦 .“城市双修”是“城市美化运动”吗 ?[J]. 规划师，2018，34(02)：140-145，150.

护红线、建立保护制度，体现了推进生态文明建设的决心。2018 年随着《中华人民共和国宪法修正案》的表决通过，生态文明理论被历史性地写入宪法，对本时期的生态空间和规划设计产生了重大影响，成为新一轮国土空间规划的主题词之一。新时期生态文明导向下的各类生态规划层出不穷，归纳起来主要有以下三个方面。一是“生态文明”逐渐成为一种明确的规划类型，生态文明理论是城市生态规划、绿地系统规划、生态环境保护规划等的重要指导思想及依据。二是生态文明与生态安全、城乡安全（如防洪规划、流域规划）等相互关联，开阔了原有非集中建设区规划的视野，对构建非集中建设区的生态安全格局提供了更大的保障。三是以生态文明为导向的规划类型丰富多样（例如绿道规划、古树名木保护规划、环境保护规划、三生空间规划、基本生态控制线规划、绿色交通规划等），对非集中建设区的生态化进程产生了多元推动力。

三、魅力地区：从“静态保护”到“动态营造”

随着我国治理理念的不断进步，2012 年生态文明被纳入“五位一体”的总体布局（即对“全面推进经济建设、政治建设、文化建设、社会建设、生态文明建设”的概括表述），2015 年绿色发展作为五大发展理念（即创新发展、协调发展、绿色发展、开放发展、共享发展理念）之一被明确提出。与此同时，经济发展方式的转变使得休闲活动和创新经济成为城市发展的重要动能，而休闲、旅游、文化、创新等新经济业态具有易与非集中建设区结合的天然属性，因此非集中建设区在城市发展中的地位不断提升。发展理念和经济模式的变化使得对非集中建设区的认识从单纯的生态保护向魅力塑造转变，因此在编的《全国城镇体系规划》也提出“魅力休闲区”的概念，讨论非集中建设区的发展模式；上海、北京、广州、武汉等城市对非集中建设区进行了新的规划探索；我国台湾地区也逐步开展乡村社区魅力营造的有关实践。因此对非集中建设区的规划成为新时期国土空间规划的一个重要命题，有必要对这类地区的管控方法进行系统梳理与研究。

本章小结

从国外关于非集中建设区的思想研究历程可以看出，其经历了一个明显的认知递进和内容拓展的过程，在认知递进方面，可大致归纳为“亲近自然—保护自然—明智使用自然”三个逐步深入的思想阶段。研究认知递进的同时也带来了研究对象的拓展，其中对象主体，由早期的城市（偏向物质空间）拓展到社会和文化领域，对象客体也从自然资源和风景环境，逐步延伸至其中的乡村和居民。

国内关于非集中建设区的思想研究，在古代规划思想中可见其萌芽，而其成熟则扎根于现代规划思想理论体系。古代规划思想虽然未形成独立的思想体系，但受“天人合一”的哲学观、“遵循礼制”的伦理观、“道法自然”的生态观、“天工开物”的科学观等影响，共同影响古代非集中建设区的规划和建设。1949 年后中国现代规划思想经历早期萌芽、起步摸索和全面发展阶段，希望将保护与发展相结合，主要涉及乡村地区建设、生态空间保护和魅力地区营造等领域，从以城市空间规划为重点转向了以乡村振兴为重点，从局部生态要素的修复转向以系统性生态能力的修复为主，从以静态、单一的地区保护模式转向保护与发展并重、营造美丽空间的发展模式。

第 4 章
国内外非集中建设区规划和管控实践

本章以英、德、美、日等国家以及我国的有关非集中建设区的一系列规划管理和实践为例，总结其有益经验，为构建武汉市非集中建设区规划编管体系提供支持。

4.1 国内外空间规划管理体系

4.1.1 英国空间规划管理机制

英国是现代城乡规划的发源地，也是第一个将规划视野由城市拓展至城乡全域、践行“城乡一体化”的国家，其在 1947 年通过的《城乡规划法》中明确提出要对乡村进行规划保护，遏制城市向农村的不断蔓延。之后英国通过一系列相应的规划和管理实践，有效促进了城市、小城镇和乡村地区之间的协调发展与保护，其中 2004 年出台的《第 7 号规划政策文件：乡村地区的可持续发展》是当前英国乡村地区规划和管理的主要依据。该文件中明确要求在编制“地方发展规划”过程中涉及农村地区时要有明确的规划管理和保护政策。[31]

目前英国主要采用绿化带、国家公园和“杰出的自然景观地区”的规划机制对于乡村地区（非集中建设区）进行规划和管理。[32]

31. 贺贤华，毛熙彦，贺灿飞. 乡村规划的国际经验与实践 [J]. 国际城市规划，2017，32(05)：59-65.
32. 冯伟，崔军，石智峰，等. 英国城乡规划体系及农村规划管理的经验与启示 [J]. 中国农业资源与区划，2018，39(02)：109-113，133.
33. 杨小鹏. 英国的绿带政策及对我国城市绿带建设的启示 [J]. 国际城市规划，2010，25(01)：100-106.

一、绿化带：严格控制建设，抑制城市无限蔓延

有关绿化带的第一个正式官方建议，一般认为是由 1935 年大伦敦区域规划委员会提出，即“提供一个支持公共空间和娱乐地区的保护区，并形成一个绿化带或公共空间环带”（图 4-1），此后英国政府对此政策进行了修编，包括延续至 2005 年的“规划政策导引”（PPG）。[33]

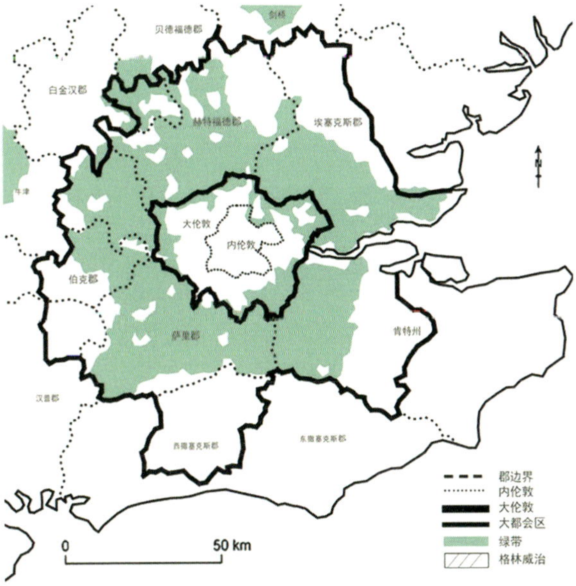

图 4-1 英国绿化带范围图
资料来源：王旭东，王鹏飞，杨秋生. 国内外环城绿带规划案例比较及其展望. 规划师，2014，30(12)：93-99.

英国的绿化带不仅指丛林和草地，而且包括农业用地和农村土地。绿化带政策的制定一方面是为了控制城市的无序蔓延，另一方面是为了避免乡村土地受到无序侵占，从而实现对乡村土地的保护和管理。目前英国已规划批准的绿化带覆盖的面积约有 155.6 万平方公里，约占国土面积的 12%。[12] 根据英国政府的相关绿化带政策文件（如《绿化建设法》），绿化带内严格控制新项目开发（包括在现有的乡村内，同样严格禁止新的开发建设），即便开发项目是采取在现有建筑或建成区内进行“插入式”建设，规划部门在审批时也必须确保这些项目不会对现有乡村景观特征和环境造成负面影响。

二、国家公园和“杰出的自然景观地区”：中央直属管理，妥善保护美丽乡村景观

英国在 1949 年出台的《国家公园与乡村通达法》[34] 中，明确要求政府设置国家公园及其管理机构，以保护乡村地区的自然田园景观，同时为大众提供享受美丽的乡村和自然风景的机会（图 4-2）。在 1955 年英国颁布的《环境法》中再次确认了“国家公园”的功能，并指出国家公园的管理机构为“国家公园管理局”，直接受中央政府领导，独立于地方政府之外，以免受到地方政府的掣肘。[35] 至今英国已经有 15 处国家公园（图 4-3）。

目前根据英国国家公园的相关政策规定，国家公园内的开发必须严格控制，除非开发是为了满足当地居民必要需求的基础设施，且对周围环境影响较小，或这些项目是不可避免且具有重要公众意义的（同时仍然要保证项目对乡村景观环境的影响限制在较小范围以内），项目规划才可允许建设。

34. 闫琳．英国乡村发展历程分析及启发 [J]. 北京规划建设，2010(01)：24-29.
35. 于立，那鲲鹏．英国农村发展政策及乡村规划与管理 [J]. 中国土地科学，,2011，25(12)：75-80，97.

图 4-2 英国国家公园的田园景观图
资料来源：https://www.sohu.com/a/204678148_355229

图 4-3　英国国家公园和“杰出的自然景观地区”分布图
资料来源：https://nationalparks.uk/students/whatisanationalpark/factsandfigures

同样是在 1949 年的《国家公园与乡村通达法》中提出了“杰出的自然景观地区”概念，其指的是具有很重要保护价值，非常杰出的、具有特色的国家级自然景观地区。从某种意义上来说，“杰出的自然景观地区”是国家公园的附加产品。就在同年，英国政府在全国划定了 47 个“杰出自然景观地区”，其代表了英国最美丽、最具特色的乡村地区。在 2000 年英国颁布的《乡村与路权法》中，法律要求当地政府对所辖的“杰出的自然景观地区”必须编制具体的管理措施，针对“杰出的自然景观地区”执行的保护政策和开发管理控制的规定与国家公园基本保持一致。[15]

由于英国政府强化对乡村地区的规划管理，使得英国乡村的特色风貌、风土人情和生态环境都得以高质量地完整保护，英国流行一句箴言——“英国就是乡村，乡村就是英国”，就是对其工作成效的最好诠释和褒奖。

但同时需要明确指出的是，英国乡村规划和管理的主要手段是通过管控乡村地区开发建设行为予以实现的，而对于乡村农林用地及其相应的农业生产行为，并不在英国城乡规划的管辖范畴之内，这与其政治体制高度相关——英国是典型的土地私有制国家，大多数土地为私人所有，且土地所有者对土地享有永久物业权。

4.1.2 德国空间规划管理机制

德国通过法典化的法律体系和管控鲜明的体系规划，实行纵向管理。德国是高度自治的联邦制国家，其空间规划体系主要是由三个层面构成，即由联邦范围内的空间秩序规划、州域范围内的州域规划及区域规划、地方层面的建设指导规划（包含土地利用规划和建设规划）组成。[36]德国对非集中建设区的规划管控主要体现在地方层面对各项非集中建设区的建设与开发活动做出的明确规定上。该层面的规划可分为建设指导规划和田地重划规划，配套法规主要为《建造法典》和《田园重划法》。

一、建设指导规划及《建设法典》：明确用地类型，在法律层面精确落实规划意图

1987年德国颁布了《建设法典》，在原有《联邦建设法》和《城市建设促进法》的基础上重点针对城市生态、环境保护、重新利用废弃土地、旧房更新、旧城复兴等问题，[37]从法律层面确立了德国规划体系，确定了规划和管控的原则及程序，有效指导城市规划的编制、实施、监督环节，其内容涵盖了城市规划、开发项目许可、土地再分配、公共基础设施项目的费用与补偿、城市开发契约、新城开发措施、城市与村镇更新、建筑管理、司法调控等诸多方面。[38]

建设指导规划是以《建造法典》为主要依据，其可分为“土地利用规划”（F-PLAN）和“建设规划”（B-PLAN）。“土地利用规划”主要是以本行政管辖区域为规划范围，依据地方政府和公众对于本地区的发展设想，对土地利用的类型做出初步规定的基础上，对非集中建设区内建设用地（包括居民点用地和其他建设用地）以及非建设用地，通过土地利用规划进行全覆盖的统一规划和管理。[39]需要指出的是，土地利用规划虽然对用地性质和规划管控提出了一些要求，但是只对政府部门和公共建设单位有约束力，对于普通市民和开发商没有强制约束力。[40]而“建设规划”则弥补了这一问题，它是依据土地利用规划确定的原则和要求，对建设用地上的各项建设指标进行详细规定，在法律层面上明确落实规划意图和管控要求。这些规定不但是规划管理部门在建设项目审批环节的重要依据，也是在发生法律纠纷和违法建设行为时的重要判别依据。

二、田园重划规划及《田园重划法》：可对非集中建设区的各类空间要素进行有计划地整合

1960年，联邦德国颁布了第一部城市规划法——《联邦建设法》。与此同时，为了应对由于城镇发展而造成的农业用地零碎化问题，德国颁布《田园重划法》，

36. 宋拾平．我国空间规划体系创新研究[D]. 长沙：湖南师范大学，2011.
37. 倪慧．西欧城市更新的发展及其借鉴与启示[D]. 南京：东南大学，2007.
38. 殷成志，Franz Pesch. 德国建造规划评析[J]. 城市问题，2004(03)：64-69.
39. 易鑫．德国的乡村规划及其法规建设[J]. 国际城市规划，2010，25(02):11-16.
40. 谢敏．德国空间规划体系概述及其对我国国土规划的借鉴[J]. 国土资源情报，2009(11)：22-26.

该法对城市建设用地的调整与农业用地的重新合并做出了规定，以利于村镇的更新建设、农业用地的规模经营，改善农业生产条件和保护生态环境。

田地重划规划主要是以《田园重划法》为主要法律依据，该规划在设立之初，主要是针对农业生产提出的，通过整合现有零散的农业用地，来改善农业机械化的生产条件，合理布局农业生产设施，吸引农业生产企业或者农民团体入驻，在必要的时候，也可整合零散村庄用地或者新增建设用地来布局农业生产企业院落和生产设施，因此与建设用地的调整有密切关系，从而影响了整个非集中建设区的发展。现在德国的田园重划规划的主要任务为通过有计划地重新组合乡村用地结构和空间布局，在非集中建设区范围内结合农田、水系、景观等生态资源，对道路设施、生产和生活设施、公共设施等要素进行新增、腾退或者整合，协调部门之间职责，使规划精准落地。

德国的非集中建设区的规划特色在于围绕土地利用问题，通过法典化的形式来建立完善法律保障系统，来有效规范各项城乡建设与开发活动，具有强而有力的法律约束力。

4.1.3 美国空间规划管理机制

美国的城乡规划体系带有更加明显的自由主义色彩，总体呈现为“联邦—州—地方”三级规划行政和法规管理体系，[41] 但在每个州内的情况又不尽相同，甚至同一个州内的地方政府之间也可能存在分歧。

41. 孙晖，梁江．美国的城市规划法规体系[J]. 国外城市规划，2000.

一、联邦层面：以财政补贴形式，参与并引导地方规划事务

在联邦层面，根据州与州之间的协议，联邦政府仅被赋予了军事、外交、邮政等有限的权限，而与城乡规划相关的城市、乡村等领域的权限并没有被赋予，因此联邦政府就缺乏直接参与城乡规划事务的法理基础。虽然美国商业部在 20 世纪 20 年代连续推动出台了《州区划授权法案》（*Standard State Zoning Enabling Act*）和《城市规划授权法案》（*Standard City Planning Enabling Act*），这两个法案肯定了之前部分州已经推行的分区规划和总体规划的合法地位，[17] 但这两个法案对于总体规划和分区规划的定义模糊，更没有提出编制的强制要求，导致政府参与和支持力度不足。因此联邦政府参与地方规划事务一般更倾向于通过采取财政补贴等间接方式实现，参与的领域也以环境类规划的内容为主。譬如 1959 年设立的“总体规划基金”、1972 年设立的“水处理和水质量规划管理基金”等。地方政府为满足基金资助要求，需要提出具体的规划项目和措施，如 1970 年联邦政府出台的《空气净化法案》就对空气

质量提出了一系列量化考核指标，并要求州政府制定实施计划并付诸实践，未达标州将无法得到资金补助。[17]

二、州层面：重点针对非集中建设区内环境敏感区，制定专项法规

按照上文提到的两个法案，各州一般要编制州总体规划，但各州之间的总体规划的名称、内容、形式、标准等内容都差异较大，导致规划的重要内容没有得到应有的重视和有效控制，因此美国规划师协会（APA）在对各州进行大量调研考察的基础上，于 1998 年提出了《精明增长立法指南》（*Growing Smart Legislative Guidebook*），旨在为各州规划立法提供标准的模式和语言指导。该指南要求总体规划应当包括：关键区和敏感区规划、自然灾害规划、农田与林地保护规划等，[42] 上述内容从空间上和内涵上明显更加贴近非集中建设区。

除此之外，许多州还针与非集中建设区高度相关的生态环境和敏感地区等内容，分别制定了一系列专项法规，具体又可分为直接控制和间接控制两类。

直接控制类以华盛顿州为代表，其颁布的《发展控制法案》要求辖区内各县编制的总体规划内容中要划定专属增长敏感区（包括农田、森林和河流等非集中建设区），另外在其颁布的《海岸控制法案》中也提出，辖区内各县对应沿海岸地带要编制一套总体规划，并由华盛顿州生态部审批，重要的海岸线资源可由华盛顿州生态部制定并取代地方规划。[18] 此外，还有佛罗里达州也提出对州内环保敏感区制定强制性法规以控制建设行为。

除了直接控制，许多州也采用间接控制的方式，譬如加利福尼亚州要求，对于环境有重要影响的项目，在审批程序中需要提交环境影响报告和召开公开听证等，这些环节容易遇到来自公众的阻力，并且耗时耗力，使许多开发商望而却步，反而保护了自然环境。

42. 孙施文 . 美国的城市规划体系 [J]. 城市规划，1999，007.
43. 屠帆，宋海荣，郭洪泉 . 美国乡村社区规划经验及借鉴 [J]. 资源导刊，2017(10)：52-53.
44. 屠帆，赵哲远 . 美国洛杉矶县社区规划对中国乡村土地利用规划编制的启示 [J]. 中国土地科学，2011，25(12)：81-86，97.

三、地方层面：控制开发类型和强度，规范设计标准

美国地方政府层面的城乡规划层级也分为总体规划（县或市层面，一定程度类似于我国的发展规划）和分区规划（一定程度类似于我国的控规），但并没有单独的非集中建设区（乡村）规划，非集中建设区（乡村）规划的内容一部分包含在总体规划，更多部分是包含在分区规划中，分区规划根据服务对象，一般可分为自治区或非自治区，大部分非集中建设区（乡村）地区属于非自治区。

非自治区内分区规划的目的有三个：一是为了阻止美国十分严重的城镇低密度无序蔓延，保护乡村本土特色；二是为了保护自然环境，减少自然灾害；三是促进现代农业发展。[43] 在控制城镇无序蔓延和保护乡村本土特色方面，美国主要通过控制乡村地区土地开发强度和规范建筑物设计建设标准来实现。[44]

以美国洛杉矶地区为例，其在土地用途中划定了乡村用地（一级类，以乡村居住为主），其又进一步划定了若干个二级类，每一类都设定了不同居住单元用地规模以及相应的容积率（表 4-1）。在保护自然环境方面，洛杉矶地区在土地用途分类中，提出了公共空间地类（一级类），其包含受保护的风景名胜区、休闲娱乐型公共空间（如公园、高尔夫球场、国家公园、水域等），该地类原则上未赋予开发强度。在促进现代农业发展方面，同样以洛杉矶地区为例，其在乡村地区内划分了重度农业区和轻度农业区，两者在最小农业（包括种植业和畜牧业）用地面积、最小农业地块宽度以及相应的建筑高度和配套停车、庭院设施设置方面均有不同的要求。[20]

尽管美国各州和地方的规划体系标准不一，但均强调对非集中建设区内的自然环境保护、乡村特色风貌维育和当地农业发展引导。通过对乡村地区（非集中建设区）的土地用途、强度和建设标准等一系列内容进行有效管控，为缓解城市无序蔓延、保护乡村地区本土风貌乃至促进乡村地区精明增长起到积极的作用，其理念和具体操作技术值得我们学习借鉴。

表 4-1 洛杉矶各类土地利用类型允许开发行为和开发密度规定（部分）

土地利用类型（一级）	土地利用类型（二级）	代码	最大允许开发强度	用途
乡村用地	乡村土地 1	RL1	每 0.4 公顷一个居住单元，最大容积率为 0.5	单一家庭住宅、马术和有限性规定的动物使用
	乡村土地 2	RL2	每 0.5 公顷一个居住单元，最大容积率为 0.5	
	……	……	……	
公共空间	略		N/A	受保护的公共空间、风景名胜区，为休闲娱乐的公共空间如公园、国家公园、水域等

资料来源：屠帆，赵哲远 . 美国洛杉矶县社区规划对中国乡村土地利用规划编制的启示 . 中国土地科学，2011，25(12)：81-86，97.

4.1.4 日本空间规划管理机制

日本按“农业、森林、自然公园、自然保护区”四大分区管理，思想观念不断演进。

第二次世界大战后，日本行政的计划促成了一系列计划法（即规划法），这些法律据不完全统计已经多达 150 部以上，其中十分重要的法律包括 1950 年颁布的《国土综合开发法》（该法律在 2005 年修订为《国土形成规划法》）、1947 年颁布的《国土利用规划法》和 1988 年颁布的《土地基本法》等。[45]

《国土综合开发法》将规划分为国土综合开发规划、国土利用规划、土地利用基本规划和部门土地利用规划的四个层次。其中在土地利用规划中，将全国国土划分为城市区域、农业区域、森林区域、自然公园区域以及自然保护区域 5 类，[46] 明显后 4 类都属于非集中建设区范畴，对于后 4 类区域也都分别颁布了相应的法律，对照前述顺序分别有《农业振兴法 / 农业基本法》《森林法》《自然公园法》《自然环境保护法》等主要法律。

一、农业区域：从“工业反哺农业”到“粮食安全—传统文化—绿色环境”三位一体的新农业发展理念

经过战后重建，日本经济重新振兴起来，城镇化步伐也随着加快，1955—1970 年，全国的城镇化率从 37% 升至 72%，与之对应的是农村就业人口大幅减少，农村地区出现农业经济增长乏力、农村空心化和乡村生态环境破坏等系列问题。对此日本于 1961 年颁布《农业基本法》，确定“工业反哺农业”的政策思路。[47] 后续的《乡村地区引入工业促进法》和《农业振兴地区整治建设法》等法律对乡村土地利用、产业发展和产业基础设施建设以及农民生活条件改善等一系列内容均提出了相关要求。

进入 20 世纪 90 年代，日本进入城镇化后期阶段，同时日本经济泡沫破裂，引发全面振荡。在此背景下，日本开始重新思考农业发展定位。日本学界和政府开始认为：农业是一种国防产业，为社会提供粮食安全；农业同时也是一种文化产业，为社会保持传统文化；农业更是一种环境产业，为社会提供绿色生态环境。[48] 在此背景下，1999 年日本国会通过《食物、农业、乡村基本法》，取代旧的《农业基本法》，新法内容包括食品安全、农业可持续发展和振兴乡村，新法把农业看作是一种社会产业，即农业会为全社会提供价值，同时农业也需要全社会来扶持。此后的一系列法律的制定均旨在提高村民生活质量、改善乡村人居环境。

45. 唐相龙 . 日本城乡空间统筹规划体系及其法律保障 [J]. 城乡建设，2010(04)：78-80，5.
46. 盛明洁，顾朝林，李燕 . 日本城市规划编制框架及其内容：以别府市为例 [J]. 城市与区域规划研究，2019，11(02)：64-75.
47. 丁奇，刘玲，张立 . 日本战后乡村规划建设的政策演进及启示：经济社会变迁的视角 [J]. 小城镇建设，2018(04)：14-19.
48. 周维宏 . 现代日本乡村治理及其借鉴 [J]. 国家治理，2014(04)：34-48.

二、森林区域：从“造林育林”到“林木生产、生态保护与文化游憩”等多元功能并重

日本早在 1897 年便颁布《森林法》，但 20 世纪 30 年代开始，因战争需要，其森林砍伐量骤升，至二战结束后，日本森林已经是千疮百孔，被认为已到了“紧急时刻”。[49] 于是森林恢复政策再度启动，日本先后颁布了《森林资源造成法》（1946 年）、《造林临时措施法》（1950 年）等法律，明文强制要求林地所有者造林，同时通过低息贷款、优惠税收、财政补助等政策，使得日本的森林覆盖率开始迅速提高，目前日本森林面积已经达到国土面积的 68.4%，位居世界第一。[50]

进入 90 年代以来，日本造林计划已经充分体现，开始转向重视对林业生产、生态环境保护和文化休憩等多元功能的实现。日本政府于 1991 年制定了国有林改革计划，将森林资源按功能进行分类，包括水源保护、生活环境保护、山区自然灾害防御、文化游憩活动和木材生产 5 种，使森林资源管理目标更符合当时国民经济和社会发展的多目标需要。其中在森林文化游憩开发方面，日本开展了“适合森林浴的森林 100 选”评比工作，截至 2011 年，共在全国认定了 44 处森林浴基地及步道。[51]

49. 杨津涛．今天是植树节，说说日本森林覆盖率极高的历史经验.[EB/OL]. https://kuaibao.qq.com/s/20190312A09SII00?refer=spider,2019-03-12.

50. 搜狐新闻．森林覆盖率：中国近 23%、日本是 68.5%，那美国、俄罗斯、印度的呢？ [EB/OL].https://baijiahao.baidu.com/s?id=1676422725665698649&wfr=spider&for=pc,2020-08-23.

51. 郑群明．日本森林保健旅游开发及研究进展 [J]. 林业经济问题，2011，31(03)：275-278.

52. 杜文武，吴伟，李可欣．日本自然公园的体系与历程研究 [J]. 中国园林，2018，34(05)：76-82.

三、自然公园：从整体“空间管制”到面向实质问题的“内容管理”

日本经过近 70 年的发展，已经形成国立公园、国定公园和都道府县公园三级自然公园体系，其中国立公园 34 个、国定公园 56 个、都道府县公园 311 个，总面积占国土面积比例达 23% 以上。从发展历程上，日本自然公园经历了诞生期、体系构建期、制度调整期、多元价值期等多个阶段。[52]

1. 诞生期

早在 1921 年日本政府就开始为设立国立公园进行候选地调查，1931 年伴随《国立公园法》的颁布，也同期选出首批 12 个国立公园，但在当时的亲近自然运动背景下，对国立公园的主要认知是满足国民的休闲游憩需求，尚未形成严格的生态保护思想。

2. 体系构建期

1957 年日本政府制定《自然公园法》取代《国立公园法》，三级自然公园体系由此构建。但在该时期，日本正处于经济高速增长阶段，人们对于休闲游憩的需求十分强烈，自然公园存在过度开发的现象（如大规模兴建滑雪场、温泉酒店和高尔夫球场等问题）。

3. 制度调整期

针对自然公园的过度开发情况，日本政府开始改革自然公园管理制度，其中的关键内容是对《自然公园法》及《自然公园法施行规则》的修订。改革后日本施行了超越土地产权和土地利用性质的“阶梯式”用地管理分区，将自然公园全域划分为四类地域，第一类特别地域、第二类特别地域、第三类特别地域和普通地域，其管理的严格程度依次递减。在该模式下，自然公园核心区域（第一类特别地域）的保护得到根本强化，次重点区域（第二、第三类特别地域）开发压力得到缓解，开发则转移聚焦至自然公园缓冲区（普通地域）。

4. 多元价值期

之后日本政府继续对自然公园体系进行完善，特别是从“空间管制”进一步迈向生物多样性保护等实质问题的“内容管理”。在此背景下，《生物多样性基本法》（2008 年）、《区域生物多样性合作促进法》（2010 年）等法律陆续颁布，《自然公园法》《自然环境保全法》《自然公园法施行规则》也得到再次修订。

四、自然保护区域：不断细分标准，持续跟踪调查

日本自然保护区域是根据《自然环境保护法》而设立的，根据对象和保护程度又分为原生自然环境保护区、自然环境保护区和都道府县立自然环境保护区三类。[53] 其中原生自然环境保护区内禁止一切开发行为，并划定了绝对禁入区；自然保护区土地则既可为国有，也可为民有，区内又分“特别地区”“海中特别地区”“野生动植物保护区”“普通地区”等细类分区，分别设定不同的人为活动限制要求；都道府县立自然环境保护区的管理规定则参照自然保护区而制定。至 1999 年，日本设立了 3 处原生自然环境保护区、10 处自然环境保护区和 523 处都道府县立自然环境保护区。

日本其实并无专门针对自然保护区域的法律，但在《自然环境保全法》，以及上文提到的《自然公园法》和《森林法》中均有涉及。根据《自然环境保全法》，日本政府每 5 年实行一次“自然环境保全基础调查”，对自然保护区域内的地形、地质和野生动植物进行基础调查，至今已开展了 6 次。

53. 杨素娟 . 日本自然保护区管理制度评介 [J]. 世界环境，2002(04)：32-34.

4.2 国内外非集中建设区规划实践

4.2.1 环城绿带和公园群规划

一、欧洲及东亚各国环城绿带规划建设

许多海外国家外都认为环城绿带是有效抑制城市蔓延扩张、实现城市可持续发展的重要手段。英国是较早建设环城绿带的国家，1927 年恩温在编制大伦敦区域规划时明确建议用一圈绿带围合当时建成的城市地区，抑制其向外无限蔓延，1933 年恩温进一步完善了绿带的概念方案，他设计的“绿色环带”宽 3 ～ 4 千米，包括林地、牧场、公园、乡村、农田、果园等多种用地类型。在 1944 年的大伦敦规划中，艾伯克隆比更是为伦敦规划了一条宽度达 8 ～ 15 千米、总面积达 2000 平方公里的绿带，该规划受到了英国多级政府的大力支持。

受其影响，法国、德国等其他欧洲国家也陆续进行了类似的尝试。在法国，1987 年巴黎地区议会在绿化管理处的提议下，对城市边缘地带提出建设环形绿带，同时明确了环形绿带的三个主要功能：一是控制城市的边界线，抑制城市的蔓延扩张；二是保护农业，特别是城市周围地区的农业；三是开辟大片绿地，实现城市与乡村的合理过渡。在德国，东西德统一后，柏林—勃兰登堡大都市区快速发展。为应对该大都市区内部出现的一系列环境和开放空间受损问题，柏林—勃兰登堡联合规划局提议在柏林外围，建设一条区域公园形式的环城绿带，该绿带由八个区域公园组成，总面积超过 2800 平方公里。[54]

环城绿带思想还影响到了东亚地区。在日本东京，1939 年《东京绿色空间规划》就开始尝试为东京划定 1 ～ 3 千米宽的环形绿带，1956 年在面向东京大都市区的《国家首都圈整备法》中，提出在东京中心建成区外建设一个大规模的近郊绿带，宽度增加至 5 ～ 10 千米。在韩国首尔，1971 年首尔开始正式划定大都市区绿带，到 1976 年绿带范围达 1567 平方公里，涉及首尔市、仁川市以及京畿道的若干市（郡）（图 4-4）。我国的北京、上海等城市也提出过“绿色隔离区”等类似的规划设想。

但是随着社会经济发展和变革，环城绿带在实施建设中也遇到了不同困难和阻力。在英国，到了 20 世纪 70 年代中后期，英格兰东南部地区经济发展逐步陷入停滞，为刺激经济复苏，中央政府开始意图在绿带内局部放松管制，2015 年英国政府在法案公开咨询中，尝试允许地方议会可以自行在绿化带上分配适当的小规模住宅区，[55] 但当地政府却不愿过多承担外来增长压力，以免本地变得过于拥挤及生活环境和景观被破坏，他们更希望利用绿带作为抵制开发的工具，甚至积极向中央政府申请扩大绿带范围。

环城绿带建设在日本和韩国亦曾陷入困局。东京绿带建设由于缺乏土地所

54. 张怀振，姜卫兵．环城绿带在欧洲的发展与应用 [J]. 城市发展研究，2005(06): 36-40.

55. 房天下英国房产网．房屋短缺 伦敦政府允许在绿化带中开发 [EB/OL]. https://uk.fang.com/news/18572470.htm,2015-12-14.

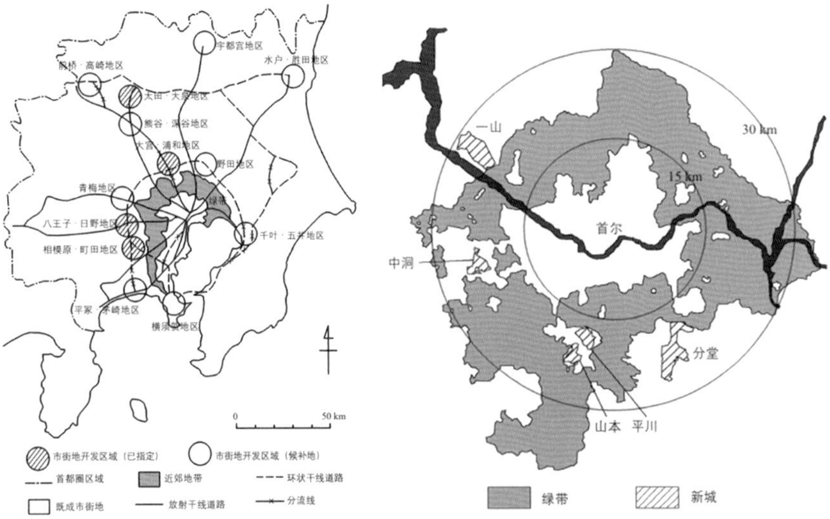

图 4-4　日本（左）和韩国（右）环城绿带示意图
资料来源：王旭东，王鹏飞，杨秋生 . 国内外环城绿带规划案例比较及其展望 . 规划师，2014，30(12)：93-99.

有者补偿机制，使得绿带内居民和地方政府强烈反对绿带内的开发控制，其中部分居民争取到一定开发权，使绿带内部分土地转变为建设用地，而中央政府为了实现促进东京都市区集聚经济增长的目标，同样做出了一些不利于绿带保护的决策，如多摩新城选址在绿带范围内。至 1965 年《国家首都圈整备法》修订时，东京郊区环城绿带被调整为“基础设施带”，部分土地被正式规划为开发用地，而目前日本社会上普遍认为东京环城绿带已经演化为城市建设地区。[32] 在韩国首尔，由于政府新增的城市建设并没有完全集中在指定的新城，反而在新城以外的“半城市半农业”地带蔓延开来，这使被严格限制开发的首尔绿带内的居民反对声越来越大。他们开始在绿带管制框架内争取各种建设许可，同时韩国政府也开始尝试释放部分保护价值较低的土地，使其变更为可开发用地，建设类型包括居民点、中央政府选定的公租房建设区、国家级商务区，以及地方政府划定的发展储备地块等。

二、美国大波士顿公园系统（“翡翠项链”）建设

为了缓解工业化给波士顿带来的环境污染，以及受到城市中产阶级发起的“回归自然运动”影响，1893 年马萨诸塞州通过了设立波士顿大都市公园体系的立法，并由此成立相应的公园委员会，聘请奥姆斯特德开展了著名的波士顿公园体系（“翡翠项链”）的设计和建设。[56] 整个公园体系包含波士顿公地、公共花园、马省林荫道、后湾沼泽地、河道景区、奥姆斯特德公园、牙买加池塘、

56. 张洋 . 景观对城市形态的影响：以波士顿的城市发展为例 [J]. 建筑与文化，2015(03)：140-141.

富兰克林公园和阿诺德植物园9大城市公园以及其他公园绿地和绿道系统，由此形成了一片绵延16千米完整的公园景观。[57] 整个项目不局限于公园景观建设，还涉及城市水系综合治理等诸多内容，这一系列举措最终促使公园和周边的森林、河流、山丘和湿地等自然风景有机地融为一体，打破了公园本身的界限，也模糊了自然与城市的边界，体现了自然和人工美学的完美融合。这个成功的、极具开创性的都市公园体系吸引了许多学者的关注，也成为美国其他城市竞相效仿的范例。

57. 易辉．波士顿公园绿道：散落都市的“翡翠项链”[J]. 人类居住，2018(01)：18-21.

4.2.2 非集中建设区空间系统规划

一、基于精明增长的城市增长边界和基于精明保护的绿色基础设施规划

为解决城市低密度无序蔓延吞噬大量生态和农田空间、郊区化引起旧城中心衰落，以及城市交通拥挤、市政设施服务效率低下等问题，城市增长边界（UGB）理念孕育而生，城市增长边界在于引导用地紧凑发展而非限制发展。这一概念最早是由美国俄勒冈州的塞勒姆市提出的，指的是城市土地和农村土地的分界线，在城市增长边界以内的土地可开发为城市用地，以外的则不能。[58] 1979年波特兰开始划定城市增长边界，该边界是形态完整的预期性边界，包括140平方英里未开发的土地，预计维持20年的土地供应。但随着城市增长边界应用的深入，一些负面影响也逐渐被重视，如其 内部逐渐出现过度拥挤及由此带来的高地价、高房价以及城镇蛙跳式发展等问题。

58. 张润朋，周春山．美国城市增长边界研究进展与述评[J]. 规划师，2010，26(11)：89-96.

在美国被广泛采用的绿色基础设施（GI）的概念，一般认为是由美国保护基金会提出的“由自然区域和其他开放空间互相联系的网络，能够保存自然生态系统的价值和功能，维持洁净的空气和水体，为人和野生动物生存提供广泛的福利”。[59] 后来该理论进一步发展，不仅延续奥姆斯特德时代的公园体系思想，同时融合了景观生态学提出的“为了其他生物的需求保护和连接自然区域”的研究成果，也吸纳了同时代城市暴雨管理和低影响交通等一系技术成果。其概念体系可进一步分解为两大要求：一是为了其他生物的需求，如保护生物多样性、反生物栖息地的破碎化等目的，发起保护和连接自然区域的郊野地保护运动；二是为了人的需求，如娱乐、美学、健康等目的，保护和连接公园和其他的绿色空间的城市公园和绿地。相应地，美国也有由郊野地保护规划发展而来的“马里兰模式”和立足城市发展而来的“西雅图模式”。

59. 刘娟娟，李保峰，南茜若，等．构建城市的生命支撑系统：西雅图城市绿色基础设施案例研究[J]. 中国园林，2012，28(03)：116-120.

马里兰州是美国最早开展绿色基础设施研究的地区，它的“中心”(Hubs)—“连接”（Links）的自然系统理论被美国许多州效仿，成为大尺度下的绿色基础设施优秀范例。就具体技术路径而言，马里兰州根据土地覆盖与利用、水系、湿地、道路、保护区、生物调查等数据叠加的结果来确定“中心”，再通

过绿道来构建“连接”，从而形成绿色基础设施网络。2001 年马里兰州推行了绿图计划（Mawland’s Green Print program）来识别州的绿色基础设施，并计划进一步拨款保护这些网络的“中心”和“连接”环节。

西雅图模式是马里兰模式的进一步发展，它将绿色基础设施的关注点从区域尺度聚焦至城市尺度，并探索形成一套合适的绿色基础设施理念和设计方法。该模式既吸纳了马里兰州推崇的大尺度荒野保护规划中绿色基础设施的技术方法，即采用网络方式对现有自然生态系统进行连接和保护，同时将可持续的城市生活模式，如步行道和自行车道整合进这个系统。此外，通过人工、半自然和自然的方式梳理城市排水系统、发展都市农业也是其考虑的重要部分。后续的纽约、卡莱尔等其他地区也发展出具有各自特点的绿色基础设施理念。

二、兼顾城市增长边界、绿色基础设施理念的“生态控制线”规划

在充分借鉴和集成了城市增长边界、绿色基础设施等各类理论和实践的有益经验基础之上，我国各城市开始提出“生态控制线”概念。一般认为是由深圳市在《深圳市基本生态控制线管理规定》中，正式确立了生态控制线的法律地位。

按照当前国内许多城市实行的生态控制线的构架，一般包括“生态底线”和“生态发展线”等多条界线，其中“生态底线”显然是借鉴了绿色基础设施理论，用于保护城市的核心生态资源，而划定“生态发展线”，反过来就变相限定了城市开发边界，体现了城市增长边界理念的思想。

目前国内的无锡、广州、武汉、厦门、长沙、青岛和东莞等城市已经相继开展了基本生态控制线的实践探索，形成了各自的有益经验。

探索主要集中于三个方面。一是制定政策法规，保障规划落实。深圳和东莞等城市颁布实施了有关基本生态控制线管理的政府规章，强化了基本生态控制线的管理；贵阳进一步细化了生态区保护和建设要求，对生态区内的规划、建设和管理均提出了更加明确的标准；贵阳、杭州等城市制定生态补偿管理办法，有效推进基本生态控制线实施建设。

二是开展规划编制。深圳、长沙、厦门等城市通过编制城市总规的专项规划或专题研究，在全市范围内开展了基本生态控制线的划定工作，实现对生态空间的有效管控；广州、杭州等城市则进一步开展生态区的控规编制工作，对基本生态控制线进行深化细化，划分编制单元，明确各单元的主导功能和控制性要求，作为基本生态控制线内规划管理的依据。

三是探索实施模式。浙江采取政府主导，通过“千村示范万村整治”工程，促进生态区的环境提升；成都引采取市场化运作，以项目为龙头，统筹推进生态区内土地整理、产业发展、农民安置和生态建设；无锡结合国家战略，引进

田园旅游开发商打造田园综合体，实现生态区整体功能提升等。

所以我国尽管从“生态控制线”概念的提出到具体实践只有短短 10 多年时间，但在基本生态控制线的划线方法、管控路径、实施评估上已经有了大量的研究和实践经验。

三、面向全域要素的非建设用地规划

当前，我国已经进入快速城镇化时期，城市无序扩张与生态环境矛盾突出，保护城市非建设用地无疑十分迫切。成都 2006 年编制了《成都市中心城非城市建设用地城乡统筹规划——成都市“198”地区控制规划》(简称“198”规划)，打破了传统意义上的非建设用地不允许建设的规划理念。西安市西咸新区在建设现代花园城市过程中，2012 年编制了《西咸新区现代花园城市城乡统筹专项规划》和《西咸新区现代花园城市田园生态景观专项规划》，在严格生态保护的基础之上，对非建设用地的功能化使用进行了实践性的探索。[60]

60. 梁东，樊婧怡，陈健，等. 现代花园城市非建设用地控制与使用规划探索 [J]. 城市规划，2014，38(06)：87-90.

1. 成都的非建设用地规划

2003 年，中国科学院建设部山地城镇与区域研究中心与重庆大学城市规划设计院完成全国首个“非建设用地规划”，提出分级控制、分类保护、分期实施的思路，并与农村生态产业结合，发展“都市村庄”模式，还探讨研究了非建设用地的控制图则。然而，由于规划仅从生态保护角度来探讨，忽略了实际存在的建设活动（如村庄），同时对城市绕城高速外的控制较为粗略，此规划没有真正得到实施，城市蔓延问题依旧存在。

在此基础上，成都编制了“198”规划，该规划以成都的中心城 85 千米长的绕城高速公路为界，划定了 198 平方公里的非城市建设用地，形成了“198 地区”。

“198 地区”规划有两大基本功能。两大功能是指城市生态功能和现代服务业功能。其中，为实现城市的生态功能，规划超过 150 平方公里的生态用地，用于各类农用地的项目建设，实体景观主要表现为森林、草地、花卉、水体等，塑造出完整的都市大景观（图 4-5）。为完善成都市现代服务功能、改变现状混乱的建设状况，大面积拆除现有建设，从现状 75 平方公里减少到不超过 45 平方公里，用于社会保障、文化、体育、娱乐、旅游、商务、住宅等项目（但不得用于对城市生态游较大影响的新建工业、物流、大学和大型批发市场等），保证“198 地区”20 多万名农民的生产、生活和地区的发展。

该规划打破了生态绿地中不能进行房屋建设的传统思想，与国土部门紧密配合，整合集体土地与国有土地，形成统一规划平台，以旧城更新的方式换取了“198 地区”的重生。规划部门制定《成都市集体建设用地整理与集中使用

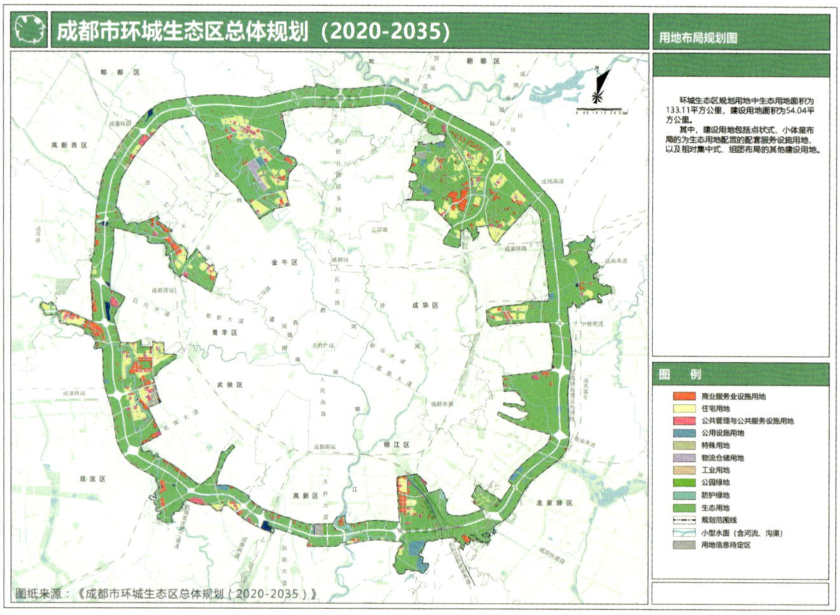

图 4-5　成都市环城生态区总体规划
资料来源：http://gk.chengdu.gov.cn/govInfoPub/detail.action?id=2592259&tn=2

管理暂行办法》（成国土资发〔2008〕356 号），将“集体建设用地规划管理”纳入《成都市规划管理技术规定》，国土、建委、房管等部门同样将“198 地区”纳入各自的管理平台。规划还将生态绿地与建设用地按一定比例捆绑包装成若干项目作为拍卖条件，通过企业来实施，并与建设项目同步验收，保证了生态绿地的建设。[61-63]

61. 涂于华 . 成都市中心城非城市建设用地规划实践研究 [D]. 成都：西南交通大学，2010.

62. 潘霞 . 城乡统筹实践下的成都“198”（环城绿地）规划 [D]. 北京：清华大学，2013.

63. 付敏，甘森 .“198 规划”是一种成都模式：专访成都市规划设计院副总规划师 张惜秒 [J]. 西部广播电视，2009(10)：40-41.

2. 西咸新区的非建设用地规划

基于西咸新区创建现代花园城市的发展目标，西安市在西咸新区总体规划编制过程中针对非建设用地开展了《西咸新区现代花园城市田园生态景观专项规划》研究。从非建设用地的类别划分、控制保护、发展利用出发，探索在城乡一体的现代花园城市中非建设用地的控制与使用，并且采用“类别控制、片区引导”的控制引导方法，建立了“西咸新区—新城—单元”的管控体系，将管控要求转化为规划管理的控制性语言，通过非建设用地的控制与使用，限制城市蔓延，保护非建设空间。

在西咸新区“大开大合”的建设理念下，西咸新区分为空港、沣东、秦汉、沣西、泾河五大新城，新区规划范围 882 平方公里，其中非建设用地 610 平方公里，占规划范围的近 70%，具有数量巨大、生态资源丰富、历史文化深厚、农业生产条件良好等特点。其非城市建设用地主要由果园、农田、林地、村庄、滩涂、大遗址区、自然绿地和水域等用地组成，在各个新城分布。

提出“类别控制、片区引导”的控制引导方法，明确 7 类 15 个片区的非建设用地使用性质划分。从城市非建设用地使用功能出发，以西咸新区总体规划确定的土地利用规划为依据，除区域设施用地外，按照水域、生态敏感、防护绿林、遗址保护、郊野公园、都市田园、镇村发展 7 类进行控制。确定用地使用功能后，不得随意改变其用途。对水域、生态敏感类、防护绿林类和遗址保护类用地合理确定其边界、严格保护控制；并将规模较大、功能复杂的郊野公园、都市田园、镇村发展三大类用地细分为 15 个片区，对其景观风貌、建设方式、开发模式等方面进行引导，形成多样化的功能类型组合和景观风貌形式（图 4-6）。

类别		片区	
代码	类别名称	代码	片区名称
E	水域		
Z	生态敏感类		
L	防护绿林类		
Y	遗址保护类		
J	郊野公园类	J1 J2 J3 J4 J5 J6	郊野滨城公园区 郊野运动公园区 郊野湿地公园区 郊野森林公园区 郊野植物园区 郊野名胜古迹公园区
N	都市田园类	N1 N2 N3 N4 N5 N6 N7	市民农园区 果蔬种植区 林果种植区 经济作物种植区 中草药种植区 主题花卉种植区 苗木栽培区
H	镇村发展类	H1 H2	优美小镇 民俗文化村
类别控制（刚性） 对非建设用地使用性质的刚性控制		片区引导（弹性） 针对开发景观风貌和建设方式的引导	

图 4-6　西咸新区非建设用地类别划分图
资料来源：《西咸新区现代田园生态景观专项规划》

划分“新区—新城—单元”三级管理层次，建立“三类五项”指标体系（表4-1）。西咸新区城市非建设用地采取“整体发展框架指导、各新城发展结构指引、各单元地块具体控制”的思路。城市建设用地与非建设用地按照统一的编码进行规划编制，对非建设用地也进行单元的划分，分单元明确控制管理要求。同时，新区建立明确的非建设用地指标体系，从生态景观控制与引导、开发建设控制与引导、设施控制三个方面提出了主体功能用地比例、森林覆盖率、绿地率、服务设施用地比例、建筑主体高度五项控制指标。

运用“一图一表”简化管理语汇，严格把控两个阶段审批。借鉴控制性详细规划的经验，采用图则的形式对非建设用地的使用功能进行控制管理，对接法定规划内容。简化管理语汇，通过“一图一表”的图则进行控制管理（图4-7）。“一图”是指以单元为单位的非建设用地土地使用规划图，同时在图上明确控制单元编码、位置、性质及比例等。“一表”是指明确各地块的性质、面积和规划控制要求基础上，对本单元内非建设用地面积汇总统计表。依据“一图一表”的要求，在新区具体项目开发建设中，严格把控立项阶段的项目选址审查并对建设阶段的项目总平面图进行审查、审批，实现非建设用地的科学合理利用与保护。

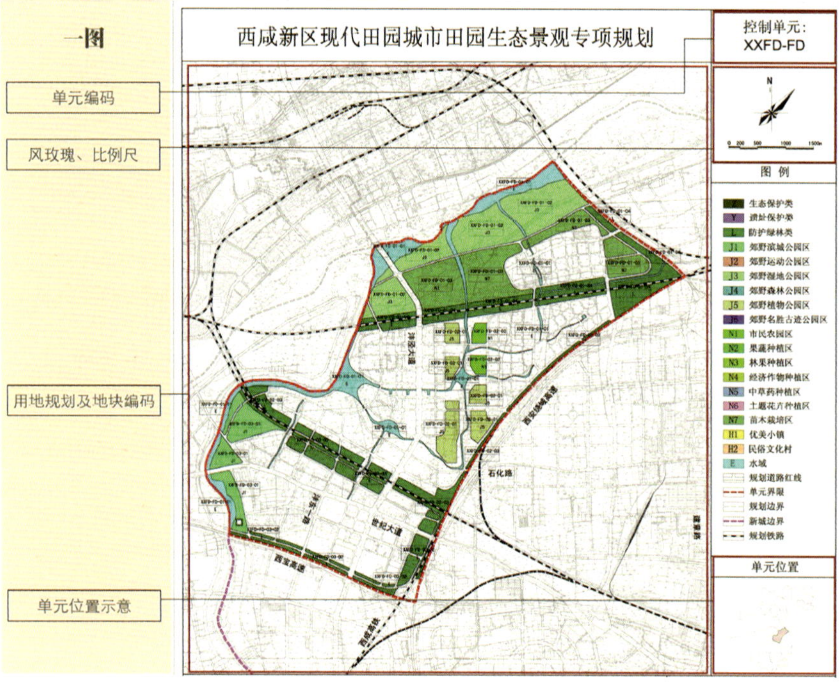

图4-7　西咸新区非建设用地管理图则

资料来源：《西咸新区现代田园生态景观专项规划》

表 4-1 “三类五项”指标体系表

用地名称		生态景观控制与引导			开发建设控制与引导									设施控制
类别、片区名称		主体功能用地比例(%)	森林覆盖率(%)	绿地率(%)	服务设施比例(%)	用途兼容性控制							建筑高度（不包括临时构筑物）(m)	公共设施引导
						管理用地	教育科研用地	零售商业用地	餐饮用地	旅馆用地	娱乐用地	康体用地		
水域		—	—	—	—	—	—	—	—	—	—	—	—	—
生态敏感类		—	≥ 50	≥ 95	—	—	—	—	—	—	—	—	—	—
防护绿林类		—	≥ 90	≥ 95	≤ 2	●	—	—	—	—	—	—	—	供水、供电
遗址保护类		—	≥ 40	≥ 80	≤ 2	●	—	—	—	—	○	○	≤ 4	—
郊野公园类	郊野滨城公园区	≥ 60	≥ 40	≥ 80	≤ 8	●	—	●	○	—	●	○	≤ 4	停车场、供水、供电
	郊野运动公园区	≥ 20	≥ 40	≥ 80	≤ 8	●	—	○	○	○	●	●	≤ 10	停车场、供水、供电
	郊野湿地公园区	≥ 60	≥ 20	≥ 90	≤ 3	●	○	○	○	—	●	—	≤ 4	停车场、供电
	郊野森林公园区	≥ 80	≥ 80	≥ 90	≤ 2	●	○	○	○	○	○	○	≤ 6	停车场、供水、供电
	郊野植物公园区	≥ 60	≥ 40	≥ 85	≤ 5	●	○	○	—	—	○	—	≤ 6	停车场、供电
	郊野名胜古迹公园区	≥ 10	≥ 40	≥ 80	≤ 5	●	○	○	—	—	○	—	≤ 10	停车场、供水、供电
都市田园类	市民农园区	≥ 70	≥ 20	≥ 90	≤ 8	●	○	—	—	—	○	—	≤ 4	停车场、供水、供电
	果蔬种植区	≥ 70	≥ 20	≥ 90	≤ 3	●	○	●	○	○	○	○	≤ 6	停车场、供水、供电
	林果种植区	≥ 80	≥ 80	≥ 90	≤ 2	●	—	○	○	—	○	—	≤ 4	停车场、供水
	经济作物种植区	≥ 70	≥ 20	≥ 90	≤ 3	●	—	○	○	—	○	—	≤ 4	停车场、供水
	中草药种植区	≥ 70	≥ 20	≥ 90	≤ 4	●	○	○	○	—	○	—	≤ 4	停车场、供水、供电
	主题花卉种植区	≥ 70	≥ 20	≥ 90	≤ 5	●	—	○	○	○	○	○	≤ 4	停车场、供水
	苗木栽培区	≥ 80	≥ 60	≥ 90	≤ 6	●	○	○	○	—	○	—	≤ 6	停车场、供水、供电
镇村发展类	优美小镇	—	≥ 30	≥ 40	建设密度≤ 35%								≤ 24	停车场、供水、供电、排水、供气、供暖
	民俗文化村	—	≥ 20	≥ 30	建设密度≤ 40%								≤ 10	停车场、供水、供电

注：表中●表示必须建设的服务设施，○表示可以建设的服务设施，- 表示禁止建设的服务设施

资料来源：梁东，樊婧怡，陈健，等．现代花园城市非建设用地控制与使用规划探索．城市规划，2014，38(06)：87-90.

4.2.3 乡村土地整治与村庄建设

日本、韩国作为资源禀赋相似的现代化经济体，都采取了乡村复兴运动来激活农村资源、保护生态环境、公共服务设施配置、乡村产业振兴，为乡村地区注入崭新的活力。他国的乡村经验，对我国的乡村土地整治与村庄建设有重要借鉴意义。由于两国的发展契机和发展历程相似，下面以韩国的乡村振兴规划为主，介绍其发展阶段和主要经验。国内选取较为典型的上海郊野单元规划的案例，剖析其主要内容和成功经验。

一、韩国案例：通过乡村振兴运动，激活农村资源，引导乡村全面复兴

韩国的乡村发展与规划有其自己的特色，备受关注的“新村运动”是一项综合的农村开发事业，通过强力的政府支援和地区开发政策间的相互协同，全面提高了农民的生活质量。新村运动的主要成效包括扩充农村地区的基础设施、改善村民的生活环境和增加村民收入等。新村运动之所以成功，源于居民的主人公意识和协同力量、政府的强力意志和高效的行政效率以及土地改革和教育等多种因素。韩国新村运动大致可划分为三阶段。[64]

64. 李仁熙，张立．韩国新村运动的成功要因及当下的新课题[J]. 国际城市规划，2016，31(06)：8-14.

基础阶段（1971—1973 年）：新村运动初期，各村均选出了新村领导人，经过政府组织的培训后，以他们为中心来带领村庄的各项建设活动，发挥了巨大作用。初期新村建设的重点聚焦在村庄道路的扩建、共用洗衣台的建设以及屋顶、墙垣及厨房改良等环境改善工作，并同时开展了改良耕地和提高种子质量等增收工作，一扫乡村过往的颓废风气，倡导勤俭节约等精神面貌的改革。政府组织开设新村领导人研修院，在全国培养了大量的新村领导人。居住环境的改善使得村庄发生了明显变化，人均 GNP 也从 1970 年的 257 美元增至 1973 年的 375 美元，增长了约 50%。

扩散阶段（1974—1976 年）：这段时期以农村小康运动为重点，工作聚焦在农民增收上，意图逐步消除城乡差距。鉴于前期的成效显著，新村运动的组织和人力投入大幅增加，政府的支援和支持力度继续加大，新村运动的对象范围也扩大至一般市民，通过整备水田埂、整治小河川、实施综合农业、发掘农外收入等工作促进了居民收入的增加，全面激发了国民的意识改革和自主行动意志。1976 年，韩国人均 GNP 达 767 美元，比 3 年前翻了一番多。基于农村的新村运动成功扩散至城市，包括和工厂、工作单位和学校，逐步发展成为全体国民参与的运动，形成了当时韩国的国民精神。

深化阶段（1977—1979 年）：这个阶段是对过去阶段的超越，不再局限于以村庄为单位的小规模活动，而是扩大了活动的地域和规模，旨在提高新村运动的经济性。农村聚焦于增加收入和扩充文化福祉设施，城市聚焦于节约物资、提高生产力以及健全劳资关系。通过活跃地开展单位和工厂的新村运动，大幅提高了生产效率并增加了居民收入。1979 年韩国人均 GNP 达 1394 美元，与 3 年前相比接近翻了一番，全国的城乡生活条件持续得到明显改善。

二、上海实践：整合城乡规划和土地规划双重手段，对非集中建设区用地进行网格化、精细化、减量化管控

面对人口规模持续快速增长和“两规合一”背景下土地资源紧约束等多重压力，上海郊野地区面临建设用地使用粗放、非建设用地逐步蚕食、环境污染严重、人居环境恶化、各类设施配套不齐全等问题。在此背景下，上海市通过在郊野地区实施郊野单元规划，实现对郊野土地的网格化、信息化和精细化管理，同时也通过集中建设区外现状建设用地减量化来缓解本市土地资源约束的压力，实现居民点和企业的集中布局，通过有效利用集中建设区以外的土地推动城市发展方式的转型。[65-67]

为真正有效落实郊野地区规划，上海市构建了郊野地区规划体系，从宏观、中观、微观各个层面制定了规划任务，逐层分解，逐层落实。上海市构建了覆盖全市域的“市级土地整治规划—区县土地整治规划—郊野单元规划—土地整治项目规划设计”四级土地整治规划体系。宏观层面，市级土地整治规划和区县土地整治规划解决功能定位、目标导向的问题；中观层面，郊野单元规划解决用地布局、分解项目的问题；微观层面，土地整治项目规划设计解决指标落实、资金估算以及最后的真正实施。四级土地整治规划充分衔接，并且融入了现有的城乡规划体系，真正指导和落实城乡统筹和促进城乡一体化发展（图 4-8）。

65. 孙敏，姜允芳．“存量发展”背景下上海市郊野单元规划研究 [J]. 城市观察，2015(02)：132-139.
66. 宋凌，殷玮，吴沅箐．上海郊野地区规划的创新探索 [J]. 上海城市规划，2014(01)：61-65.
67. 管韬萍，吴燕，张洪武．上海郊野地区土地规划管理的创新实践 [J]. 上海城市规划，2013(05)：11-14.

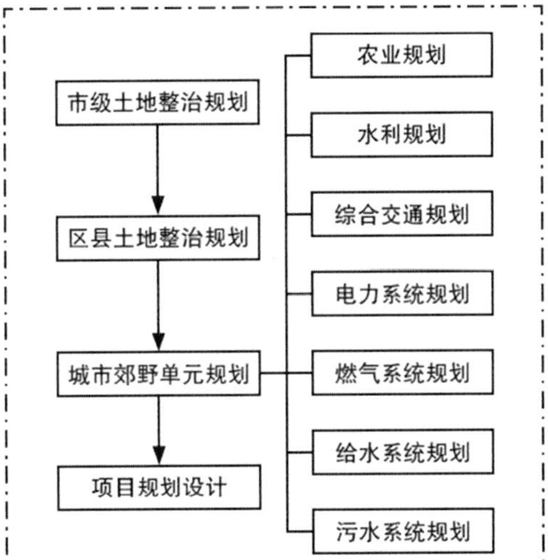

图 4-8　上海郊野公园规划体系

上海市开展的郊野单元规划的编制和实施管理的时间，为完善非集中建设区的规划土地管理体系进行了有益尝试，实现了规划编制和土地管理上的三个转变。

一是从土地项目管理到郊野单元规划管理。在郊野单元构建的全新土地整治平台上，原先相对小规模的土地整治项目区规划转变为整区域的郊野单元规划（图 4-9），原先单纯的农用地整治转变为多地类的综合性整治，原先相对单一的土地整治工作从一项技术工程转变为社会工程，可以聚合各部门涉农规划、工程、资金和政策。同时因为郊野单元规划编制对于部门协调统筹工作的前置性，也大大增强了后续整治项目实施的可操作性。

二是从增量型规划到减量化规划。在土地资源紧约束的压力下，当前上海的建设用地利用已经接近上限，国土空间规划必须面对减量化要求下推动上海城市发展的新挑战。郊野公园和郊野单元的规划和实施以减量化目标为前提，减少郊野地区零散布局的低效用地、减少环境污染源、减少社会管理成本；同时通过腾挪土地空间、建立“造血机制”，盘活郊野农村集体土地，壮大集体经济组织，提升郊野地区农村经济基础、农村土地使用效率、郊野地区生态品质和农业生产水平（图 4-10 ～图 4-12），为郊野地区发展提供内生动力，是以规划和土地管理政策创新来推动城镇化和新农村建设的重要探索。

三是从规划编制和项目实施分阶段管理到规划土地衔接管理。郊野公园和郊野单元规划的提出，改变了传统上规划编制由规划部门负责、项目操作由土地部门负责的分离做法，而是将土地实施管理要求前置植入规划编制过程。它是整合运用了城乡规划和土地规划双重手段编制，包括总体布局规划、土地整治规划、生态景观规划、村庄建设、土地整治项目实施政策等一系列规划和研究的总和，是从规划到土地实施衔接管理的一次机制创新。

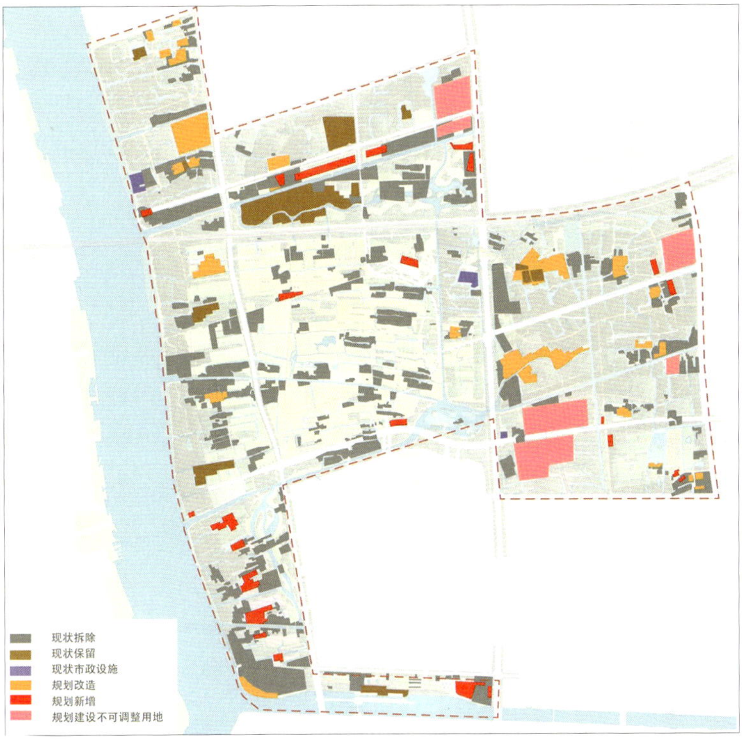

图 4-9　金山区土地整治规划——土地整治总体布局规划图

资料来源：殷玮 . 上海郊野公园单元规划编制方法初探 [J]. 上海城市规划，2013(05)：29-33.

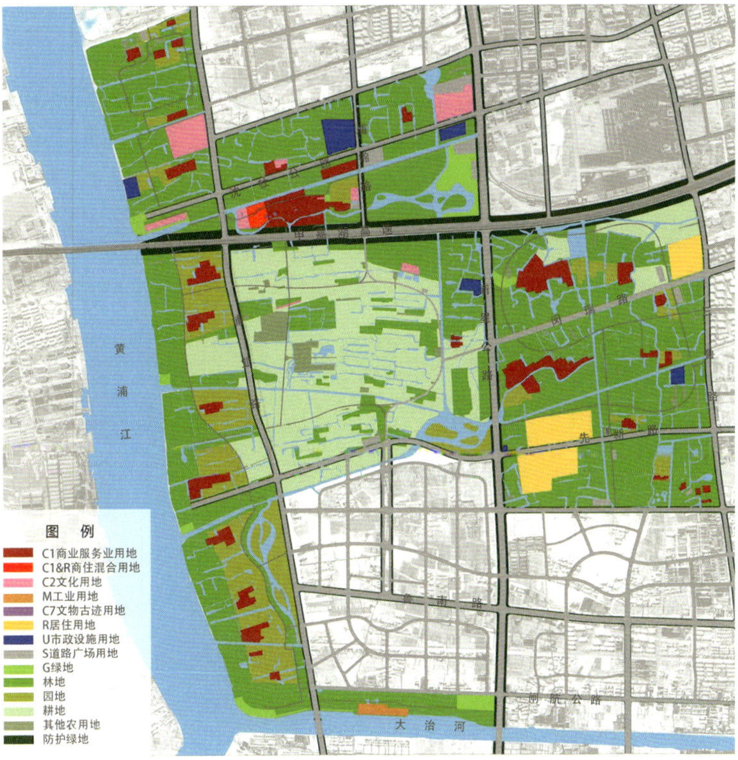

图 4-10　上海市松南郊野单元（郊野公园）规划——土地利用规划图

图 4-11　上海市闵行郊野单元（郊野公园）规划——种植布局规划图
资料来源：殷玮 . 上海郊野公园单元规划编制方法初探 . 上海城市规划，2013(05)：29-33.

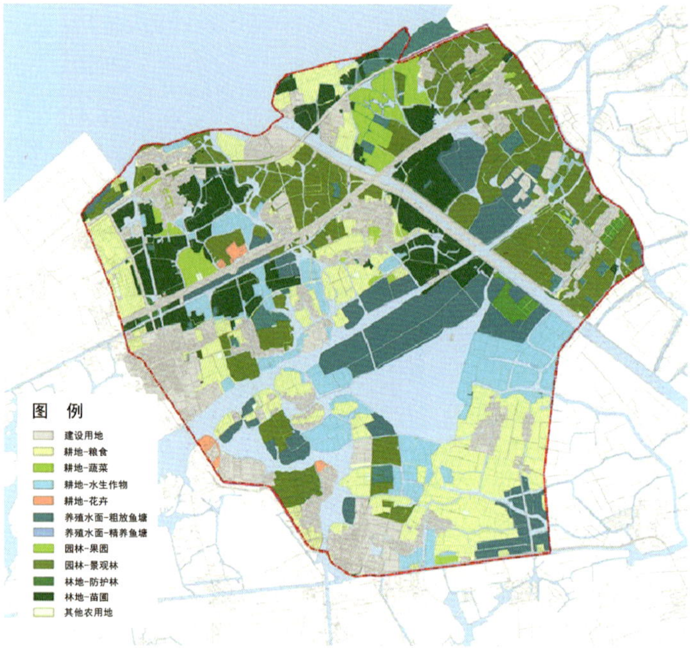

图 4-12　上海市青西郊野单元（郊野公园）规划——种植布局规划图
资料来源：殷玮 . 上海郊野公园单元规划编制方法初探 . 上海城市规划，2013(05)：29-33.

本章小结

尽管不同国家（地区）之间的城市管理制度、规划体系存在较大差异，但仍能从其中找到许多相似点和可借鉴之处。在管控方面，各个国家（地区）均构建“分区＋用地”的管控体系，出台详细的配套法规，有效引导和约束开发建设活动。在规划方面，不同国家（地区）在环城绿带和公园群建设、全域全要素设计、城乡统筹和多规融合等方面提供了很好的思路和有益的经验。国外规划从限制城市无限绵延和保护核心生态要素的角度出发，分别提出城市增长边界和绿色基础设施两类规划思路；深圳、武汉、成都等先后划定兼顾前两者特点的基本生态控制线，实现生态框架的制度化管理。日本和韩国通过乡村复兴运动来激活农村资源，保护生态环境，配置公共设施，振兴乡村产业，为乡村地区注入崭新的活力；陕西西咸新区的非建设用地规划和上海的郊野单元（村庄）规划通过整合村庄规划和土地整治规划，构建出一套面向非集中建设区的完整规划体系，实现全域、全要素和多内容的规划全覆盖。

第 5 章

特大城市非集中建设区规划的价值导向与框架思路

本章针对特大城市非集中建设区面临的机遇与挑战，按照“树立价值导向—理清发展思路—重构规划编制体系与内容机制”的基本逻辑，探索了“五级三类”国土空间规划框架下特大城市非集中建设区的规划思路、体系构建和编制内容。

5.1 特大城市非集中建设区规划价值导向

特大城市作为国家经济持续发展、新型城镇化快速推进的重要区域，城市发展呈现出高密度集聚、高速度扩张、高强度污染、高风险资源环境保障和高差异化城乡二元结构的特征。在传统粗放型城市建设模式下，持续增长的城市建设用地不断蚕食外围生态农业空间，危及区域生态安全格局，促使自然资源约束和生态保护压力逐步上升为国家生态文明建设的新高度；在人民日益增长的美好生活需求下，趋于风景优美、生态良好地区的科技创新和休闲消费等新兴产业逐步发展为城市经济转型的重要内生动能；在乡村振兴发展和国土空间规划改革的时代背景下，城乡二元化的社会经济结构、公共服务设施配置、规划编制与管理、土地发展权利等都将得到统一整合。

因此，经历了唯城市建设空间增长的 GDP 论、城乡图底关系主导下的生态空间留白论后，特大城市非集中建设区规划应服从于时代发展的背景要求和特大城市转型发展的创新要求，建立起城乡空间互补共生、对等平等的并列关系，以生态文明观、多元价值观、城乡共生观、空间统筹观为主要规划价值观，通过自然资源的约束保护、经济功能的适度注入、城乡设施的均等分配和国土空间的统一整合等举措，促进特大城市非集中建设区从被动保护的生态农业地区向人与自然和谐共生的生态魅力地区转变，重构城乡生态保护与经济发展多元目标的协同共赢关系。

5.1.1 生态保护的价值导向

2012 年生态文明被纳入“五位一体”的总体布局，2015 年绿色发展作为五大发展理念之一被明确提出，2017 年党的十九大提出加快生态文明体制改革、建设美丽中国，国土资源部印发《自然生态空间用途管制办法（试行）》、国务院印发《关于建立资源环境承载能力监测预警长效机制的若干意见》，2018 年后由自然资源部统一行使山、水、林、田、湖、草等自然资源的保护与修复职责；我国生态保护、环境治理的理念不断进步，路径逐渐清晰，生态文明建设进入了新时期。

在生态文明建设新时期，为破解特大城市人地矛盾、资源缺乏、生态破坏和城乡不平衡等日趋严重的社会问题，寻求人与自然和谐共生的可持续发展路径，非集中建设区作为践行生态文明建设的重要空间载体，应正视外部资源环境约束趋紧的现实要求和城市经济绿色转型发展的阶段诉求，坚持生态保护优先、生态底线严控的规划原则，树立山、水、林、田、湖、草生命共同体的规划理念。同时，以生态文明建设为核心价值导向，通过严守生态功能保障基线、环境质量安全底线和自然资源利用上线，强化区域生态安全与粮食生产安全的保障职责，强化自然保护区、水源保护地、水产种质资源保护区等生态敏感地区的维育职责，缓解生态文明建设时期城市居民对生态产品不断增强的需求与生态供应能力长期减弱的矛盾。

5.1.2　经济多元的价值导向

截至 2018 年，中国人均 GDP 已接近 1 万美元，标志着我国已从衣食住行为目标的生存型发展阶段进入以人的自身发展和享受为目标的发展型、享受型新阶段。在消费升级和休闲享受的新阶段，特大城市非集中建设区土地结构非农化转变趋势明显，农业种养、林业生产等传统生产性功能逐步减弱，生态效用、旅游休闲功能日益凸显与强化，甚至还承担了为城市空间进一步拓展提供丰富土地资源的重任，非集中建设区的土地用途和功能价值逐步体现出多元化、复杂化的发展趋势。

在经济多元的发展趋势下，非集中建设区规划应充分利用生态自然资源的景观价值，统筹谋划郊野公园、森林公园、休闲农业、旅游景区等生态建设项目，满足市民日趋增长的旅游休闲诉求，以景观建设促进生态保护，实现生态、社会、经济效益统一发展。同时，基于国家创新创业战略要求与市民、企业和各类社会资本对非集中建设区的持续关注，强化田园综合体、特色小镇、国家公园，以及其他农村新产业新业态的注入，引导非集中建设区呈现百花齐放、经济多元的发展态势。此外，伴随着特大城市用地与人口快速扩张所呈现出的结构失衡、环境恶劣、交通拥堵等城市问题，城市功能开始逐步向外围区域疏解分散；非集中建设区规划则可借此契机，发挥其广袤的土地优势、良好的景观优势，为承接城市功能外溢、减轻城市人口负担、促进城市经济创新转型发展而预留部分空间集聚的土地作为战略预留发展区。

5.1.3　城乡共生的价值导向

党的十九大明确提出“中国特色社会主义进入新时代，我国社会主要矛盾已经转化为人民日益增长的美好生活需要和不平衡不充分的发展之间的矛盾”。最大的不平衡是城乡发展不平衡，最大的不充分是农村、农业、农民、农地发展不充分。追溯其深层缘由主要是在过去“城市本位”的建设逻辑下，国家以城市为中心进行制度安排与资源分配，社会以城市为主体推动日常运转，从而逐步形塑了一种以城镇化为导向、忽视乡村发展的思维方式和行为模式，致使城乡差距不断拉大，城乡二元结构难以破解。

时至今日，我国特大城市通过快速城镇化建设已取得明显成效，而乡村地区还存在很多发展短板，成为全面建成小康社会的关键。因此，在乡村振兴战略要求下，作为“三农”主要承载空间的非集中建设区应在规划中着力把城乡关系与发展逻辑由“重城轻乡”转变为“城乡共生”，坚持发展效率的同时更注重维护城乡社会公平正义，通过强化城乡土地产权平等性制度建设、城乡公服设施均等化体系建设、城乡生态区域化系统建设、城乡规划管理规范化机制建设、城乡要素双向流动通道建设等多方举措，加快推进农业农村地区补齐短板、优先发展，促进城乡平等、互惠、共生、一体发展。

5.1.4 空间整合的价值导向

随着 2018 年十九届三中全会审议通过的《深化党和国家机构改革方案》出台，多年来“多规演义”引发的空间规划管理权归属之争以自然资源部的正式成立而尘埃落定，这一举措标志着我国有关自然资源的全要素整合、国土空间的全用途管控被提升至前所未有的国家战略高度。考虑现行空间规划所存在的体系上交叉重叠、体制上事权冲突、治理上效率低下等诸多问题主要存在于非集中建设区，山、水、林、田、湖、草等自然资源主要分布于非集中建设区，故实现国土资源的全整合与全管控的关键在于非集中建设区。因此，非集中建设区规划应在近年来各地市“多规合一”空间规划实践探索所获取的经验基础上，进一步强化“全域一张蓝图”的思维，以国土空间全域管制、全要素统筹为重要价值导向，统一实施国土空间用途管制，推进自然资源监管体制改革。

5.2 特大城市非集中建设区规划总体思路

特大城市非集中建设区规划是在生态文明建设的时代背景下，基于“统一空间综合治理能力、贯彻生态文明建设要求、适应规划建设不可预见性和建立精细化规划管理机制”的总体思路，以“生态 +”“农业 +”为规划理念，以系统传导的规划体系构建、多规合一的空间发展谋划、全域全要素的用途管制规则制定为规划手段，通过“自上而下”生态保护要求的逐层细化和传导落实，“自下而上”休闲创新发展诉求的反馈吸收和协调平衡，形成适应我国当代非集中建设区空间发展与治理要求的政策和制度供给。非集中建设区规划与城镇集中建设区规划共同组成国土空间开发保护“一张图”，重构特大城市绿色发展新秩序。

5.2.1 适应国土空间综合治理能力提升要求

非集中建设区规划要适应国土空间综合治理能力提升要求，推动非集中建设区规划体系由“多元交叉”向“综合统一”转变。非集中建设区涉及山、水、林、田、湖、草等多元资源要素类型，且分属于不同行政管理部门，存在理论框架不一致、管理逻辑差异性大、要素边界交叉多、要素系统关联弱、空间尚未全覆盖等问题，呈现出部门权责不清、规划浪费、多头管理、政出多门等现象。非集中建设区这种多元交叉的规划管理模式矛盾重重、弊端突出，难以适应新时期自然资源统一管理和国土空间综合治理能力提升的要求。

为适应特大城市新时期新要求，通过资源和事权的整合改善过去条块分割所带来的管理弊端，非集中建设区规划应强化对城市发展总体战略趋势的适应关系和“多规合一、编管协同”的逻辑思路，有效落实城市自然资源保护、生态安全框架、土地用途管制和主导功能引导等宏观战略要求，综合集成城乡规划、土地利用规划、主体功能区规划、林业规划、农业规划、水利规划等系列部门规划的核心内容，形成系统性、统筹性、协调性强的非集中建设区规划，从而实现非集中建设区规划由“多元交叉、多规演义”向“综合统一、一张蓝图”转变。

5.2.2 适应生态文明建设总体思路

非集中建设区规划要适应生态文明建设总体思路，探索非集中建设区“保护优先、建保协同”的规划编制模式。按照党的十八大“树立尊重自然、顺应自然、保护自然的生态文明理念，把生态文明建设放在突出地位，融入经济建设、政治建设、文化建设、社会建设各方面和全过程，努力建设美丽中国，实现中华民族永续发展”的生态文明建设总体要求，以生态、农业空间为主导的非集中建设区规划应立足于自然资源的自然属性，重点强化生态环境的保护、维育与修复，明晰生态敏感区域与生态安全框架，确定资源环境承载能力，从区域统筹、系统关联视角提出生态保护要求与开发约束条件，改变分部门管理体制对自然资源的人为割裂，形成完整协调、整体统筹的生态保护体系。

同时，非集中建设区规划还应适应特大城市非集中建设区土地结构非农化的转变趋势和农村新产业新业态的发展趋势，正视自然资源的资产属性与价值属性，关注镇村空间发展的公平性和迫切性；在强化生态环境保护的同时，进一步深入挖掘生态农业资源的多元价值，探索村镇建设、采矿水工建设、田园综合体和特色小镇的多元建设模式。通过制定不同生态敏感区域差异化的建设行为准入规则，制定建设强度与生态保护双向管控体系等方式，科学引导非集中建设区的建设行为趋向于小规模、低强度、分散化、生态化，从而有效平衡自上而下的生态保护需求与自下而上的建设发展诉求，形成“保护优先、以建促保、建保协同”的非集中建设区规划模式。

5.2.3 适应城乡发展与市场需求的不可预见性

非集中建设区规划要适应城乡发展与市场需求的不可预见性，建立非集中建设区“严守底线、弹性有度”的规划管控体系。规划本是一个动态过程，其动态性源于规划的有限性、不确定性，以及城乡发展和市场需求的无限可能。在非集中建设区，由于政策与市场变化的影响，建设活动的不确定性和不可预见性将更为突出，无差别化刚性严管控的规划管理模式不能完全适应其动态变化的建设需求，需要通过增加相对弹性的规划管理路径与方法、完善规划定期评估与修正制度等举措，有效缓和规划编制科学性与市场不可预见性之间的矛盾，从而为非集中建设区规划赋予一定的适应能力、修正能力和优化能力。

同时，考虑非集中建设区规划编制的主要意义在于通过制定生态保护与开发建设的刚性管控要求，界定土地发展权，明晰生态敏感和保护区域，减少土地开发进程中不确定性所带来的负外部效应。而无限的“不确定性”将导致规划失去其本身的建设管控与引导作用，因此，非集中建设区规划应适应规划引导科学性与建设实施动态性的双重诉求，建立“刚弹结合”的规划管控体系，对于影响区域生态安全、耕地安全的生态保护红线、永久性基本农田保护红线、建设用地规模等要素进行刚性管控，对于影响区域景观风貌、地块详细建设的建设用地四至边界、建筑形式风貌、建筑组合形态等要素进行弹性管控，从而形成“自上而下”规划传导与“自下而上”建设诉求有效结合的规划管理机制。

5.2.4 适应系统性、精细化的规划管理需求

非集中建设区规划要适应系统性、精细化的规划管理需求，健全非集中建设区政策保障机制。随着城乡规划学科的多年发展，城市规划管理愈发向系统化、精细化转型与升级，并已逐步成熟完善。然而，以生态农业空间为主导的非集中建设区过去并未被纳入城市规划区内，在很长一段时间都处于无规划、无管理的状态。2008 年《城乡规划法》将乡规划、村庄规划法定化，并明确了乡村建设规划许可管理制度；但是考虑到乡村地区规划管理长期缺位、农村新产业新业态迅速萌发等问题，非集中建设区急需探索出一套适应生态保护和镇村发展的政策机制，形成规划管理法定依据和有效抓手。

考虑到非集中建设区土地用途和土地制度的特殊性，不宜完全照搬城市地区规划管理模式，而是需要结合非集中建设区的资源特征、土地属性、发展属性、地方诉求等，因地制宜地提出差异化规划管理路径。具体可以从规划编制审批、规划评估优化、规划变更修改、规划实施监督，以及资源产权管理、生态保护补偿、土地综合整治、社会公众参与等多个视角开展研究探索。

5.3 特大城市非集中建设区规划体系构建

5.3.1 规划体系的构建思路

特大城市非集中建设区规划体系的建立和完善，是为了在国土空间规划框架下明晰非集中建设区的规划层次、从属关系和分级管理，合理界定不同层次规划的职能定位和规划重点；从而有效落实非集中建设区自然资源用途管制和生态保护修复职责，推进非集中建设区开发保护制度建设。

一、层级清晰，突出纵向传导效能

非集中建设区规划体系作为提升特大城市城镇外围区域空间综合治理能力的重要基础，与我国纵向垂直、金字塔式的行政体制密切相关。应按照“一级政府、一级事权、一级规划”的基本原则，结合不同层级政府在行政事权和空间尺度的差异性，构建适应我国行政体制和纵向传导机制的、清晰的非集中建设区规划体系。通过目标任务逐层向下分解、管控要求逐渐向下深化细化的方式，突出非集中建设区规划体系“自上而下”的纵向传导效能，从而实现顶层战略性决策向底层实施性建设的传承与落实。

二、多规合一，强化横向统筹效能

特大城市非集中建设区规划体系的构建必须强化一个基本共识：山、水、林、田、湖、海、草是一个生命共同体，这些自然要素与城镇村等建设用地共同组成的市域空间，是一个连续完整的系统，是一个有机整体，不能再被分割、肢解。基于这样的原则，特大城市非集中建设区规划体系构建的逻辑重点在于理顺现状不同行政部门、不同规划之间的横向关联关系，以多规合一为规划导向，整合城乡规划、土地利用规划、自然资源专项保护规划等，充分发挥各类型规划优势与作用，重构一套全新的、综合性强的规划编制体系，从而有效解决同级政府不同职能部门有关非集中建设区空间管控的冲突与无序问题。

三、创新变革，融入国土空间规划体系

2019 年 5 月，《中共中央 国务院关于建立国土空间规划体系并监督实施的若干意见》（后文简称《意见》）正式公布，标志着国土空间规划体系顶层设计和“四梁八柱”基本形成。文件指出以国土空间规划作为国家空间发展的指南、作为各类开发保护建设活动的依据、作为推进生态文明建设和“三生”空间科学布局的抓手；并明确了“五级三类”的国土空间规划体系，即国家级、省级、市级、县级、乡镇级五个层级规划，总体规划、详细规划、相关专项规划三大类型规划。非集中建设区作为自然资源重点依附的空间载体，是现行多部门规划冲突矛盾的高发区域，也是国土空间规划体系改革的关键区域。因此，非集中建设区规划体系的构建应适应空间开发模式和空间治理模式变化的新趋势，与国土空间规划体系充分衔接、全面对接、无缝融入，成为国土空间规划创新改革、实现自然资源用途管制和开发保护统筹协调的重要环节。

5.3.2 规划体系的框架建立

基于纵向层级传导、横向多规关联、整体融入国土空间规划的总体思路，在国家、省两级国土空间规划的权威指导下，以市级及以下层次的国土空间规划作为衔接平台，按照“市、区（县）、镇（乡）、村”四级行政区划等级和事权分工差异，构建特大城市非集中建设区“市级总体规划、区（县）级分区规划、镇（乡）级控制性详细规划、村级实施性规划”四个层级的规划体系。同时，全面对接国土空间规划的三大规划类型，将非集中建设区规划分类为总体规划、详细规划和相关专项规划。

市区（县）两级规划重在谋划市域、区（县）域国土空间保护开发的全域框架，属于总体规划类型；镇（乡）村两级规划重在深化细化上位规划要求、引导与管控具体项目的实施建设，属于详细规划类型；四级体系的构建重点突出非集中建设区总体规划对详细规划的指导约束作用。与此同时，考虑非集中建设区涉及的自然区域、特殊功能区域较多，知识领域的专业性较强，需要在空间开发保护利用方面做出专门安排。因此，在非集中建设区四级规划体系的基础上，还需要根据区域特色、发展诉求、精度要求编制相关专项规划，作为“总—分—控—详”主线规划科学编制的重要支撑（图 5-1）。

5.3.3 各级规划的工作重点

一、市级层面：体现战略性和结构性，突出全域空间框架和底线发展思维

按照《城乡规划法》规定，规划区的范围限定在城、镇、村的建成区和因城乡建设发展需求必须实行规划控制的区域，本质上是地方政府施行城市规划管理事权、开展城市建设的法定空间范围。但长期以来，各地市城市总体规划所划定的规划区并未完全覆盖行政辖区，从而难以对市域空间进行全域统筹谋划；以北京、上海、南京、武汉等为代表的城市，虽实现了行政辖区全域覆盖

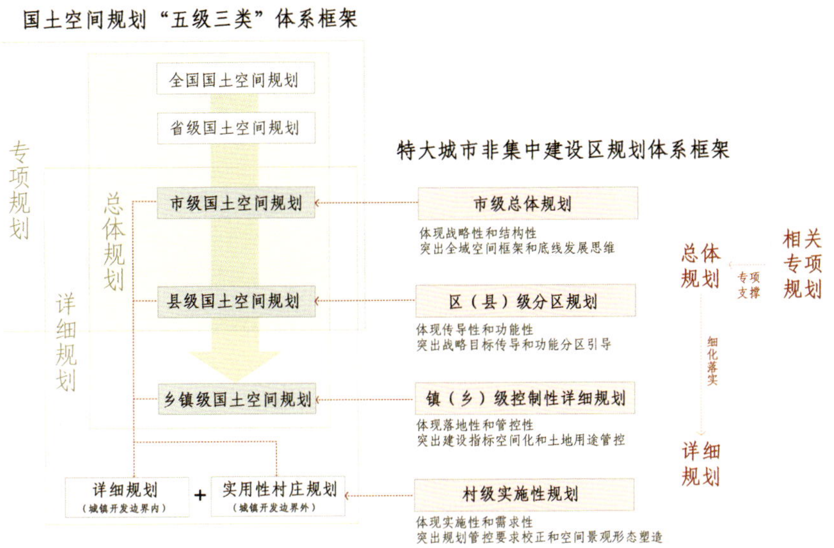

图 5-1　特大城市非集中建设区规划体系框架图

的规划区划定，但规划重点仍主要停留在城镇建设空间，外围区域长期脱离规划监管。

在这一背景下，非集中建设区市级总体规划重在改变传统重城轻乡、重建设轻保护的规划思维，将城镇集中建设区外围的生态农业地区统一纳入至市级国土空间规划区范围，实现规划区与行政辖区完全一致。重点通过全市域乃至城市圈生态框架结构的构建，生态保护空间与农业农村发展空间的划定，城镇发展边界、生态保护红线和基本农田保护线等发展底线的锁定，在市级层面全面落实国家级、省级国土空间规划有关山、水、林、田、湖、草等自然资源保护与开发的顶层设计要求。非集中建设区市级总体规划作为市级国土空间规划的重要组成部分，应强化其全要素资源配置的宏观统筹作用、全域开发保护安排的战略引领作用和全框架生态保护的底线约束作用，与城镇集中建设区共同绘就城市可持续发展的“长远蓝图”。

二、区（县）级层面：体现传导性和功能性，突出战略目标传导和功能分区引导

考虑到非集中建设区市级总体规划主要侧重于战略引领和底线约束，在深度和细度上难以直接指导详细规划，容易在规划步骤和建设程序上出现脱节现象，导致规划纵向传导失利。因此，建议将区（县）级分区规划作为非集中建设区规划体系中重要一环，重点发挥承上启下的规划协调作用，形成总体规划与详细规划之间的传力杠杆。

非集中建设区区（县）级分区规划在严格落实城镇发展边界、生态保护红线和基本农田保护线等发展底线的基础上，可以结合多元功能发展诉求和差异建设监管诉求，以主导功能为导向进一步细分市级层面的生态保护与农业农村发展两大空间，科学划定生态保护区、基本农田保护区、农地复合区、郊野观光区、休闲度假区等全域覆盖式的功能分区，并赋予不同功能分区差异化的土地开发许可权限，建立正负面项目清单，从而有效强化非集中建设区分区规划对市级总体战略目标的分解、细化与落实作用，全面促进“一刀切式”的区域绿地保护向“差异引导化”的开发保护协调发展转变，切实体现城市“绿水青山就是金山银山”。

三、镇（乡）级层面：体现落地性和管控性，突出建设指标空间化和土地用途管控

非集中建设区镇（乡）级控制性详细规划是规划与管理、规划与实施衔接的重要环节，是地方政府实行非集中建设区规划管理和行政许可的重要法定依据和有力抓手。该层级规划重在将市级总体战略目标、区（县）级功能分区导控要求进一步深化细化后，转化为以乡镇为基本单元的全域全要素土地用途管制制度；并将自上而下分配的有限的建设指标落实在具体空间上，构建包含用地属性、建设强度、设施配套、城乡设计等内容的管控指标体系；从而以“全域全要素”的土地用途管制和“系统精细化”的管控指标体系，科学指导下一层次实施性规划的编制。非集中建设区镇（乡）级控制性详细规划与城镇集中建设区已经相对成熟完善的控制性详细规划共同组成镇（乡）级国土空间规划，通过统一用地分类标准、统筹指标分配方案、谋划全域用地布局、明晰建设管控要求等举措，实现国土空间规划统一用途管制的目标。

四、村级层面：体现实施性和需求性，突出规划管控要求校正和空间景观形态塑造

非集中建设区村级实施性规划是在新时代国土空间规划变革与乡村振兴战略双重政策加持下的新型村庄规划，是寄予乡村振兴发展希望的国土空间详细规划。该层级规划重在强化生态保护与乡土文化传承的规划理念，适应“资本下乡”的农村新产业新业态发展诉求，构建非集中建设区“自上而下”规划传导效能与“自下而上”项目建设诉求相耦合的规划实施平台。

该层级规划可借助田园综合体、特色小镇、郊野公园、休闲农庄等农村新产业新业态的发展契机，以一个或几个行政村为规划范围，按照上位规划要求，结合区域产业协作发展思路，统一谋划目标功能定位、产业发展体系、

产业空间格局，统筹安排村庄建设用地、农村新产业新业态建设用地、农业生产功能的非建设用地和生态保护功能的非建设用地等，标准配置村级生活性公共服务设施、生产性服务设施、旅游服务设施和市政基础设施，从而有效指导非集中建设区各项建筑、工程设施的施工，并强化社会资本的投入对村庄建设发展所起到的积极带动作用，改变农庄独立发展且农民无受益的不协调、无互动现象。同时，该层级规划与重底线约束、重功能引导、重用途容量管控的上位规划思维模式相比较而言，更侧重于用途容量管控要求的建设方案校正（结合详细规划方案校正用地边界形态等）和田园建设项目的空间景观形态塑造，以此强化非集中建设区规划的科学性与可操作性，引导绿色宜居兴旺文明的富美乡村实施建设，实现国土空间保护与开发相协调的可持续发展愿景。

5.4 特大城市非集中建设区规划主要内容

5.4.1 摸清自然资源家底，建立统一化的非集中建设区资源数据信息基础

非集中建设区涵盖测绘、国土、规划、发改、环保、水利、农业、林业等不同行业部门的现状数据信息，目前存在信息不共享、不一致、不全覆盖、难收集等问题。而基础资料的不清晰、现状调研的不充分，造成的结果就是规划成果科学性不足。因此，非集中建设区规划的重要基础工作就是统一空间坐标体系、统一现状调查方法和标准，将不同口径的现状数据信息集成至同一空间层面，厘清山、水、林、田、湖、草等自然资源规模数量与空间分布情况，查清城乡建设用地使用情况、各类土地所有权和使用权权属情况等，找准非集中建设区资源特色与现存问题，形成统一化的非集中建设区现状基础数据信息平台。

在现状基本情况摸清的基础上，参照《自然生态空间用途管制办法（试行）》中所明确的“在系统开展资源环境承载能力和国土空间开发适宜性评价的基础上……科学合理编制空间规划”要求，建议非集中建设区规划融入至国土空间规划，在市级层面开展“双评价”工作，全面掌握非集中建设区资源环境承载能力与开发建设潜力，进一步核实城乡发展的底线极限，为后续规划的开展奠定科学基础。其中，资源环境承载力评价是在一定空间范围内对自然资源、环境容量和生态服务功能的人类活动支撑水平进行的综合性评价；国土空间开发适宜性评价是基于资源环境承载能力，对城乡建设、农业生产、生态保护等不同开发利用方式适宜程度的综合性评价。主要基于安全性、承载性、容纳性、服务性等各项性能的综合考虑，从自然资源、土地资源、水资源、气候条件、自然灾害多个方面进行单要素评价；基于生态保护、农业生产、城乡建设三大功能指向，从生态系统服务功能、生态敏感性、农业耕作条件、城镇建设条件、灾害危险性等多个方面进行集成评价。通过单一要素分析与综合性评价相结合的方式，明晰市域范围内不同区域存在差异的资源承载力与开发适宜性，科学指导市级及以下层次规划的编制工作。

5.4.2 立足资源禀赋特色，谋划特色化的非集中建设区发展目标愿景

基于生态文明建设、乡村振兴发展等国家重大战略要求，结合现状资源调查与评价结论，针对粗放发展、污染加剧、生态产品供给不足和城乡发展不均

衡等系列现实问题，从政策导向、资源导向和问题导向等多视角出发，在市区（县）级层面提出非集中建设区特色化的总体规划策略，明确总体发展目标和分阶段发展目标，制订生态、生产、生活、效率、公平等维度的分项指标要求，从而增强非集中建设区生态保护与开发建设的综合把控能力，推动非集中建设区空间减量与提质并行发展，加快城乡共生的高质量城镇化发展进程，实现“城以水为脉，城以绿为依，城以田为养，城因业而荣，城乡宜人居”的绿色生态文明空间发展愿景。与此同时，非集中建设区规划还应全面对接同层级国土空间规划要求，优化山、水、林、田、湖、草等生态要素的区域关联，构建通山达水、维林护田、连湖育草的生态安全框架，确立区域开发保护总体格局，并与城镇集中建设区共同创造和谐、绿色、开放、富有竞争力和可持续发展的美丽国土。

5.4.3 强化差异化发展思维，制订“控制线 + 功能区”的空间管制方法

以“坚守底线、强化约束，多元发展、引领实施”为基本原则，通过重要空间管控边界与多元功能政策分区的划定、差异化管控规则的制定，创新非集中建设区“控制线 + 功能区”的空间管制方法，促进“山、水、林、田、湖、草”生命共同体的综合管制向分类分区管制深化细化。

一、底线强约束，强化重要空间管控边界的严格管制

在国土空间规划“划定生态保护红线、永久基本农田和城镇开发边界等空间管控边界以及各类海域保护线，形成合理的城镇、农业、生态等功能空间”的要求下，非集中建设区规划应结合区域空间特征，严格划定生态保护红线和永久基本农田保护线，建立以国家公园为主体，由自然保护区、饮用水水源地一级保护区和各类生态公园内高度敏感生态空间组成的生态保护红线体系，建立以粮棉油生产基地为主体，由高标准农田、农业科研教学试验田、蔬菜生产基地等组成的永久基本农田保护体系。同时，还可以结合非集中建设区的地域资源特色，规范划定江河湖水库等地表水体保护与控制的蓝线、历史遗迹历史建筑等保护与控制的紫线、生态公益林保护控制线、矿产资源开采控制线等，综合统筹各类控制线管控规则的制定，强化非集中建设区重要空间管控边界的底线约束作用。

二、功能重引导，突出多元功能政策分区的差异化管制

基于非集中建设区多元化的功能异化趋势、自然资源的地域差异和生态敏

感程度，在区域生态安全格局和重要空间管控边界确定的基础上，借鉴中国台湾地区依据不同功能划定非都市土地为特定农业区、一般农业区、工业区、乡村区、森林区等十一类土地使用分区的管制思路与模式，将非集中建设区按照主导功能和地域特征细分为生态保育区、基本农田保护区、农地复合区、郊野观光区、休闲度假区、风景名胜区等多类功能分区，并分类制定差异化的生态保护和有限利用的空间允许规则，从而有效改变基本生态控制线空间管制机制下无差别、一刀切式的生态管控方式，开拓创造出凸显非集中建设区生态资源价值、维系发展活力的新方式路径，实现生态保护和开发利用的双优配置。

5.4.4 优化资源空间配置，形成全域全要素的用地布局

国土空间规划的核心目的是将侧重于城镇开发建设的用途管制向非集中建设区扩展延伸，将多部门单要素管制向全要素统一用途管制转型升级。非集中建设区作为国土空间的重要组成部分，应在“控制线 + 功能区”空间管制模式的基础上，进一步统一土地用途分类标准，明晰功能分区与土地用途的转化规则，开展全域全要素用地布局规划，促进非集中建设区分类分区管制向土地用途管制深化细化。

一、统一非集中建设区土地用途分类标准

当前，我国空间性规划地类体系主要有土地利用地类体系、城乡规划地类体系和其他部门地类体系（包含林地分类、湿地分类、风景名胜区用地分类等）三种。三种地类体系的价值导向和适用范围不一致、同一地类名称的内涵界定不一致，导致各地类体系之间各自为政、口径不一、协调困难、秩序混乱。在国土空间规划改革背景下，非集中建设区规划应充分对接现行多元的用地分类标准体系，以全域覆盖、多规合一、统一分类、分级适用为基本原则，按照“土地实际使用和规划引导为主，土地经营特点、利用方式和覆盖特征等因素考虑为辅”的用地分类思路，创新生态用地和各类新产业新业态用地分类标准，在非集中建设区构建衔接统一、适应需求的国土空间用地分类体系，把国土空间统一用途管制的基础标准制定工作落到实处。

二、制定功能分区与土地用途的转化规则

借鉴台湾地区非都市土地“分区 + 用地”的规划编管方式，特大城市非集中建设区规划应在功能分区划定、土地用途分类统一的基础上，制定功能分区与土地用途的兼容原则和转化规则，从而实现功能分区与用地分类的无缝衔接，支撑分类分区管制方式向土地用途管制方式进一步深化细化。如：生态保

育区禁止布局采矿用地、旅游设施用地、特殊用地等（兼容原则）；禁止林地、草地等生态用地转化为一般耕地，允许一般耕地转化为林地、草地等生态型用地（转化规则）。

三、开展全域全要素的用地布局规划

基于土地用途分类标准的统一、功能分区与土地用途转化规则的制定，结合生态保护与历史传承要求、产业发展与项目建设诉求，对非集中建设区的村镇、旅游设施、区域性公用设施等各类建设用地以及水域、林地、农田等非建设用地进行统筹安排，统一明确其用地性质、用地边界、用地规模、用地兼容性，创新探索适应农村新产业新业态发展的用地复合利用规则，有效落实各类公共服务设施、市政设施、道路交通等设施配建要求，形成非集中建设区“全区域空间覆盖、全要素融合统筹”的用地布局规划方案，从而促进非集中建设区特色化的分类分区空间管制向统一化的土地用途管制深化细化，实现非集中建设区建设空间集约化、减量化建设和非建设空间功能化、生态化发展。

5.4.5 协调开发保护关系，重构系统精细化的规划管控路径

一、分层传导式的规划管控体系

基于非集中建设区四级规划体系的构建，按照“事权对应、分层管控”的思路，坚持“生态保护优先、建设总量控制、功能用途引导，刚弹管控结合”的原则，建立与规划编制体系相适应的规划管控体系。通过“市级控发展与保底线、区级控功能分区、镇级控土地用途与强度容量、村级控建设空间保实施”四级规划管控体系和差异化管控内容的制定，强化宏观战略性要求逐层向下传导、细化、实施的效能，实现非集中建设区空间资源适度开发建设与生态资源合理保护平衡协调的目标。

二、全域全要素式的规划管控内容

基于非集中建设区全域全要素的空间统筹规划属性，以全域全要素管控为宗旨，明确非集中建设区所涉及的生态、农业两大空间边界；结合生态空间内山、水、林、湖、草等自然要素类别，以及自然保护区、水源保护区、湿地保护区、风景名胜保护区等自然区域类别，结合农业空间内田、渠、村、路、园等农村要素类别，以及永久性基本农田、设施农业、观光休闲农业等农业发展功能片区，明确土地用途管制、建设容量管制、生态环境保护管制等的规则要求；建立涵盖生态保护、建设强度、景观风貌、民生保障等内容的指标控制体系，形成生态保护强度和开发利用强度并行的非集中建设区规划管控模式。

三、刚弹结合式的规划管控方法

非集中建设区规划应适应规划引导科学性与建设实施动态性的双重诉求，探索“刚弹结合”的规划管控方法，守住底线的同时为未来发展的不确定性预留充分弹性。一方面，对接国土空间规划中有关“生态保护红线、永久基本农田、城镇开发边界”等空间边界管控要求和自然生态资源、历史文化资源管理要求，强化底线约束的刚性。另一方面，适应市场需求的动态变化，注重空间形象管理的弹性。如：各类建设用地形状边界在不占用永久基本农田、生态廊道及重要结构性绿地的前提下允许弹性调整，不同土地用途在保障生态安全和耕地安全的前提下允许弹性兼容与转化，不同实施项目在与周边自然环境协调统一的前提下允许适度彰显个性。

四、单元图则式的规划管控表达

为强化非集中建设区规划的公共政策属性，清楚展示非集中建设区规划管控要求，方便职能部门实施管理，非集中建设区规划需要在明晰管控思路、内容和方法的同时，进一步寻求一种简洁直观、条理清晰、精准管控的表达方式。具体可借鉴城镇集中建设区控制性详细规划的管控表达方式，按照行政区划、自然边界、道路交通等要素，科学界定非集中建设区规划管控的基本单元，并以单元图则式的表达方法规范化、精细化、直观化地展示非集中建设区规划管控内容和要求，从而形成非集中建设区规划管理的有效抓手。

5.4.6 推进规划有效实施，完善政策机制与保障体系

一、完善国土空间基础信息平台

为提高特大城市非集中建设区规划管理决策的科学性与高效性，提升其空间综合治理效能的现代化水平，实现不同职能部门信息共享和业务协同，将非集中建设区内人口、资源、设施、用地、权属等现状信息与各级各类规划信息、规划许可审批信息等，统一集成至城市国土空间基础信息平台，与城镇集中建设区共同形成城市国土空间规划管理“一张图”。

二、形成规划保障制度闭环

对标国土空间规划关于“建立统一的编制审批体系、实施监督体系、法规政策体系和技术标准体系”的要求，积极探索非集中建设区规划“组织—编制—审批—修改—评估—许可—监管—问责—处罚”的完整制度体系，制订与国土空间规划要求相适应的非集中建设区各级各类规划编制办法、编制规程等技术标准体系，形成非集中建设区规划保障制度闭环。

三、探索其他相关保障制度

特大城市非集中建设区存在土地权属不完全清晰，建设用地指标稀缺性强、财政资金支持薄弱、自然资源保护要求高、农村农业发展诉求强烈等现实问题与发展要求。因此，在形成非集中建设区规划保障制度闭环的同时，还应从产权制度、土地保障、财政支持、社会参与，以及自然资源资产核算、许可、补偿与监管制度等多个方面，健全完善相关保障制度，全面保障非集中建设区规划实施。

本章小结

在国土空间规划体系重构的时代背景下，传统以城镇集中建设区为重点的规划模式已不能适应当前全域空间管制的战略要求。需要将城镇集中建设区外围以生态、农业空间为主导的非集中建设区纳入整体性空间治理的范畴，实行统一而有差别的规划和管控政策。本章提出生态优先、价值多元、城乡共生、空间统筹的价值导向是非集中建设区规划符合时代要求和创新探索的本源视点，资源开发与保护相协调是其发展建设的总目标。基于以上价值观与发展目标的设立，构建了适应“五级三类”国土空间规划体系的“市级总体规划、区（县）级分区规划、镇（乡）级控制性详细规划、村级实施性规划”四级非集中建设区规划体系，明确了“底线约束＋功能引导”的空间管制方式、全域全要素的用地布局规划和系统精细化的规划管控路径等主要规划内容。

下篇

实践篇

第 6 章

武汉市非集中建设区发展历程和特征

本章阐述了武汉市非集中建设区内区域地理、产业发展、乡村建设和历史文化情况，梳理了 1949 年后武汉市非集中建设区的建设发展历程，总结了武汉市非集中建设区内规划、建设、管理的转变特征，为后续章节的武汉市非集中建设区规划编管体系和内容奠定现实基础。

6.1 武汉市非集中建设区发展概况

武汉市作为我国中部地区特大城市，全市国土总面积 8569 平方公里，2020 年第七次人口普查常住人口约 1233 万人。2021 年在编的《武汉市国土空间规划（2021—2035 年）》在城镇开发边界外的非集中建设区为 6361 平方公里，其中生态空间 3150 平方公里，农业农村空间 3211 平方公里（图 6-1）。

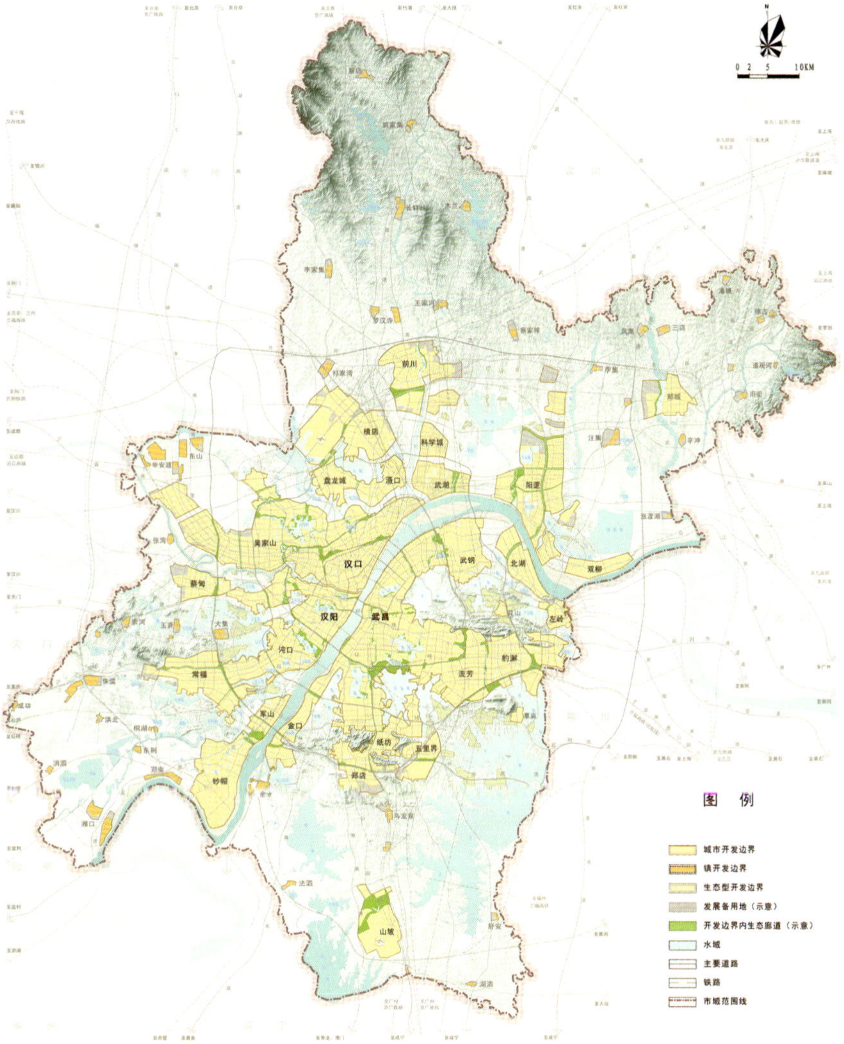

图 6-1　武汉市非集中建设区范围图

6.1.1 区域地理

一、土地利用类型复杂多样，地域分异明显

武汉市非集中建设区地貌属北部大别山向南部江汉平原过渡地区，总体呈现北峰南泽、河湖密布的空间格局，有“半城山水，两分城乡，三分田”之说。北部山地主要为木兰山、将军山等，南部湖泊主要为梁子湖、汤逊湖等大型湖区，山地高程大约在 400 ～ 500 米，南部平原地区高程一般在 30 ～ 40 米。非集中建设区内土地资源丰富，以水域、农林用地等非建设用地为主，同时还涉及村庄、交通运输、区域性公用设施、公共安全设施、公共服务设施等各类建设用地。

非集中建设区内土地资源在空间分布上存在显著的差异，水域在江夏区及新洲南部地区分布相对丰富，林地主要分布于黄陂区北部，耕地在蔡甸区、黄陂区中部及新洲区南部分布最为集中（图 6-2）。

二、依托差异化分布的资源禀赋，多元发展路径并存

黄陂区依托北部丰富的山体、林地资源及南部广袤的农用地资源，在生态保护前提下，形成了以北部木兰山生态旅游区、中部王家河休闲旅游度假区、南部都市农业旅游区为载体的全域旅游发展态势，探索了生态文明建设导向下的旅游带动路径（图 6-3）；江夏区利用丰富的水资源优势，以梁子湖南北咀、牛山湖为核心形成河蟹养殖基地，以牛山湖、鲁湖为核心形成鳜鱼养殖基地，以鲁湖、上涉湖、汤逊湖为核心形成黄颡鱼养殖基地，以梁子湖为核心形成旅游休闲观光渔业基地，逐步形成了以水产品生态养殖、水产品加工为主体，梁子湖休闲旅游为特色的多元化产业格局，探索了精细化生产导向下的特色农业发展路径（图 6-4）；而蔡甸区及汉南区则利用集中的农地资源，推动村庄集并建设中心社区，打造现代化都市农业和生态化郊野田园，积极发展果蔬采摘、园林观光、露营垂钓、科普教育、婚庆摄影等乡村旅游项目，探索了规模农业经营导向下的适当集并发展路径（图 6-5）。

6.1.2 产业发展

一、农业现代化水平整体稳步发展，小农经济在农业发展中的比例逐步降低

武汉市依托山水田林湖草等自然资源，在非集中建设区大力发展现代都市农业和绿色加工业，农业经济总量保持持续增长。2005—2014 年，农林牧渔产值由 161.95 亿元增长到 544.93 亿元，增幅达 236%，年平均增长率为 14.4%。集体经济中农民专业合作组织稳步增长，农民组织化程度逐步提升，平均耕种收农机综合作业率达 70% 以上，平均特色农业产值达 88% 以上，平

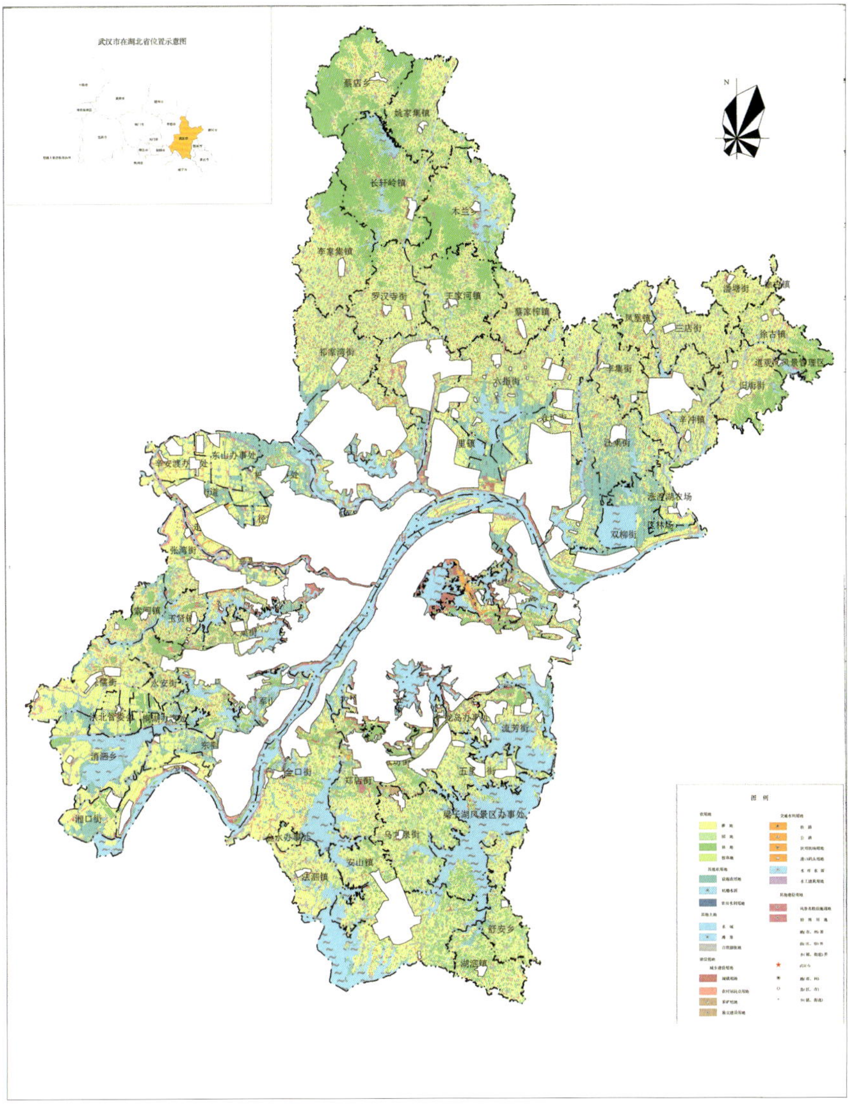

图 6-2　非集中建设区用地现状图

图 6-3　黄陂区产业发展示意图

图 6-4　江夏区产业发展示意图

图 6-5　蔡甸区、汉南区产业发展示意图

均农业土地流转面积比重达 40% 以上，企业主导下的都市农业、休闲农业、设施农业正逐步兴起。

二、乡村休闲产业逐步壮大，精品景区不断涌现

自 2012 年以来，武汉市陆续出台《武汉市赏花游发展规划（2012—2020 年）》（武政〔2012〕96 号）、《武汉市赏花游三年建设总体实施方案（2013—2015 年）》（武政办〔2013〕20 号）、《武汉市 2017—2020 年赏花游（休闲农业）建设与奖补标准》等文件，市财政每年安排乡村休闲游（赏花游）专项资金 1 亿元左右，有效推动了非集中建设区休闲旅游的发展，促进现代都市农业的转型。至 2016 年，武汉市以赏花游为龙头带动的乡村休闲游接待游客人数 3100 万人次，实现旅游综合收入为 78 亿元，比 2011 年分别增长 138% 和 245%。2019 年黄陂区被评为首批“国家全域旅游示范区”，乡村休闲游俨然已成为目前全市农业农村发展最快、就业最多、效益最好、农民获利最丰的支柱产业（图 6-6 ～图 6-8），涌现出金龙水寨、木兰花海、吉农田间超市等一批乡村休闲精品景区（表 6-1），景区水、电、路等基础设施和游客中心、停车场、厕所、标识体系等配套服务设施建设完备，景区接待能力有效提升，服务质量显著提高。

表 6-1 武汉市省级及以上乡村休闲游示范点名单

全国乡村旅游与休闲农业示范区（县）	黄陂区			
全国休闲农业示范点	省农展中心	农耕年华	如意生态园	金龙水寨
全省休闲农业示范点	蔡甸区金龙水寨十里荷花长廊	蔡甸区景秀大地百果采摘园	汉南区楚湘生态农业园	汉南区龙凯生态园
	东西湖区如意现代农业观光园	东西湖区湖北宏华现代农业观光园	东西湖区吉农田间超市	东西湖区巨龙镇寻梅景区
	黄陂区木兰花海乐园景区	黄陂区高家庄生态农业合作社	黄陂区林海农庄	
	新洲区绿洲源生态农业园	江夏区安山文化生态园		
中国最美休闲乡村	王家河街张家榨村、姚集街杜堂村			
中国最美田园	武汉市黄陂区云雾杜鹃园			

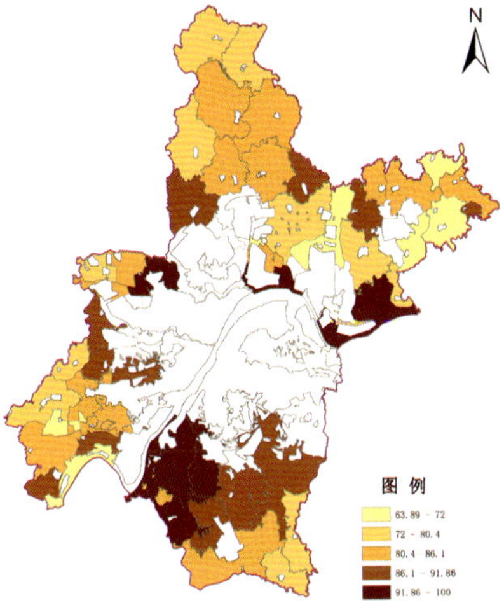

图 6-6 武汉市非集中建设区特色农产品产值分布图

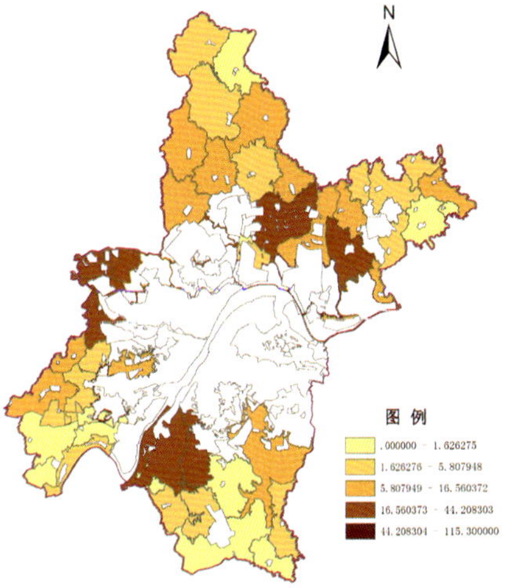

图 6-7 武汉市非集中建设区第二产业生产总值分布图

6.1.3 乡村建设

一、村均规模小，人均用地大，人减地留矛盾显著

武汉市非集中建设区内共分布有 52 个乡镇、1457 个行政村、9793 个农村居民点，平均每个农村居民点住有 53 户、189 人，用地规模为 3.43 公顷，居民点规模普遍偏小，但农村居民人均村庄建设用地为 282 平方米（此为第二次土地调查数据计算），土地利用粗放现象显著。由于武汉市域公共服务、基础设施、土地指标、政策支持等发展要素在集中建设区内的集中投入，非集中建设区人口向中心城区和新城区流出显著。依据第六次全国人口普查数据统计，非集中建设区外出打工人口占常住人口总数的 32.8%，并且常住人口总量呈现负增长态势，近十年常住人口减少约 50 万人。随着农村人口减少，武汉市通过村庄集并腾退村庄建设用地推动空心村实施城乡建设用地增减挂钩工作，但项目实施困难，村庄迁并情况不理想。根据土地利用变更调查农村居民点图斑数据，2009—2014 年，村庄建设用地实际仅减少 1.77 平方公里（图 6-9）。

二、功能多元化发展，建设行为的不可预见性强

武汉市已进入工业化中后期，城镇空间都市区化、生态农业空间景观化休闲化趋势明显，城镇人口消费升级催生了多样化的需求，带来新产业、新业态的发展，非集中建设区将进一步承载休闲体验、观光旅游、文化创意等多重功能。同时，伴随乡村振兴战略的深入实施，武汉市提出大力实施“市民下乡”“能人回乡”“企业兴乡”的“三乡工程”，并密集出台“黄金二十条”“钻石十条”“能

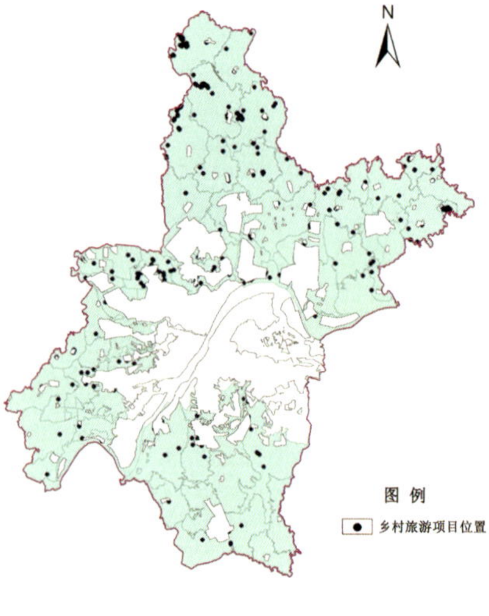

图 6-8　武汉市非集中建设区乡村旅游项目分布图

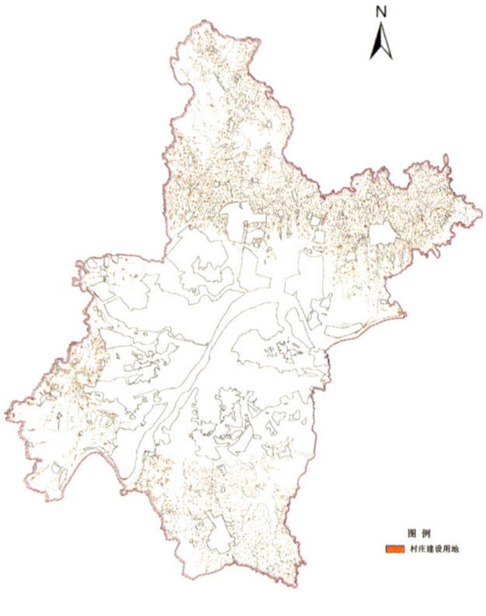

图 6-9　武汉市非集中建设区内村庄用地分布图

人回乡四张牌”“发展农业共享经济”等激励政策。在政策支持和市场引导的大背景下，非集中建设区内各类建设如火如荼地开展，但这类建设多以市场投资、追逐利益为目标，受市场政策的影响较大，建设行为的不确定性增强。

6.1.4 历史文化

一、历史镇村数量众多，类型丰富

武汉市历史文化资源丰富，现有中国历史文化名村大余湾、省级历史文化名村蔡官田湾、9 个市级历史文化名村和 4 个传统村落。同时，还有 40 多个历史资源丰富的村庄正在申报历史文化名村，这些历史名村分布于非集中建设区内（表 6-2）。历史名村是武汉市域范围最重要的空间地理单元，也是集中体现乡野特色的历史文化单元，长江上游的巴蜀文化、下游的吴越文化、北方的中原文化、南方的岭南文化，加上本源的荆楚文化，均在武汉市历史名村交汇、碰撞、融合（图 6-10）。从商周时期到秦汉直至明清，每个时段都在武汉市历史镇村留下了深深的印记。根据遗产要素特色，武汉市历史名村共包括建筑风貌型、遗址遗产型、革命遗迹型和景观风貌型四种类型。

表 6-2 武汉市历史文化名镇（村）一览表

级别	类型	数量（个）	分布
省级历史文化名镇	革命遗迹型	1	金口街道
	建筑风貌型	1	仓埠街道
国家级历史文化名村	建筑风貌型	1	双泉村（黄陂区木兰乡）
	遗址遗产型	3	营泉村（东湖高新流芳）、 夏祠村（江夏区湖四镇）、 浮山村（江夏区湖四镇）
省级历史文化名村	建筑风貌型	4	新洲区 1 个，黄陂区 3 个
	遗址遗产型	12	黄陂区 5 个，江夏区 4 个， 东湖高新区 1 个，新洲区 2 个
	景观风貌型	3	黄陂区 2 个，新洲区 1 个
	革命遗迹型	1	姚家山村（黄陂区蔡店镇）
市级历史文化名村	建筑风貌型	5	东湖高新区 1 个，江夏区 1 个， 黄陂区 2 个，新洲区 1 个
	遗址遗产型	18	新洲区 5 个，江夏区 4 个， 东湖高新区 1 个，黄陂区 5 个， 蔡甸区 2 个，东西湖区 1 个
	革命遗迹型	2	蔡甸区 1 个、黄陂区 1 个
合计	历史文化名镇 2 个，历史文化名村 49 个、 传统村落 4 个（2 个同属历史文化名村）		

图 6-10　武汉市历史镇村分布图

二、生态文化保护力度加强，荆楚风貌特色初步彰显

武汉市陆续出台 1 ∶ 2000 基本生态控制线规划、生态框架保护规划和基本生态控制线条例，开展历史镇村保护性建筑普查、历史文化名镇名村评选等工作，充分发掘和保护历史文化资源；并以“荆楚派”村镇风貌与民居建设风格为引领，对历史镇村内具有较高文化价值的遗迹、街巷、建筑进行必要的修复，延续建设协调、景观渗透的特色风貌格局，重塑与历史保护建筑相协调、传统街巷格局相匹配、生活形态相适应的乡土景观，塑造“楚风汉韵”的乡村风貌。

6.2 武汉市非集中建设区建设发展历程

6.2.1 体制改造束缚下的停滞发展阶段（1949—1978 年）

1949 年 5 月武汉按照国家的社会主义改造要求，实施了一系列的城市体制改造和社会建设，实施了土地改革，实行了统购统销和人民公社合作化劳作方式。这种方式阻断了城乡之间的市场、商品流通渠道，政府依靠行政力量，开垦建设东西湖、武湖、涨渡湖、金口等国营农场，保障城市蔬菜副食的供应，并以保粮为第一要务，开始“大跃进”行动，发动了大规模的支农运动，通过以户籍制度为主，粮食供应制度、副食品与燃料供给制度、就业制度等多项制度为辅的国家法律法令体系，将农民被动地、牢固地稳定在农村。

这一阶段，乡村的水利设施、道路以及乡村诊所、中小学等基础设施与公共服务设施开始建设，但“文化大革命”期间非正常的社会政治经济环境导致城乡建设管理工作全面暂停，乡镇地区发展陷入停滞。1949—1978 年，武汉市工业总产值增加了 15 倍，而农业总产值只增加了 1.3 倍，1978 年，武汉农村居民人均纯收入 133.57 元，人均生活消费品支出 69.63 元，其中食品支出 46.59 元，占 65.8%，以恩格尔系数衡量，农民处于绝对贫困状态。

6.2.2 放权让利激励下的恢复发展阶段（1979—1991 年）

自 1978 年国家开展以提高农产品收购价格和家庭联产承包责任制为标志的农村改革开始，国家对农村实行了“放权让利”政策，不仅给农民以生产经营的自主权，而且减轻了国家提取农业剩余的份额，实行了“交够国家的，留够集体的，剩下的都是自己”的“大包干”。伴随着财政包干体制和土地制度改革的实施，以及在计划经济长期束缚下对生活必需品消费需求的突然释放，武汉市通过“放、帮、促”等一系列优惠政策的发展方针促进乡镇企业发展，微观经济活力得到有效激活，乡镇产业发展呈现出小型化、均质化、遍地开花的特征。

同时，武汉市于 1984 年获批经济体制综合改革试点，以“两通”起飞战略为突破口推动小城镇建设，促进了水路、公路周边小城镇发展。伴随着武汉市辖行政范围扩大、撤乡设镇的行政区划调整，以及农房危改、集中安置、综合开发、设施完善等一系列促进乡镇建设政策方针的实施，至 20 世纪 90 年代初期，武汉市乡镇数量从原来的 13 个镇、174 个乡，调整为 65 个镇、43 个乡，乡镇发展进入相对稳定阶段（图 6-11）。

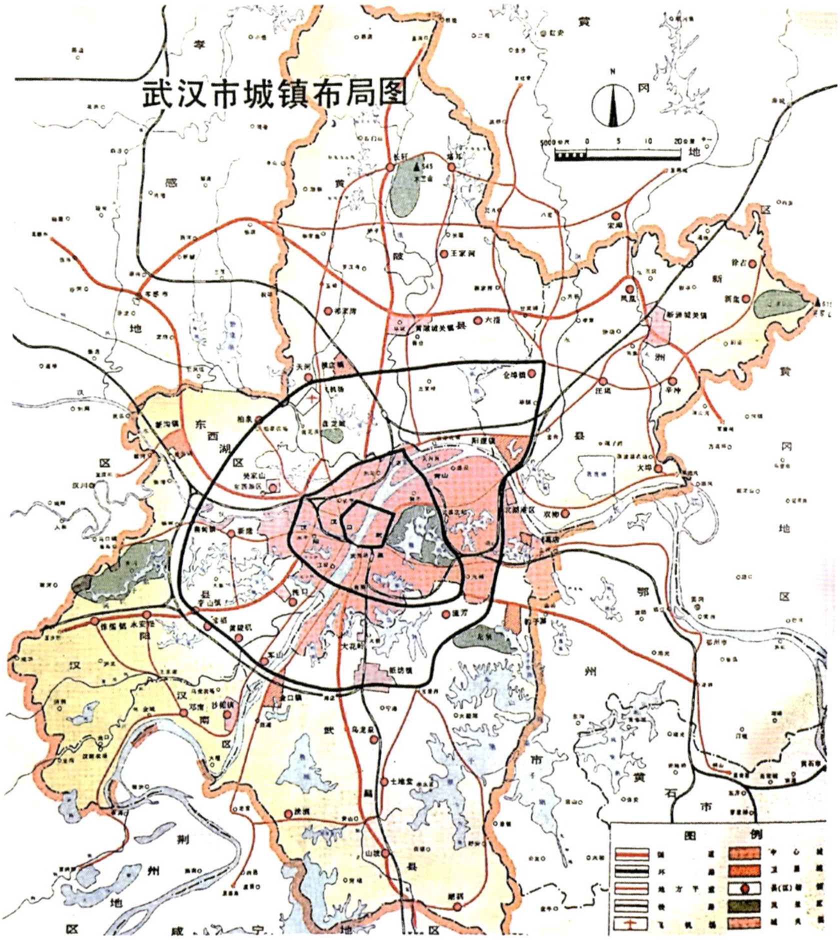

图 6-11 1988 年武汉市城镇布局图
资料来源：吴之凌，等 . 武汉百年规划图记 . 中国建筑工业出版社，2009

6.2.3 城市引力带动下的差异发展阶段（1992—2004 年）

伴随着 1992 年社会主义市场经济的正式确立，以及分税制和农村户籍制度改革的深入实施，武汉市以中心城区为核心的区域生产网络开始形成，生产要素逐步向中心城区集中。随着中心城区的急剧发展，其空间布局已不能满足部分产业和城市功能的扩展需要，而近郊乡镇以其独特的地理区位和资源优势正可弥补其不足，成为建设发展的重点。与此同时，受政策体制、产业基础、市场竞争等条件的影响，外围一般乡镇产业发展乏力，整体呈现没落态势，以武汉市都市发展区范围为界，都市发展区内和外的乡村发展差异态势初步呈现。

另一方面，随着 1992 年武汉市被批准成为沿江对外开放城市，国内外资金、技术向武汉的流量不断加大，乡镇企业有了更好的发展平台，成为武汉农村经济的主体和全市国民经济的重要增长点（图 6-12）。1997 年，响应国家号召，武汉市开始乡镇企业产权改革，加上 1998 年亚洲金融危机的爆发和国内市场的变化，乡镇企业在国内市场紧缩和外部竞争加大的内外双重夹击下，发展迅速走向低迷和徘徊。在“上管理、上技术、上水平”的“三上”战略引导下，乡镇企业进入镇区统一规划的产业园区，外围农业地区发展缺乏有效动力带动，陷入均质疲软态势，农业剩余劳动力明显增加，开始大规模从农业向非农产业转移、从乡村向城镇转移。

6.2.4 城乡统筹战略下的质量提升阶段（2005—2016 年）

伴随着国民经济的发展和生活水平的提高以及城乡统筹、社会主义新农村建设、新型城镇化等战略的深入落实，自 2005 年起，武汉市针对城乡二元分异的问题，在乡村地区先后开展两轮大规模建设行动计划，探索以基础设施的全面提升和休闲产业的持续带动，稳步缩小城乡差别的措施和路径。

2005 年，武汉市开展了“家园建设行动计划”，以“四通四改一化一室一场”（四通是路通、水通、电通、信息通；四改是改水、改厕、改圈、改垃圾堆放形式；一场、一室、一化是晒场、多功能活动室和村湾绿化）为主要抓手，采取“普惠制”思路，重在补齐道路、供水等设施短板。2011 年，又启动“美丽乡村建设行动计划”，在村容村貌整体提档升级的基础上，按照重点改造提升的思路，采取农旅结合模式、扶贫开发结合模式、新农村建设模式、特色农产品开发模式四种模式，陆续建成以蔡甸区大集街九如鲤村、奓山街一致村，江夏区童周岭村等为代表的 74 个美丽乡村和以蔡甸区奓山新社区、大集新社区、江夏区怡山湾社区为代表的 15 个中心村（社区）（图 6-13）。同时，按照 4A 级景区标准，形成黄陂木兰生态旅游区、新洲桂花大道、江夏梁子湖等八个各具特色的美丽乡村示范片带，整体提升全市美丽乡村建设水平，打造美丽乡村建设升级版。

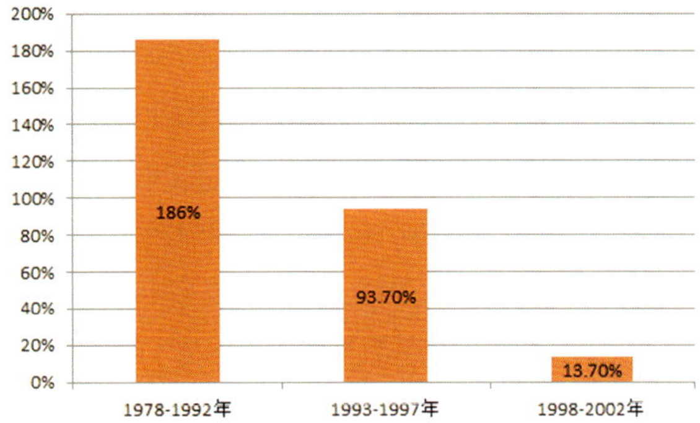

图 6-12　各阶段乡镇企业生产总值年均增长率变化图

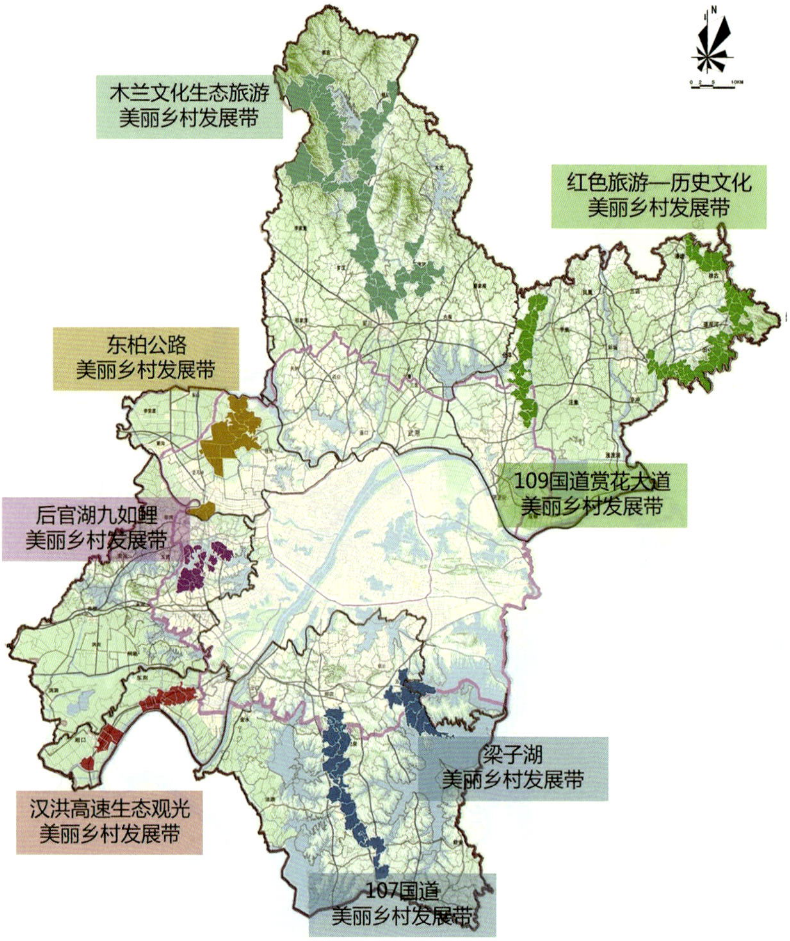

图 6-13　武汉市美丽乡村发展带分布图

6.2.5　乡村振兴战略下的路径探索阶段（2017 年至今）

自 2017 年国家提出乡村振兴发展战略以来，武汉市按照“产业兴旺、生态宜居、乡风文明、治理有效、生活富裕”的总要求，全面开展功能小镇集群、田园综合体等规划建设，深入推动“三乡工程”政策实施，探索乡村振兴实施路径，推动农业农村现代化发展。

按照融入产业带动板块、联动创新发展极核、提升旅游服务品质、完善城乡公共服务的思路，武汉市将 16 个小镇纳入市级生态特色小镇创建名录，将 15 个小镇纳入培育名录，集中力量打造出一批生态环境优美、文化内涵丰富、产业发展有特色、城镇功能完善、建设形态小而美的特色功能小镇集群。

同时，为促进乡村地区振兴发展，武汉市又强化乡村资源整合，通过科学选址、规划引领、政企合作、品牌塑造和政策支持，积极推进三产联动、产村融合的大型都市田园综合体创建工作，以期进一步推动全市农业现代化发展。目前全市已在武汉临空港经济技术开发区（东西湖区）、武汉经济技术开发区（汉南区）、新洲区、江夏区开展 4 个 30 ～ 50 平方公里的大型都市田园综合体创建工作。结合“市民下乡、能人回乡、企业兴乡”的“三乡工程”，武汉市于 2018 年出台《关于服务保障“三乡工程”推动乡村振兴的措施》，从创新用地方式、完善产权制度、优化行政审批服务等方面提出了二十条政策措施，为乡村地区提供了行之有效的政策支撑。

6.3 武汉市非集中建设区建设特征

6.3.1 规划从单一性向综合性转变

武汉市非集中建设区内村庄量大面广，相关规划往往重视农村居民点的建设，忽视山水田林等非建设用地的安排。由于历史发展、产权变迁和乡村建设等原因，非集中建设区内的村庄表现出土地破碎化的面貌，出现老龄化、空心化现象，农民在空间上的小尺度居住、工作分离同步存在，呈现明确的代际分工。如何切实改善农村地区居住环境、提高广大农民的生活水平，保持农村的内生活力，武汉市非集中建设区的规划引导在这一过程中呈现出从“单一侧重”到“全域综合”的特征。

一、“两规”融合，形成统一的全域用地布局

2010 年，武汉市利用规划、土地合并优势，全面推动编制城规与土规“两规合一”的乡镇总体规划，对全市所有乡镇进行全域统筹谋划，着力解决重镇区规划建设、轻镇域总体谋划，以及乡镇城市总体规划与土地利用总体规划不一致等现实问题（图 6-14）。规划充分发挥“两规合一”体制优势，以“两规合一、多规支撑”为总体思路，通过将土地利用规划指标控制与城乡规划空间布局有机结合，以全域一盘棋的思路，明确镇区、村庄的合理建设用地规模，提出耕地保有量、基本农田保护面积等耕地保护指标要求，系统安排了镇区、村庄、区域重要设施等各类建设用地，形成与土地利用规划建设指标要求一致的全域用地布局方案，有力促进了城乡用地在空间安排与指标分配上的统一性和协调性。同时，强化国土规划部门与农业、林业、交通、水务、旅游、发改等多部门的沟通合作关系，在“规土合一”规划的基础上，进一步以交通、市政、生态等专项规划为支撑，推动非集中建设区统筹发展。

二、产村一体，形成复合营造的村庄发展路径

按照先底后图的“反规划”思维，村庄规划在落实镇级规划管控内容基础上，坚持存量优先的原则，结合村庄主要农特资源和自然地貌，从全域视野统筹安排生产、生活、生态三类空间要素，明确“山、水、林、田、湖、草”等自然生态要素管控要求，强化产业关联发展营造，根据规模农业、休闲观光等不同类型产业的经营模式，科学确定各类建设空间布局，全面推动村庄空间和农业发展的有效结合，实现产村一体化发展。

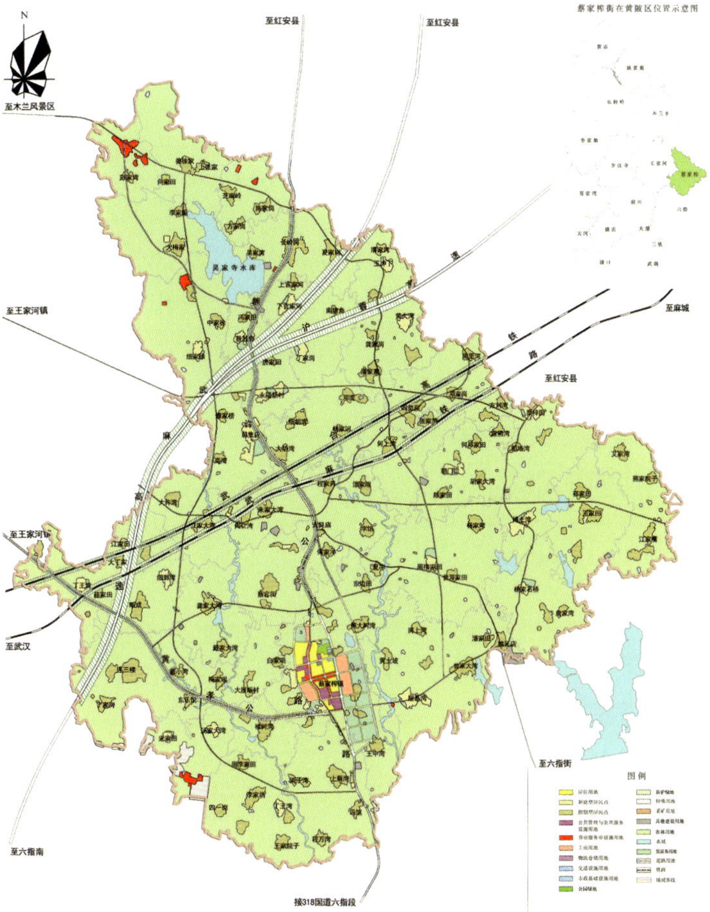

图 6-14 “两规合一”的蔡家榨街镇域总体规划图

三、分类简化，形成管用实用的村庄规划成果

结合村庄的发展状态和本土特征，针对不同等级和类型的村庄，分类制定村庄规划编制内容，差异化指引村庄发展建设。即针对重点村、中心村、基层村三级村庄体系，分别开展村庄建设综合规划、村庄整治规划和农房建设规划三类村庄建设规划（图 6-15），同时在确保能够满足村庄规划需求的基础上，尽可能地简化规划内容，形成通俗易懂的图和表，并制定了《武汉市新农村住宅选型图集》，确保农民能够看得懂、听得懂、用得好。

6.3.2 职能从均质化向特色化转变

适应不同阶段的社会消费需求，发挥非集中建设区自身的资源禀赋是决定其发展方向和职能的核心支撑力。从武汉市非集中建设区建设发展历程来看，

图 6-15　三类村庄建设规划示意图

在快速工业化和城镇化时期，非集中建设区在很大程度上承担保障和供应城市的功能。进入工业化中后期，城市人口消费升级催生了多样化的需求，带来新产业、新业态的发展，非集中建设区进一步承载休闲体验、观光旅游、文化创意等多重功能。武汉市非集中建设区职能的发展在这一过程中呈现出从“低质均衡”到“特色引导”的特征。

一、业态形式不断丰富，产业规模逐步壮大

互联网等现代信息技术的快速发展，人民群众消费升级需求的持续刺激，商业模式创新的不断涌现，合力驱动非集中建设区内新产业形态不断发生裂变，逐步呈现出以现代种养业、观光农业、休闲农业、乡村旅游、电商物流、农产品精深加工业为主体，以田园综合体、特色小镇、农业产业化联合体等为补充的多元业态形式，传统农业向观光、体验、康养、研学等多功能方向转变，农村第一、二、三产业融合主体已实现数量、生产和收益的全面提升。至 2018 年年底，全市乡村休闲游经营单位达 2378 个（户），包括 1 个全国乡村旅游与休闲农业示范区、4 个全国休闲农业示范点、1 个全国休闲渔业示范点、12 个全省休闲农业示范点、4 个市级田园综合体、16 个特色小镇，农村从业人

员达到 2 万多人，吸引社会资金 156.9 亿元，年接待游客 4795.13 万人次，综合收入达 157 亿元。

二、经营模式多样并存，土地资产价值显化

非集中建设区内新产业项目建设运营中存在个体农庄模式、股份制模式、政府 + 公司模式并存的态势。随着农村新产业新业态的不断发展，越来越多的社会资本投资经营或与村集体共同开发农村土地资源，包括租赁农村闲置宅基地改作农家乐、民宿，与农民合作改建宅基地经营酒店公寓，农民以各类土地入股乡村旅游开发项目等， 形成“保底收益 + 按股分红”“固定租金 + 企业就业 + 农民养老金”“土地租金 + 务工工资 + 返利分红”等多种收益分配形式，农村土地资产价值日益显化。如武汉市黄陂区杜塘村与企业成立杜堂乡村旅游专业合作社，将 418 户农民住宅以 1600 元 / 平方米的价格进行租赁，并将房租租赁资金作为股本投入乡村旅游合作社，由企业统一投资 2.4 亿元打造木兰花乡景区，开拓高端民宿产业，村民按股分红（保底 10% 的分红金额），并有 140 余名村民进入企业上班。

三、功能小镇集群带动，协同发展彰显特色

非集中建设区内远郊乡村除了具有独特资源和临近景区的旅游型村庄以外，多呈现出以乡居生活和小农生产为主导的低质均衡性功能体系。为破解这一问题，武汉市按照新型城镇化发展要求，按照“分类引导、特色发展”的原则，以文化底蕴、风貌特色、自然资源、经济发展、产业特色为标准，从旅游休闲、新型制造、创新创意、特色农业等方面差异化谋划了十六个区域协作、合作共赢的功能小镇集群（图 6-16），逐步培育农业、旅游和综合服务三类乡村单元，通过不同小镇集群和乡村单元内部间的职能分工和综合联系，围绕单个产业在全域打造完整产业生态圈，实现集群化、特色化、区域化的空间再组织模式，并引导产业规模化与集群化发展，以区域合作的方式破解同类资源引导下恶性竞争的关系，引导其以“联合体”的方式共同发展，形成特色彰显的协同发展片区。

6.3.3 管理从粗放式向精细化转变

一、从划线管控到功能引导的全域生态空间规划编制体系

《武汉市城市总体规划（2010—2020 年）》明确提出构建“两轴两环、六楔多廊”的城市生态框架，体现特大城市依靠自然循环促进生态保护的示范作用。以总体规划为依据，全面对接各行业专项规划，整合各部门对各类生

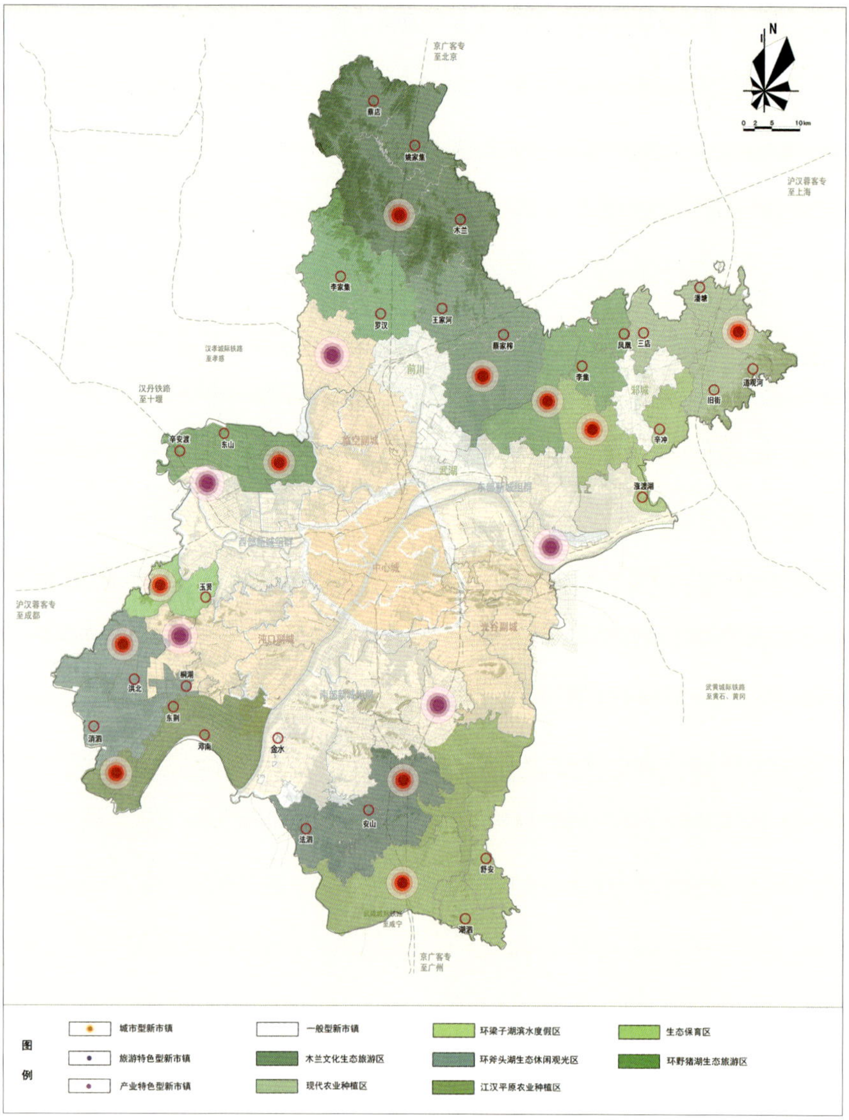

图 6-16　武汉市新市镇分布图

态资源的保护与建设要求，系统梳理山、水、自然保护区与水源保护区等资源型生态要素以及生态廊道、生态绿楔核心区等结构型生态要素，采取“分层叠加”的方式，相继完成都市发展区范围和市域范围的基本生态控制线划定，明确了全市生态底线区、生态发展区、弹性控制区的范围，确保了生态资源的“应保尽保”，完成了总体规划确定的生态框架“落地”。划线完成后，武汉市编制了《武汉都市发展区生态绿楔控规导则》，对生态绿楔进行编制单元划分，研究基本生态控制线内的生态资源保护、原住民发展、都市农业发展及生态项目布局等问题，提出具有武汉特色的城市近郊区生态资源保护与利用模式（图 6-17）。在控制性详细规划划定的编制单元内，开展郊野公园实施性规划，对园区内的景观资源特色及可利用情况进行全面评估，提出生态项目建设以及村湾集并、土地整理、农村新社区建设的具体模式和项目布局，在控制性详细规划的指导下落实居民点、旅游配套设施的建设要求，形成城市总体规划、土地利用总体规划“两规”有效衔接的生态功能区实施性规划，并通过“一区一个郊野公园”的模式推动实施。

二、以基本生态控制线为核心的生态空间管控模式

武汉市在国家“自贸区”“长江经济带”战略和“一带一路”倡议引领下，迎来城市发展的巨大机遇。城市在转型发展过程中不可避免地存在对土地空间资源的旺盛需求，应对多元发展诉求，武汉市逐步建立起一套以基本生态控制线为核心的分区管控模式，针对管控的不同层级、不同要素，实行刚弹结合的管控模式，探索以保护促建设的生态空间良性发展路径。

全市层面，在生态控制线划定过程中，提出“两线三区”的空间管控模式，即划定城市增长边界和生态底线“两线”，形成集中建设区、生态发展区和生

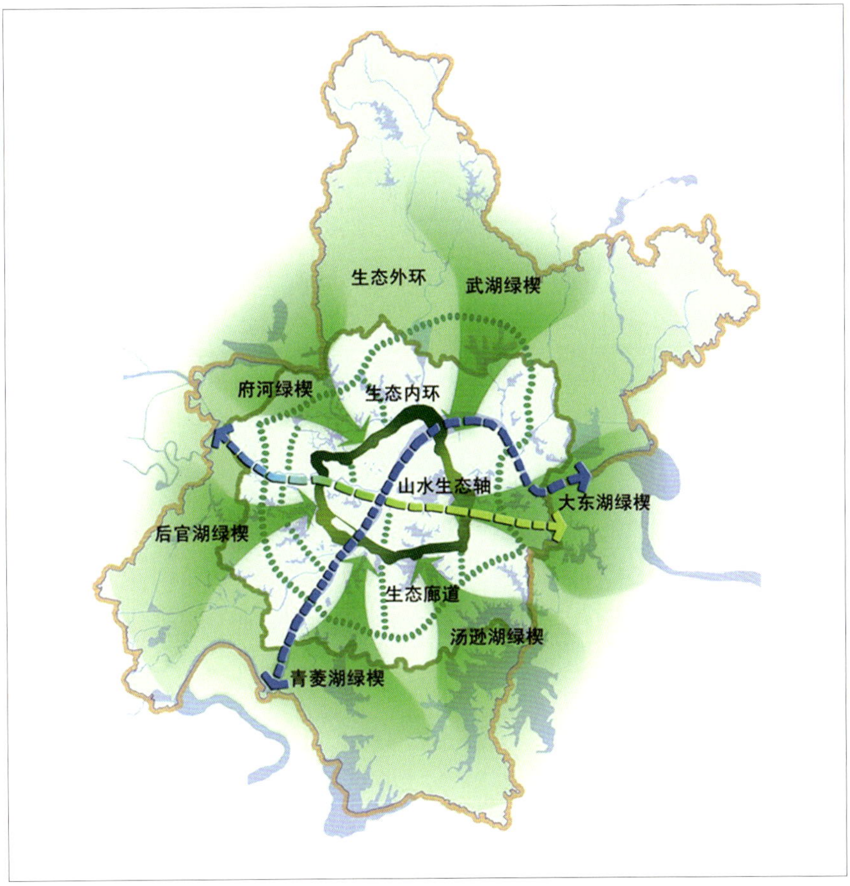

图 6-17　武汉市域生态框架结构图

态底线区“三区”（图 6-18）。针对武汉资源禀赋、产业布局、建设发展诉求存在明显空间差异的现实状况，在“两线三区”的全市空间管控模式基础上，针对生态空间的不同区位，进一步制定不同的分区管控策略。在都市发展区内，其临近城镇集中建设区，故而发展与保护的矛盾最为尖锐，对接集中建设区的控制性详细规划编制，校核既有项目批租划拨等审批信息，划定 1 ：2000 比例尺的基本生态控制线。该区域范围内对“两线三区”均实行严格的刚性管控，不得随意调整，其管控要求全部落实到生态绿楔控制性详细规划导则中，作为规划管理的法定依据。都市发展区之外，考虑到其以农业生产生活为主，集中

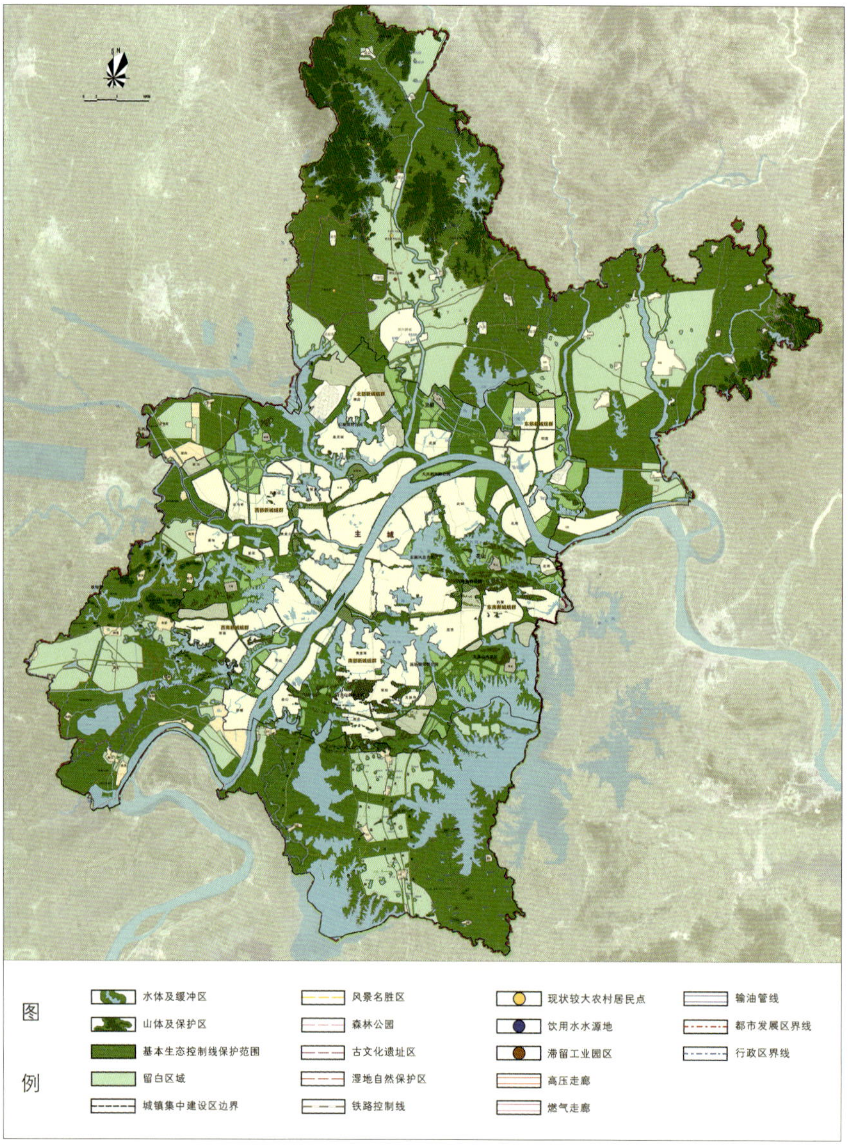

图 6-18　武汉市全域基本生态控制线范围图

成片的建设发展诉求相对较小，但建设行为的不可预见性强，且该区域的建设用地规模小、分布零散，空间落地与项目建设紧密相关，在保证对生态要素刚性控制的基础上，该区域内划定 1 ： 10000 比例尺的基本生态控制线，暂不划定生态发展区范围，而通过建设用地指标台账管理方式，待具体生态建设项目的园区详细规划方案确定后再予落地。对于区域范围内的农村生产、生活等设施布局，则主要依据街镇乡规划、村庄规划，作为该类建设的规划管理依据。

基于“两线三区”的空间管控模式，一方面，对都市发展区基本生态控制线内历史遗留的既有项目进行清理，分类逐一提出处置原则和要求（图 6-19）；另一方面，对生态空间实行分区项目准入管理制度，即按照生态底线区和生态发展区分别制定相应的准入要求，明确准入建设项目类型、相关建设控制指标，严格规定准入程序，严禁不符合准入条件的建设项目进入。

三、从地方性法规到实施细则的生态间政策法规体系保障

积极跟进有效的配套法规政策，真正实现技术文件到公共政策的转化，才能将保护和管理落到实处。近年来，武汉按照“地方性法规—地方政府规章—规范性文件—标准规范”的纵向体系，有步骤地健全生态空间管控的政策法规

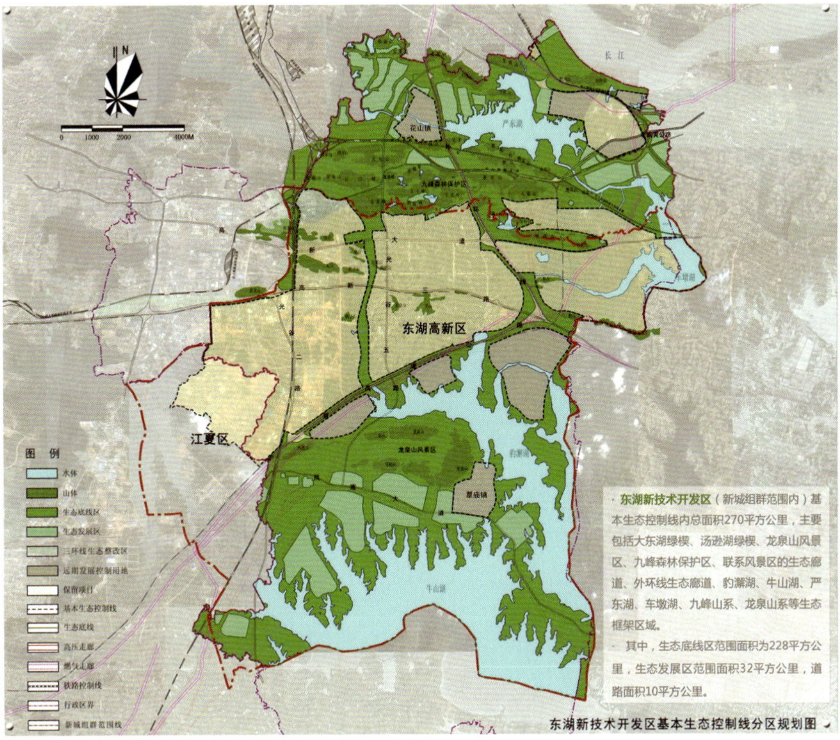

图 6-19　东湖新技术开发区基本生态控制线范围图

体系，有效保障了生态空间规划的实施。在地方性法规和地方政府规章方面，按照“政府令一人大决定一条例”三步走计划，相继颁布了《武汉市基本生态控制线管理规定》《关于加强武汉市基本生态控制线规划实施的决定》《武汉市基本生态控制线管理条例》，从根本上为基本生态控制线的保护提供法律保障。在规范性文件方面，相继出台《关于加强基本生态控制线管理的实施意见》《武汉市人民政府关于武汉都市发展区基本生态控制线内既有项目清理处置情况的报告》《关于武汉市基本生态控制线规划管理的指导意见》等一系列政府文件，进一步细化明确政府规章中的原则性要求，保障了规划策略与现行管理机制的有效对接。在标准规范方面，陆续研究制定了《武汉市基本生态控制线划定技术标准》《生态绿楔控制性详细规划导则编制技术要点》《武汉市村庄规划技术要点》等技术标准，为生态空间规划提供技术引导。

本章小结

本章介绍武汉市作为中部地区特大城市，非集中建设区面积占国土面积比例高，地域特色比较明显，在该区的建设中不断探索与创新，经历了停滞发展、恢复发展、差异发展、质量提升等发展阶段，当前，在乡村振兴发展战略背景下，开始进入全新路径探索阶段，武汉市发挥两规合一、多规融合的体制优势，通过非集中建设区的统筹规划、新功能体系构建，以及乡村规划、管理和政策创新的“组合拳”，积极探索后工业化时期城市郊区化背景下的非集中建设区治理新路径和乡村振兴规划新模式。未来需结合规划实践，进一步探索系统化、体系性的非集中建设区规划建设管理模式，强化理论研究的实践意义；并进一步探索如何将有关非集中建设区规划思路的研究充分融入至统一的空间规划体系中，实现国土空间的统一规划。

第 7 章
武汉市非集中建设区规划编管重点和主要内容

在耦合武汉市现行的规划编制体系的基础上，本章按照纵向层级传导、横向多规关联、整体融入国土空间规划的非集中建设区规划体系构建总体思路，分别在市级、区级、乡级和村级四个层面探讨了非集中建设区规划的编制和管控的重点（以下简称管控），并探索性地在武汉市国土空间总体规划、黄陂区分区规划、东西湖区非集中建设区规划以及黄陂王家河街胜天村村庄规划等不同层级规划编制中予以实践，力求能形成一套可指导特大城市非集中建设区国土空间规划编制的技术要点。

7.1 武汉市“四层次”规划编制体系

7.1.1 武汉市非集中建设区规划体系基本思路

目前武汉市以“两规合一”为基础，逐步建立了共同组织、共同编制、共同审批的部门协同机制，形成了市级城市总体规划—区级分区规划—乡镇级控制性详细规划的层级式主干规划，以功能区规划、村庄规划、近期建设规划、城乡规划年度实施计划等对接实施建设的实施型规划，以及以土地整理、土地复垦、基本农田保护等专项规划作为支撑的规划编制体系[68]（图 7-1）。

68. 武汉市自然资源和规划局 . 市县国土空间规划编制的“武汉样本”[J]. 中国建设信息化 ,2019(9):24-27.

基于纵向层级传导、横向多规关联、整体融入国土空间规划的非集中建设区规划体系构建总体思路，突出武汉市现行规划编制体系特征，在纵向上确定武汉市非集中建设区市级总体规划—区级总体规划—乡镇级控制性详细规划—村级实施型规划的四个规划层级，将规划目标和控制要求逐级传导并深化细化;在横向上对应前三个层级，以山、水、林、田、湖、草各类要素为对象，根据规划和建设需求，编制土地整治、基本农田保护等相应专项规划作为支撑，并通过主干规划在各个层级进行统筹。在此基础上，分别在市级层面、区级层面、乡镇级层面与城镇集中建设区规划衔接融合，共同组成武汉市四级国土空间规划体系（图 7-2）。

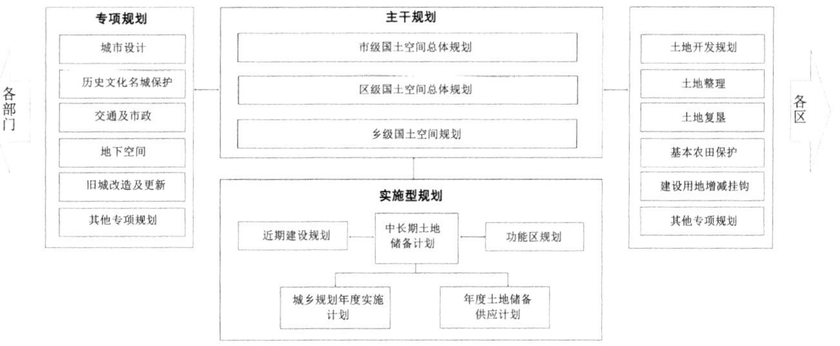

图 7-1 武汉市现有规划编制体系

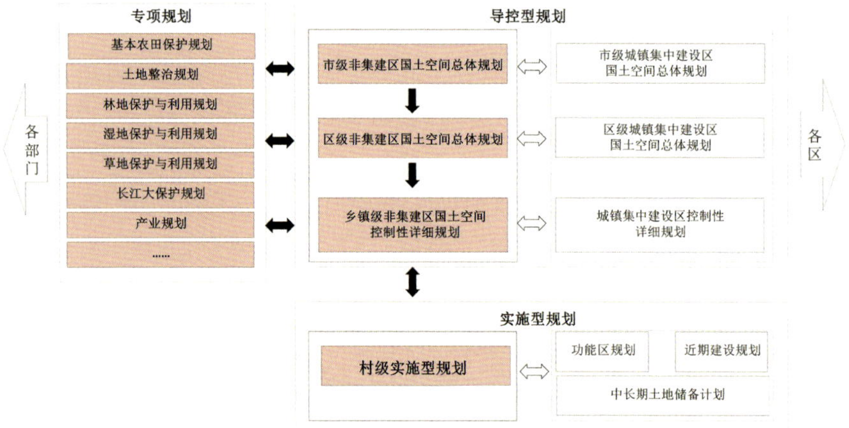

图 7-2　武汉市非集中建设区规划编制体系

7.1.2　武汉市非集中建设区规划体系的“八定”特色

按照宏观层面构建非集中建设区整体功能格局与政策分区、中观层面划定功能管控单元与土地用途、微观层面制定总平面布局与建设行动指引的总体思路，武汉市非集中建设区规划形成了“定格局、定底线、定分区、定准入、定用地、定容量、定布局、定指引”逐级传导落实的“八定”路径。

在市级层面“定格局、定底线”，基于全市生态框架，重点开展战略性的结构规划，强调战略性、政策性、系统性指引和底线管控。在区级层面“定分区、定准入”，落实和细化市级层面确定的结构性功能布局分区，按照主导功能划定功能分区，并提出基于功能分区价值导向的正负面准入清单。在乡级层面“定用地、定容量”，编制类控规深度的功能单元空间规划，体现落地性和管控性，突出建设指标空间化和用地管控全域化。在村级层面“定布局、定指引”，编制支撑产村一体化发展的村庄规划，细化上层级规划确定的土地用途和指标要求，明确村庄产业布局、总平面方案和重点区域空间景观形态，提出村庄整治与建设指引。

7.2 市级非集中建设区规划编管重点和主要内容

7.2.1 规划编制重点

一、开展生态底线思维下的非集中建设区结构性格局引导

保护和延续武汉市“山水交织、六楔入城”的独特生态魅力，市级非集中建设区的规划要以资源环境约束尤其是以生态资源为底线，重构空间资源利用价值体系，引导乡村空间可持续发展。市域非集中建设区规划是市域国土空间规划的重要组成部分，是促进生态资源维育、粮食生产安全、保障村民宜居宜业、提供市民郊野休闲的复合区域，应从时空维度对区域内外环境、资源禀赋、产业基础、生态要素、生产生活需求进行统筹。

一是对市域非集中建设区内的各类资源要素进行生态敏感性和环境承载力分析，形成结构性绿色空间框架。开展资源环境承载能力评价和国土空间开发适宜性评价，识别市域非集中建设区内有保护利用价值的农地资源、自然植被、河流水系等田园生态基底，摸清基本“家底”；引导运用与农业循环链条相符合的、“低碳可持续”的环境保护技术，遵循低碳低冲击的发展要求，对其进行结构性梳理与整合，明确生态农业基底与城乡建设空间生长发展所形成的图底关系。

二是细化结构性绿色空间下的功能内涵。针对结构性格局中的“廊”“轴”“环”“心”等框架要素，明确每一项要素在市域战略性格局中的地位和作用；细化各结构要素的具体区域及其主要功能，从协调保育和发展的思路，锁定自然保护区、湿地保护区、森林公园、基本农田保护区、湖泊、山体等要素边界，提出生态整治修复、功能营造的规划目标和战略导向。

二、划定生态维育与功能开发兼顾的政策分区

应按照“守住底线、对接实施、适应管理”的基本原则，以国土空间保护修复、开发利用两类属性为基础，划定功能性政策分区，相应进行分区准入和指标控制，以适应不同层级规划编制和精细化管理的需要。

传导主体功能区规划和省级划定的两条“红线”，构建三大类功能政策分区。对接主体功能区规划确定的重点生态功能区、农产品主产区等限制开发区域和禁止开发区域，结合省级划定的生态红线和基本农田保护线，在市域非集中建设区内构建“以维系城市生态安全格局为价值导向”的生态功能主导的政策区即生态保育区、“以落实城市粮食安全、乡村振兴战略为价值导向”的农业生产及观光功能主导的政策区即农林复合区、“以展现乡村文化和生态景观魅力为价值导向”的旅游休闲功能主导的政策区即旅游休闲区。

三、制定升级版土地计划管理模式下的底线约束指标

以土地利用年度计划管理模式为基础，将林地、草地等重要自然资源纳入利用计划统一调控，建立全要素覆盖的约束性指标体系，作为刚性指导保护与开发建设的有效手段。

以全要素覆盖的思路，优化计划管理的规模制定。统筹各类专项规划，明确规划期内以及年度各类生态资源和农田资源用地量，特别是对计划年度内新增建设用地量、土地整治补充耕地量、以及耕地、林地、草地等重要自然资源的保有量提出具体安排，包括增加补充林地（草地、湿地等）量、林地（草地、湿地等）保有量、林地（草地、湿地等）转用量等。各类重要资源保有量计划指标，依据国务院下达的耕地、林地、草地等保护责任考核目标确定；新增村庄建设用地计划指标，综合考虑国民经济和社会发展计划、国家区域政策、产业政策、土地利用总体规划、林地保护利用规划、草原保护建设利用规划以及土地利用变更调查成果等确定。

各区的计划规模制定，划分基础性计划和年度考核奖惩计划。年度考核奖励计划重点考虑资源要素保护目标落实情况、国土空间集约利用水平、存量地利用情况等因素，将新增建设用地计划指标向计划完成较好的区倾斜，同时对落实较差的区进行计划扣减，并将结余的计划奖励上述完成情况较好的区。

四、构建重点功能引领的非集中建设区功能格局

在确保生态保护和基本农田建设要求的前提下，基于乡村振兴思路，合理利用非集中建设区的生态、生活、生产空间，以重点功能区作为区域城乡功能极核，辐射周边乡村地区的功能营造，构建非集中建设地区的功能体系格局，促进农村新产业新业态发展。

挖潜土地资源和文化资源，构建多元复合的乡村重点区域。重点研究非集中建设区内适宜的产业发展类型，根据各乡镇的发展意愿以及农业特色、生态资源优势、文化内涵等地方特色，结合存量用地盘整，选取功能小镇、郊野公园等作为功能产业极核；明确各重点区域的产业功能发展定位，制定差异化的功能发展策略和功能引导措施。

7.2.2 规划管控重点

一、多维并行的红线管控

以上位规划明确的资源约束指标要求和资源要素环境承载力评价为基础，初步划定生态保护红线和基本农田保护线边界。结合非集中建设地区战略性结构，对接土地、林业等相关职能部门划定的管控边界，按照生态优先的总原则，

对初步划定的控制边界进行校核：生态保护红线划定应遵循“只增不减”的原则；基本农田保护线划定遵循“总量指标锁定”原则；农业生产和城镇建设原则上应服从生态要求从严保护。[69]

69. 魏旭红，开欣，王颖，等. 基于“双评价”的市县级国土空间“三区三线”技术方法探讨[J]. 城市规划，2019，43(7)：10-30.

生态红线和基本农田保护线是生态保育区和农林复合区的核心保护区域，重点体现的是“底线”管控思维，讲究其范围的明确和内容的简洁明了，便于行政执法和监督检查。一是出台武汉市地方条例对生态红线空间和基本农田空间等管控对象进行依法监督，如武汉市已经施行的《武汉市基本生态控制线管理条例》；二是制定“两线”内外差异化的普适性通则式管控政策，提出与空间指标相关联的产业准入门槛标准，配套制定划定标准和技术规范，实现分类引导，体现公平、公正的利益均衡原则；三是将“两线”录入规划国土资源一张图信息平台，并与所有审批事项自动比对，确保永久基本农田、生态红线不被侵占。

二、基于政策分区的刚性指标管控

突出底线刚性管控和重点保护修复的基本思路，针对三类政策分区分别提出刚性管控指标，并细化为核心指标和集约指标，作为对下一层级非集中建设区规划的指标传导要求。

生态保育区重点控制山、水、林、草等要素的用地面积，具体包括补充林地量、林地保有量、林地转用量，并明确生态红线用地面积，作为核心指标控制，采用刚性管控方式。

农林复合区重点控制耕地保有量、土地整治补充耕地量、新增建设用地占用农用地及耕地量，并明确基本农田面积，作为核心指标控制，采用刚性管控方式。

旅游休闲区由于涵盖生态、农业、休闲等多元功能，应参考上两类政策分区中对林地、草地、湿地等各类生态要素，以及耕地要素的控制方案，控制其保有量、转用量和补充量，以及政策分区内的生态红线面积和基本农田面积，作为核心指标控制，采用刚性管控方式（表 7-1）。

另一方面，非集中建设区应从土地集约节约利用的角度，提出建设用地的集约指标（表7-2）。非集中建设区的建设用地应采用大分散、小集中的布局思路，对土地利用总量、土地利用强度、土地集约利用效率三个方面进行控制，重点控制指标包括新增建设用地面积、保留村人均建设用地、户均宅基地和土地闲置率。

表 7-1 基于政策分区的核心指标控制表

政策分区	核心指标	管控力度	管控方式
生态保育区	补充林地（草地、湿地等）量、林地（草地、湿地等）保有量、林地（草地、湿地等）转用量、生态红线用地面积	刚性管控	下限控制
农林复合区	耕地保有量、土地整治补充耕地量、基本农田面积	刚性管控	下限控制
	新增建设用地占用农用地及耕地量	刚性管控	上限控制
旅游休闲区	补充林地（草地、湿地等）量、林地（草地、湿地等）保有量、林地（草地、湿地等）转用量、耕地保有量、土地整治补充耕地量、生态红线用地面积、基本农田面积	刚性管控	下限控制
	新增建设用地占用农用地及耕地量	刚性管控	上限控制

表 7-2 基于政策分区的集约指标控制表

政策分区	集约指标	管控力度	管控方式
生态保育区	保留村人均建设用地、户均宅基地	刚性控制	上限控制
农林复合区	新增建设用地面积、保留村人均建设用地、户均宅基地、土地闲置率	刚性控制	上限控制
旅游休闲区	新增建设用地面积、保留村人均建设用地、户均宅基地、土地闲置率	刚性控制	上限控制

7.2.3 市级规划实践：武汉市国土空间总体规划（2021—2035 年）非集中建设区规划

一、规划背景

为落实国土空间规划体系改革要求，按照国家统一部署，武汉市组织编制了《武汉市国土空间总体规划（2021—2035 年）》。

按照“全域规划，城乡统筹”的规划理念，新一轮总规提出城市全域空间划分为集中建设区和非集中建设区，其中，非集中建设区是规划期内不被用于城市集中大规模建设的用地区域，是全市生态维育、农业生产、镇村发展的重要区域，总面积约 6360 平方公里。

二、非集中建设区规划目标

在坚守全市生态保护底线基础上，合理划定生态保育、农林复合、旅游休闲三类功能政策分区，完善城市非集中建设区规划管控体系，保障城市生态安全和粮食安全，实现各类生态资源应保尽保，农田空间永续利用，把武汉市非集中建设区打造为国家中心城市山水特色魅力区样板。

三、非集中建设区规划主要内容

1. 锚固生态框架，构建全域全要素自然资源保护体系

锚固全域生态框架。规划提出以非集中建设区内山脉、水系为骨干，以山体、河流、湖泊、湿地、森林、农田等生态要素为本底，强化农田林网建设和生态修复，坚守武汉市“两轴两环，六楔多廊，北峰南泽”的生态格局（图 7-3）。

彰显特色“山水双轴”。规划依托武汉市自然山水空间，融合周边历史文化特色资源，打造长江生态轴、“汉江—蛇山—九峰”山水生态文化轴。其中，长江生态轴作为联动城市生态空间的重要纽带，严格保障两侧生态生活岸线比例，构建开放连续的滨水生态空间，提高滨水空间的渗透性，承担重要的城市滨江休闲游憩功能；“汉江—蛇山—九峰”生态轴以汉江、龟山、蛇山、小洪山、九峰山等为依托，贯通城市绿轴，打造多功能城市绿地开敞空间。

强化“生态双环”管控。规划提出锁定三环线城市生态环与外环线郊野生态环，强化城市防护隔离作用，避免建设空间无序蔓延，以充分发挥生态休闲功能。其中，“内环”以三环线防护林带为纽带，串联中小型湖泊、公园等绿色空间，形成开放式的城市型生态内环；“外环”以城市绕城高速及周边生态空间为依托，加强生态林带建设与河湖湿地的保护修复，串联楔形绿地，形成郊野型生态外环。

升级“生态绿楔”功能。规划提出沿武湖、府河、后官湖、青菱湖、汤逊湖、大东湖六大方向，以水域湿地、山体林地等为骨架，形成六片大型放射形生态绿楔，重点开展两方面空间优化：一是注重“内引外联”，对外联系南北两翼山群、湖群等区域生态片区，对内深入主城核心区，建立连接城市内外的城市风廊，改善热岛效应；二是加强“功能提升”，依托北部山区、南部湖区等特色山水资源，在六大生态绿楔中构建“郊野公园 +”游憩功能体系；三是加强全市山水资源最集中、生态最敏感地区的保护，营造蓝绿交融的生态网络。

完善“生态廊道”网络。规划依托河湖水系、山系及主要交通走廊，构建内联绿楔、外接区域的重要通廊，包括府河、滠水、倒水、举水、严东湖、通顺河等生态廊道。河流生态走廊规划宽度不低于 1000 米，廊道内提升林木覆盖率及自然驳岸比例，强调自然景观和生物多样性，并合理注入生态游憩功能。

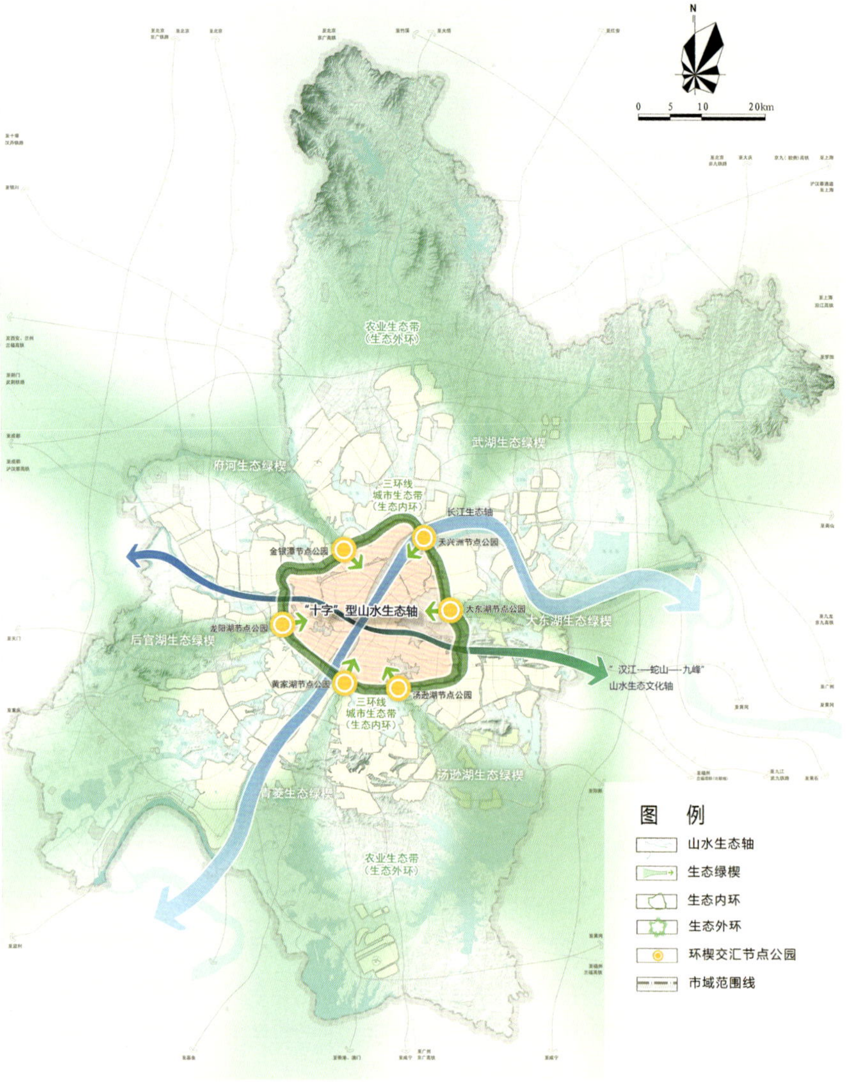

图 7-3　武汉市域生态结构规划图

2. 强化刚性传导，划定生态控制线和基本农田保护线

生态优先，坚守基本生态控制线。规划深化和落实划定的生态保护红线，包括水源涵养区、自然保护区、国家级风景名胜区、国家森林公园和地质公园等，作为城市生态保护最严格的区域。进一步严格保护武汉市基本生态控制线，规划生态控制区面积占市域空间比例不低于 75%（图 7-4）。生态控制线范围内仅允许必要的生态修复、生态保育、现代农业、生态旅游等开发活动，并依据《武汉市基本生态控制线管理条例》等相关法律法规，严格管理建设行为，实施建设准入管理。

保障农业空间，划定永久基本农田保护线（图 7-5）。在保持现有基本农田布局总体稳定的前提下，规划提出按照“应保尽保、优进劣出、量质并重”的原则，依据第三次国土调查和耕地质量等别评定成果，优先将城市周边、交通沿线、平原地区的优质耕地和已建成的高标准基本农田划为永久基本农田，将现状为建设用地、未利用地以及质量不符合要求的其他农用地划出。同时，规划基于 2020 年永久基本农田布局，将质量较差、零星分散、不宜耕作以及与城市未来发展有冲突的基本农田适当调出。

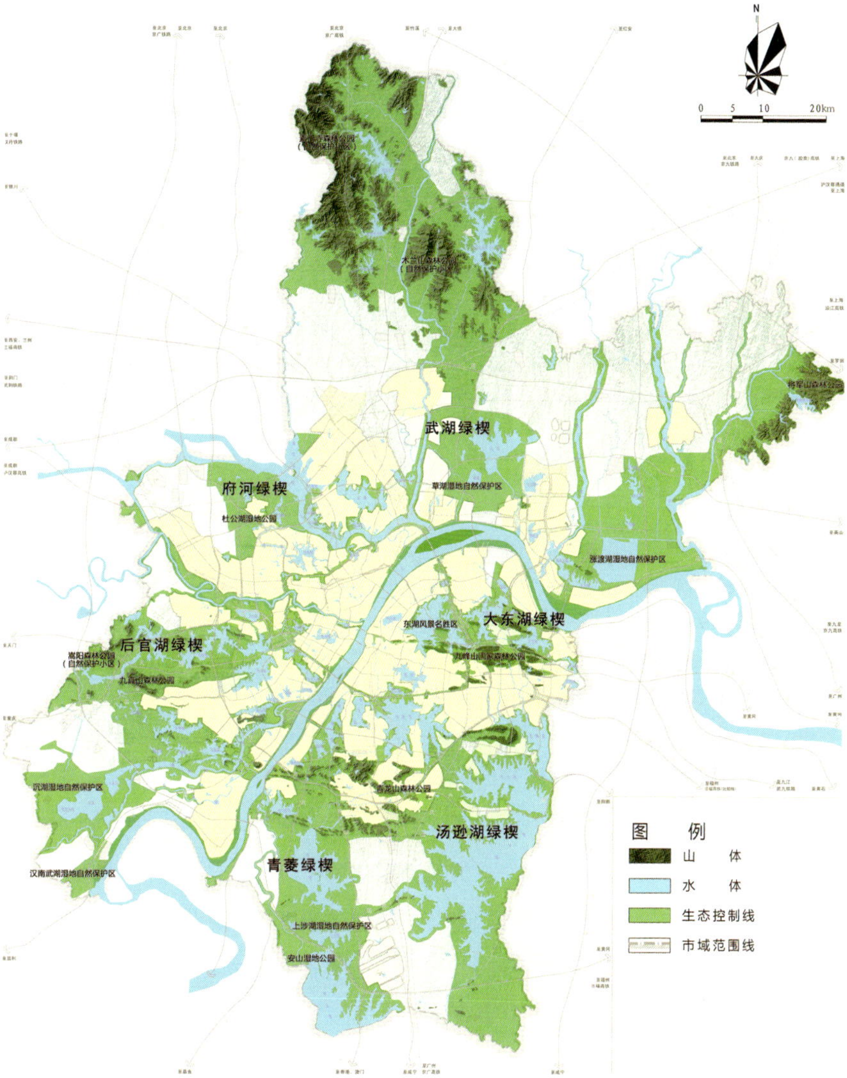

图 7-4　武汉市域生态控制线规划图

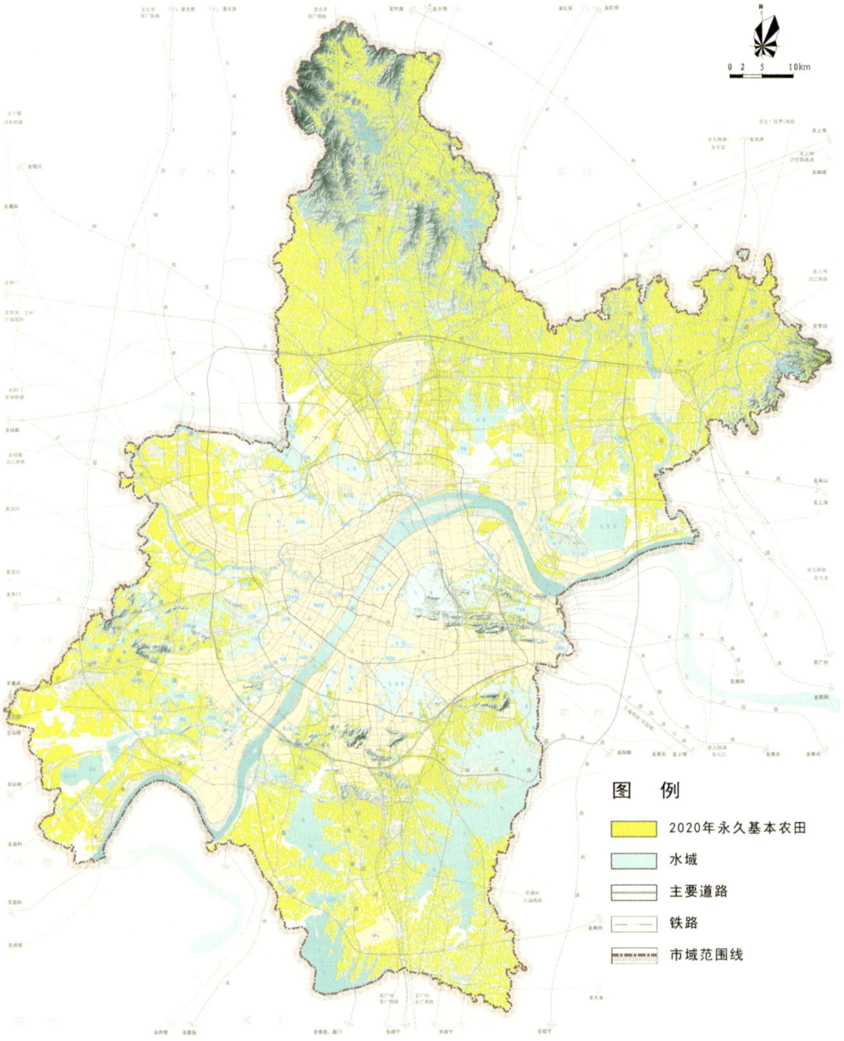

图 7-5　武汉市域基本农田保护范围规划图

3. 分区分类引导，构建全域功能管控体系

（1）划定三类功能分区

基于主导功能引导，划定生态保育、农林复合、旅游休闲三类功能政策分区（图 7-6）。国土空间规划应承接和传导上位主体功能区、国土空间规划要求和体现社会公共利益，在市级非集中建设区划定的功能政策分区，将作为分级传导规划意图和管制要求的重要手段。规划按照全域全要素统筹的原则，以国土空间保护与修复、开发与利用两大空间管控属性为基础，结合自然资源空间分布现状，将规划管制意图相同的关键资源要素划入同一分区，形成三类分

区。其中，生态保育政策区主导功能以生态系统的保护与维育，仅准入必要民生工程、风景游赏设施、科学实验、教学研究设施。农林复合政策区主导功能为保障粮食生产和发展都市农业，引导实施美丽乡村、乡村休闲项目等生态功能建设。旅游休闲政策区以生态保护和休闲功能为主，引导建设郊野公园、旅游休闲区、旅游小镇等。

（2）引导三类功能建设

引导特色功能小镇集群发展。规划按照“分类引导、特色发展”的原则，充分利用非集中建设区的生态景观资源和区位优势，提出在城镇开发边界外打造一批生态环境优美、文化内涵丰富、产业发展有特色、城镇功能完善、建设

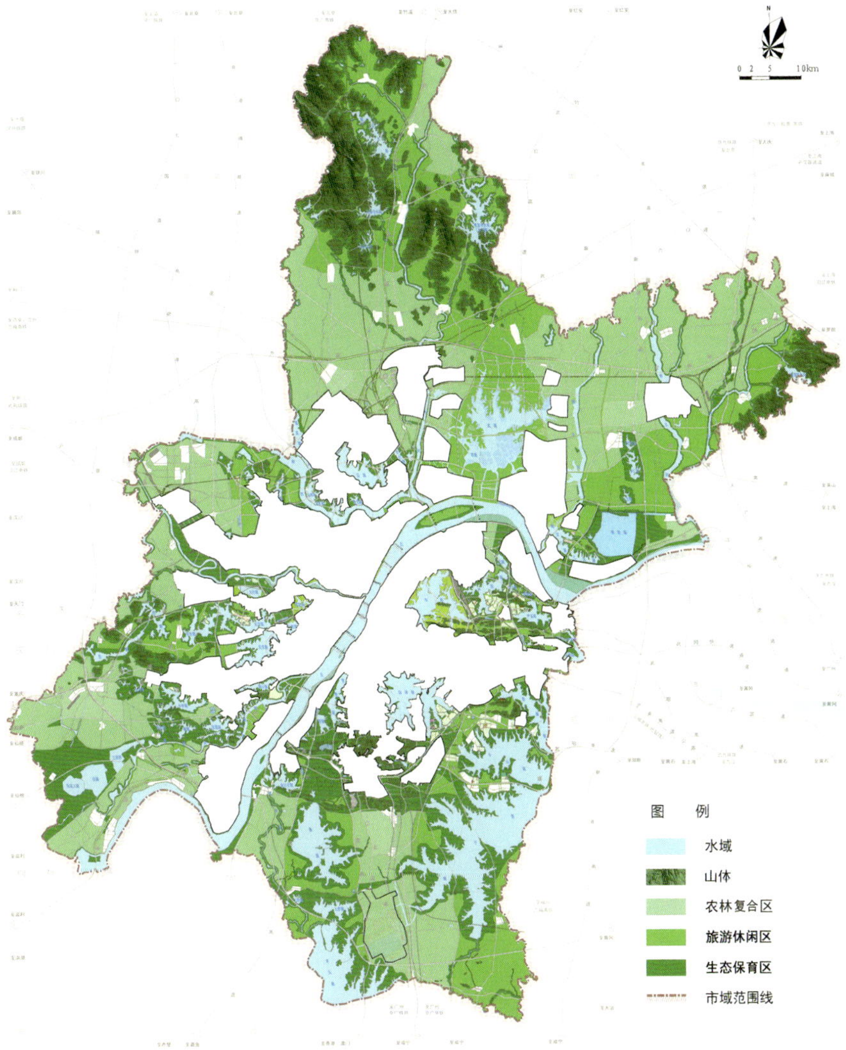

图 7-6 武汉市域非集中建设区功能分区规划图

形态小而美的特色小镇，共同构建功能小镇集群。其中，创新创业型功能小镇依托中心城区优势产业功能外溢和城市近郊优质生态资源布局，是城市高端研发人员的创新空间，为大学生就业提供新平台。文化旅游型功能小镇依托武汉市外围地区木兰文化、知音文化、红色文化、山水生态等人文自然资源布局，是满足城乡居民对休闲、度假高品质生活需求的重要场所。城乡服务型功能小镇依托武汉市城乡公共服务均等化和“三乡”工程发展要求布局，以提升乡村地区公共服务品质为目标，是促进农业农村发展的重要抓手（图 7-7）。

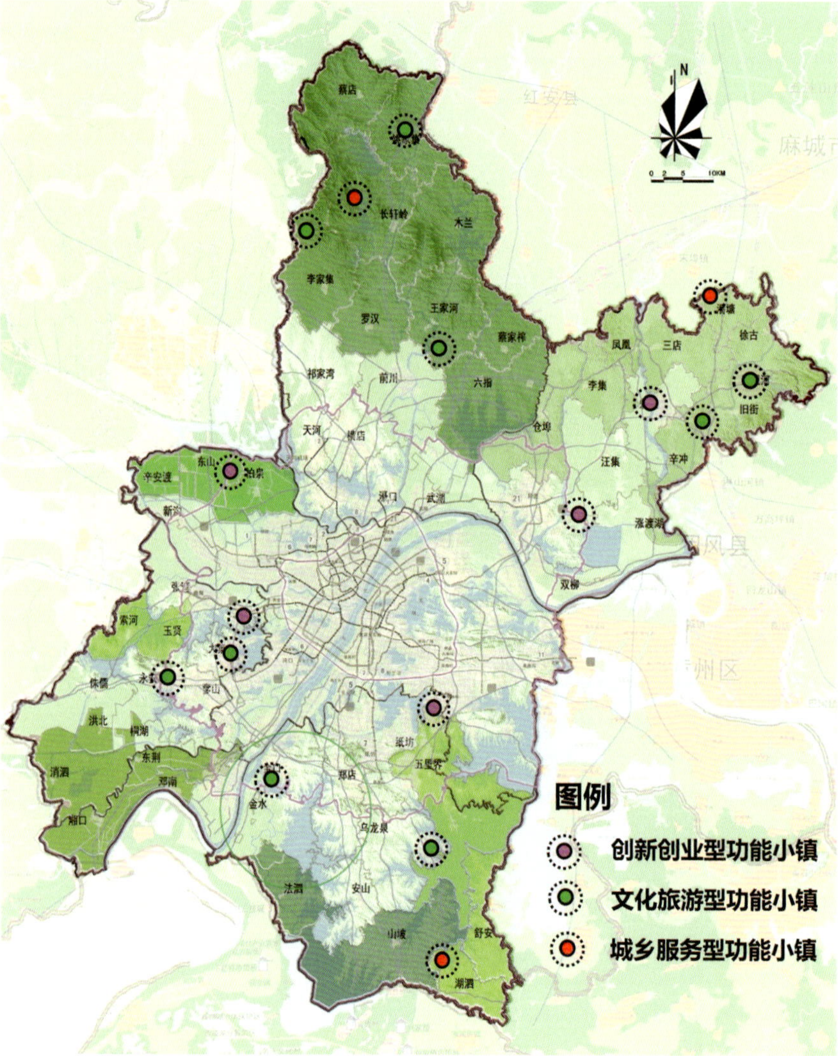

图 7-7　功能小镇规划指引图

以乡野主题单元模式引导村庄建设。规划提出围绕乡村振兴战略，按照“产业兴旺、生态宜居、乡风文明、治理有效、生活富裕”的总要求，以提高乡村治理体系和治理能力为导向，将村庄建设与生态保护、农业生产、旅游发展功能相融合，形成“居、产、服、游”一体化、田园化的生态村庄体系。

构建“南北魅力休闲 + 中部滨湖游憩”的郊野公园集群体系。规划提出在满足生态保护要求下，整合市域山体、农田林网、河流湖泊等生态要素，以风景名胜区、自然保护区、森林公园、湿地公园等生态功能区为基础，着力营造“水绿一体”的滨水网络与“蓝绿交织”的生态空间，融合生态保育、科普观赏、运动休闲、农业体验、郊野游憩、健康养身等多种功能，构建“南北魅力休闲 + 中部滨湖游憩”的复合型郊野公园集群，实现城市生态资源保护和空间、功能品质提升（图 7-8）。

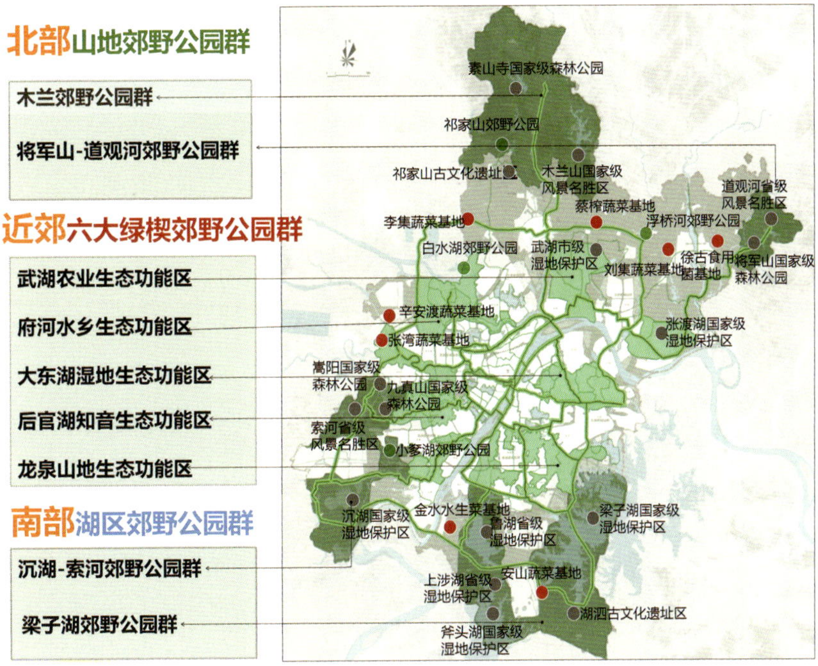

图 7-8　郊野公园体系规划图

7.3 区级非集中建设区规划编管重点和主要内容

7.3.1 规划编制重点

一、制定全链条融合的产业布局

深化市级层面确定的结构性布局，依托区域资源禀赋和产业发展基础，从全域角度考虑产业和城乡发展，通过强化横向拓展与纵向延伸，重点明确非集中建设区的产业定位和产业引导措施，构建全域第一、二、三产业相互融合的第六产业链条，并作为区级层面划分功能分区的重要依据。

构建具有田园城市特色的产业体系，细化产业类型，制定产业发展指引。谋划非集中建设地区生态、经济、休闲功能复合化发展，将城市资本、消费引入农村，融合都市农业与现代服务、高新技术、都市休闲等产业，构建具有田园城市特色的非集中建设区产业体系。细化农业产业集群类型和第三产业集群类型，开展具有地域特色的产业功能策划，突出功能引导措施的建立，提出主导型和特色型产业类型，以便能有效指导下层级功能管理单元的产业业态规划。

对接集中建设区的产业布局，明确非集中建设区内各类细分产业的空间布局模式。以生态空间为基底，基于三产联动的产业体系构建，在充分利用现有各类资源的基础上，形成凸显全区产业格局、生态景观体系特色的总体空间结构。

二、细化“四位一体”思路下的功能分区

基于“四位一体”的功能分区思路，细分市级层面的三大政策分区。区级层面的功能分区细分，应遵循“生态保护、规划传导、建设管控、统一管理”四位一体思路：一是生态保护思维，承接和传导自然生态要素管控要求，严格落实国家生态保护红线、武汉市 1：2000 基本生态控制线划定的生态要素，以及武汉市制定的各类生态要素保护专项规划；二是规划传导思维，落实市级生态框架构建要求，对接产业规划战略引领格局；三是建设管控思维，综合考虑农业生产保障要求、资本下乡的市场诉求等差异化的建管诉求，以及相对应的建管方式；四是统一管理思维，对接园林（林业）、农业、水利等各部门条块管理内容、部门规划和技术规范要求。基于以上“四位一体”功能区细化思路，在市级政策分区基础上，按照保护修复和开发利用两类目标，细分生态红线控制区、生态郊野公园区、基本农田保护区、农地复合区、旅游休闲区五类功能分区（表 7-3）。

按照生态保护优先及基本生产保障原则、景观成群塑造原则、农业效益提升原则，依次划定生态红线控制区、生态郊野公园区、基本农田保护区、旅游休闲区、农地复合区。优先划定生态红线控制区和生态郊野公园区，明确严格

表 7-3 区级功能分区类型

市级政策分区	目标	区级规划功能区细化类型及细化原则	
生态保育区	保护与修复	生态红线控制区	基于生态安全维护需求禁止或限制开发建设的区域，参考国家及湖北省生态保护红线划定标准划定
	保护与修复	生态郊野公园区	在核心生态保护要素之外，在不对生态环境产生破坏的前提下，基于生态人文景观资源，适当建设游览、服务设施，能为市民提供风景观赏、休憩娱乐、文化体验的区域
农林复合区	保护与修复	基本农田保护区	永久基本农田相对集中，为维护国家粮食安全，切实保护耕地，促进农业生产和社会经济的可持续发展，划定需要实行特殊保护和管理的区域。重点发展规模化、机械化、产业化粮食作物种植，保障粮食安全的区域
	开发与利用	农地复合区	基本农田保护区以外，可结合作物栽培、花卉苗木种植、水产畜牧养殖，发展观光休闲农业的区域
旅游休闲区	开发与利用	旅游休闲区	基于交通区位优势、景观资源优势、产业发展优势、人口土地资源优势等，结合功能小镇、重大旅游项目建设诉求划定的区域

禁止或限制开发建设的区域；优先划定基本农田保护区，保障国家粮食生产安全；根据资源评价情况、产业规划情况、区位条件等划定旅游休闲区；其余非生态严格保护区域、非基本农田连片区域、非景观资源丰富区域，秉承农业效益提升原则，发展休闲农业、特色农业、养殖农业等，划定为农地复合功能区。

三、划定编管一体化的田园功能单元

在明确功能分区的基础上，以田园功能单元为抓手，促进乡村地区功能网络化和精细化。目前，武汉市中心城区以控规管理单元作为规划管控的基本单元，对单元内的城市功能、空间形态进行控制引导；为加强非集中建设区的管理实施，对照中心城区编管模式，在非集中建设区建立相类似的田园功能单元作为规划编制的基本单元。原则上以行政村为基础划定单元边界，不跨街道界限，用地面积 20 ～ 50km^2，作为乡村“居、产、服、游”一体化的基本单元，实现乡村地区全域覆盖。

田园功能单元既是非集中建设区规划编制单元，也是实施运营单元。基于重点落实分区功能传导和地方乡村振兴发展诉求，综合考虑地形地貌空间邻近和产业发展近似特征以划定单元边界，并通过田园功能单元统筹单元内的功能定位、资源要素保护利用、指标分配以及设施配套。同时，以田园功能单元为基本单元开展项目建设引导，考虑单元内相关功能分区联动以实现利益平衡，统筹单元内的建设用地减量提质、开发实施时序、建设运营等内容。

四、统筹支撑乡村振兴的重要专项体系

一是基于村庄竞争力评价，优化村庄布局体系。针对村庄所处区位、人口规模、地形地貌、交通条件等影响因素，进行村庄发展竞争力评价，作为村庄体系和布局优化的前置客观判断；结合村庄竞争力综合评价，在明确各村庄迁并流向的基础上，确定重点村（新建）—中心村（改建）—基层村（保留）三级体系。合理预测村庄人口与用地规模：结合现状人口情况，考虑自然增长、产业人才回流等多种方式，综合测算非集中建设区农村总人口；按照 120 ㎡的人均建设用地标准，确定村庄建设用地总规模、保留村庄建设用地规模和新增村庄建设用地规模。

二是依托特色村庄和乡村景点建设基础，分类建设旅游服务设施。第一类为结合现有的镇、村基础进行联合设置，形成兼顾镇、乡基本功能和旅游功能的“旅游综合体”，强化旅游设施与镇、村的互动关系，实现共同发展。第二类是独立选址的旅游服务设施，根据政府、市场的不同主导模式分为旅游综合驿站（政府主导为主）和旅游专项设施（市场主导），为旅游提供专业服务，支撑多样化多层次的旅游游览体验。

三是突出对外交通与骨干路网体系规划，搭建连续的绿道慢行网络。重点落实非集中建设区内国铁线路走廊、高速路网规划、武汉市综合交通规划及铁路网、港口和航道、通用航空机场等专业规划的系统性布局，并结合本区社会经济发展和城市空间拓展提出优化建议；按照与本区道路交通需求基本适应、与非集中建设区空间布局和土地使用布局相互协调、内外交通系统有机衔接的要求，合理规划非集中建设区内快速路、主次干路的骨干路网体系、功能、规模和布局。提高非集中建设区绿道慢行网络的连续性和功能性，结合休闲观光景点、旅游设施、美丽乡村等重点区域，确定步行、骑行的主要廊道体系架构。

7.3.2 规划管控重点

一、刚性指标与弹性建设指引并重的功能区管控

传导总量控制目标下的全要素分项指标，明确各田园功能单元内的核心指标。其中，核心指标包含非建设用地指标和开发建设用地指标：非建设用地即市级公益林、重要山体及其保护区、重要河流、湖泊、水库及其保护区、自然保护区等各类生态要素及其保护区面积、生态红线面积以及基本农田面积，结合现状情况对逐层分解的指标进行校核优化；建设用地主要控制单元内建设用地总量，可采取“设计标准导向的总量锁定”与“存量用地导向的按比例分配”相结合的方式，统筹确定刚性控制的建设用地总量和全区预留漂浮指标。

分类明确功能小镇、生态村庄、郊野公园等重点功能极核的建设指引，整体保障乡村地区功能与环境品质。

其中，功能小镇建设根据其资源特色、区位条件和区域存量空间规模，分为创新创业型、文化旅游型、城乡服务型等不同类型。创新创业型功能小镇应联合镇区的产业体系，不断向上下游延伸，配置相应的孵化加速、居住和服务设施，共同打造完整产业链；文化旅游型功能小镇应结合生态和人文资源，谋划具有特色的旅游发展定位和项目产品，城乡服务型功能小镇应按照城乡公共服务均等化要求，充分利用现有农业、旅游等资源开发相应项目，促进特色功能小镇经济多元化发展。

生态村庄建设应在重点村一中心村一基层村三级体系的基础上，基于空间适宜性研究，分析与村庄建设相关的高程、坡度、道路交通、自然资源等各类空间的适宜性要素，加权形成适宜性分级评估，结合村庄现状情况、人口迁并流向和村庄发展意向，将农村居民点分为保留型、改扩建型、新建型、转换型和复垦型五大类型；针对有优质资源潜力的村庄，提出相应的特色发展主题进行引导。同时，结合单元级公共服务设施配套标准，深化细化公共服务设施布点，明确行政管理、教育机构、文体科技、医疗保健、社会保障、社区商业点六大类设施的配套标准（表 7-4）。

郊野公园建设选址应遵循“聚焦现状自然资源相对集中地区、聚焦对生态结构有重大意义地区、优先选择公共交通条件较好的地区、优先选择具有一定规模、空间格局较为完整的地区”五个原则；在生态功能优化方面，注重自然要素的生态品质提升；在游憩活动组织方面，导入多元化主题和户外活动；在空间景观塑造方面，体现自然野趣、原生态要求；在设施配套完善方面，强调保障服务，设施共享 。[70]

70. 李轶伦，朱祥明 . 上海郊野公园设计与建设引导探析 [J]. 中国园林，2015,31(12):61-64.

表 7-4　非集中建设区村庄公共服务设施配套标准指引一览表

类 别	项 目 名 称	重点村	中心村	基层村
行政管理	居委会（村委会）	●	●	○
教育机构	小学	○	○	—
	幼儿园、托儿所	●	○	○
文化体育	文化站	●	●	○
	体育健身场所	●	○	○
医疗保健	卫生室	●	●	○
社会保障	养老服务站	●	○	—
社区商业点	农家超市	●	●	○
	菜场	●	○	—

注：① 表中“●”表示应设置；“○”表示可以设置；“—”表示不做强制性规定。② 表中公建项目为一般配置项目，视具体情况可予以变更或增减。

二、基于功能分区价值导向的正负面清单管控

1. 生态空间正面准入清单

生态空间以保障城市生态格局安全、推进生态文明建设为价值导向，具有维系城市生态安全格局等重要战略价值，因而其空间准入的功能、开发活动都必须受到严格管控，宜采用正面清单管理为主的方式（表 7-5）。

2. 农业农村空间正面准入清单

农业农村空间以保障乡村产业发展、乡村生活服务为价值导向，是城市落实粮食安全、乡村振兴战略的重要载体，具有保护耕地和促进发展的双重职责，宜通过正面清单管理为主的方式，使多数非农建设活动受到严格控制（表 7-6）。

表 7-5　生态空间正面准入清单

功能分区	空间正面准入清单
生态红线控制区	区内满足各类自然保护区、风景名胜区、国家湿地公园、国家级水产种质资源保护区相关管理要求，除下列确需建设的项目外，禁止任何形式的开发建设活动： （1）生态保护修复和环境治理活动； （2）原居民正常生产生活设施建设、修缮和改造； （3）符合法律法规规定的林业活动； （4）国防、军事等特殊用途设施建设、修缮和改造； （5）生态环境保护监测、公益性的自然资源监测或勘探、地质勘查活动，经依法批准的考古调查发掘和文物保护活动； （6）必要的河道、提防、岸线整治等活动，以及防洪设施和供水设施建设、修缮和改造活动

续表

功能分区	空间正面准入清单
生态郊野公园区	区内严格控制有悖功能定位的各类开发活动，仅允许必要的游赏设施和区域公用设施、农业生产和生活设施进入，除下列五类确需建设的项目外，不得准入其他建设项目： （1）以生态保护、景观绿化为主的公园及其必要的配套设施，自然保护区、风景名胜区内必要的配套设施； （2）符合规划要求的农业生产和农村生活、服务设施，乡村旅游设施； （3）对区域具有系统性影响的道路交通设施和市政公用设施； （4）生态修复、应急抢险救灾设施； （5）国家标准对项目选址有特殊要求的建设项目[71]

71. 武汉市人民代表大会常务委员会 . 武汉市基本生态控制线管理条例 [Z].2016-3-18,19.

表 7-6　农业农村空间正面准入清单

功能分区	空间正面准入清单
基本农田保护区	区内建设活动严格落实国家基本农田保护相关法律法规管理要求，在不占用基本农田前提下，允许开展必要的区域公用设施、农业生产和生活设施、公益性服务设施等建设活动，具体包括以下三类： （1）符合规划要求的农业生产和农村生活服务设施，乡村旅游设施； （2）对区域具有系统性影响的道路交通设施和市政公用设施； （3）必要的公益性服务设施
农地复合区	区内建设活动严格落实国家耕地、林地保护等相关法律法规管理要求前提下，允许开展必要的农业生产和生活设施、公益性服务设施、区域公用设施等开发建设活动，具体包括： （1）生态郊野公园区所列五类项目； （2）必要的公益性服务设施； （3）其他有利于生态保护和农业生产的项目
旅游休闲区	旅游休闲区内建设活动严格落实国家耕地、林地保护等相关法律法规管理要求前提下，允许开展必要的游赏设施和区域公用设施、休闲度假项目、农业生产和生活设施、公益性服务设施等开发建设活动，具体包括： （1）生态郊野公园区所列五类项目； （2）生态型休闲度假项目； （3）必要的公益性服务设施； （4）其他有利于生态保护和农业生产的项目

7.3.3 城市分区规划实践：武汉市黄陂区分区规划非集中建设区规划

一、规划背景及现状特征

1. 项目背景

为落实武汉市“总体 + 分区”的规划传导体系，统筹黄陂区国土空间资源，深化优化全区空间布局，指导下位规划的编制与实施，黄陂区政府组织编制《武汉市黄陂区分区规划》。

2. 项目现状特征

黄陂区地处武汉市北部，区位交通条件优越，是武汉市北部门户、航空枢纽区。黄陂区总面积 2261 平方公里，2020 年常住人口 115 万人，地区生产总值 1013 亿元。黄陂区非集中建设区空间呈现四方面特征：一是自然和人文资源丰富，保护与利用效益有待提升；二是农村人口总量大，劳动力外流严重；三是土地利用粗放，人均村庄建设用地较高，集约利用潜力大；四是旅游产业特色鲜明，农旅融合发展势头迅猛。

二、非集中建设区规划目标和策略

1. 目标引领，打造城市近郊魅力地区

在落实中央乡村振兴战略基础上，结合黄陂区生态旅游资源多样、耕地资源总量高的优势，规划提出黄陂区非集中建设区总体发展目标为：到 2035 年，打造为全国乡村旅游目的地和武汉市富美乡村样板区。在总目标指引下，规划进一步提出三大子目标：一是进一步强化第一、二、三产业融合发展，打造国家中部地区现代都市农业示范区；二是彰显大山、大湖生态资源特色，打造山水文化名区，成为国内知名的休闲旅游目的地；三是依托黄陂区区域环境品质和设施水平，打造生态宜居新区，成为武汉市生态乡村典范。

2. 精准施策，推进农业农村发展振兴

为促进黄陂区非集中建设区功能定位实现，结合黄陂优势特色与发展诉求，规划提出以下规划策略：

产业提升策略。基于黄陂区资源特征和产业基础，规划提出四方面产业升级重点：一是依托既有木兰生态文化旅游区，加强景点簇群化、品质化建设，积极引入国内外高端度假项目，打造国内一流度假休闲旅游目的地；二是依托设施农业、生态村庄、历史文化名村等，着力发展乡村休闲观光、采摘体验、乡村民宿等特色旅游项目，培育引领乡村发展的产业极核；三是依托黄陂区中

南部平原丰富的耕地资源，进一步整合发展规模化农业；四是依托北部山区生态优势，重点发展有机、绿色等特色农业。

生态维育策略。针对黄陂北部高敏感性生态地区，生态保护重点是严格控制建设活动，对不符合生态准入的建设项目逐步迁出，保障生态空间不受侵害。同时，对区域内既有破损山体开展生态修复，对被侵占的湖泊和林地开展退耕还湖、还林。针对黄陂中部中敏感生态地区，生态保护重点是依托山水田林等生态要素，合理开发以观赏游憩为主的郊野公园，打造城市后花园。针对生态低敏感的地区，生态保护重点是依托近城、临路的区位，合理开发度假休闲、美丽乡村等项目，以乡村发展促进生态保护。

村庄美化策略。基于黄陂区各村庄生态区位、交通条件、生产服务半径、乡村产业发展、村民迁并意愿等，规划构建分级明确、差异化发展的村庄体系规划，有序指导村庄建设。

设施完善策略。基于现状设施基础和乡村振兴目标导向，规划提出两方面工作重点：一是针对性设施服务半径，填补非集中建设区公共服务设施覆盖空白区域；二是落实“四三行动计划”，实现市政环卫设施全覆盖，重点布局农村生活垃圾收集处理设施、生活污水设施、厕所等。

三、非集中建设区规划主要内容

1. 承上启下，构建全域国土空间开发保护总体格局

统筹黄陂区非集中建设区国土空间开发和保护格局，规划构建“两带、五区、六片、多点”的总体空间结构（图 7-9）。其中，“两带”是依托黄土公路、黄孝公路—G318 国道打造两条精品乡村带；“五区”是依托城市总体规划三大功能政策区，细分提出生态红线区、基本农田保护区、农地复合区、郊野观光区、旅游休闲区五大功能区，开展乡村建设功能引导；“六片”是依托生态保育区良好的生态资源，规划姚家山、木兰天池、云雾山、木兰山、木兰草原、府河湿地六大旅游休闲片；“多点”是依托村庄建设条件确定的 28 个重点村。

2. 功能优化，划定主导功能分区和面向管理的田园功能单元

（1）功能分区划定

规划采取“功能管控”思路，以功能区指标管控和模式引导，在全面落实全市总规确定的非集中建设区“生态保育、农林复合、旅游休闲”三大功能政策分区的基础上（图 7-10），按照强化生态和农田保护、合理引导开发的原则，结合村庄行政边界，遵循生态保护优先、景观成群塑造、农业效益提升等原则，将黄陂区非集中建设区进一步细分为生态红线区、基本农田保护区、农地复合区、郊野观光区、旅游休闲区共五类功能区（表 7-7）。

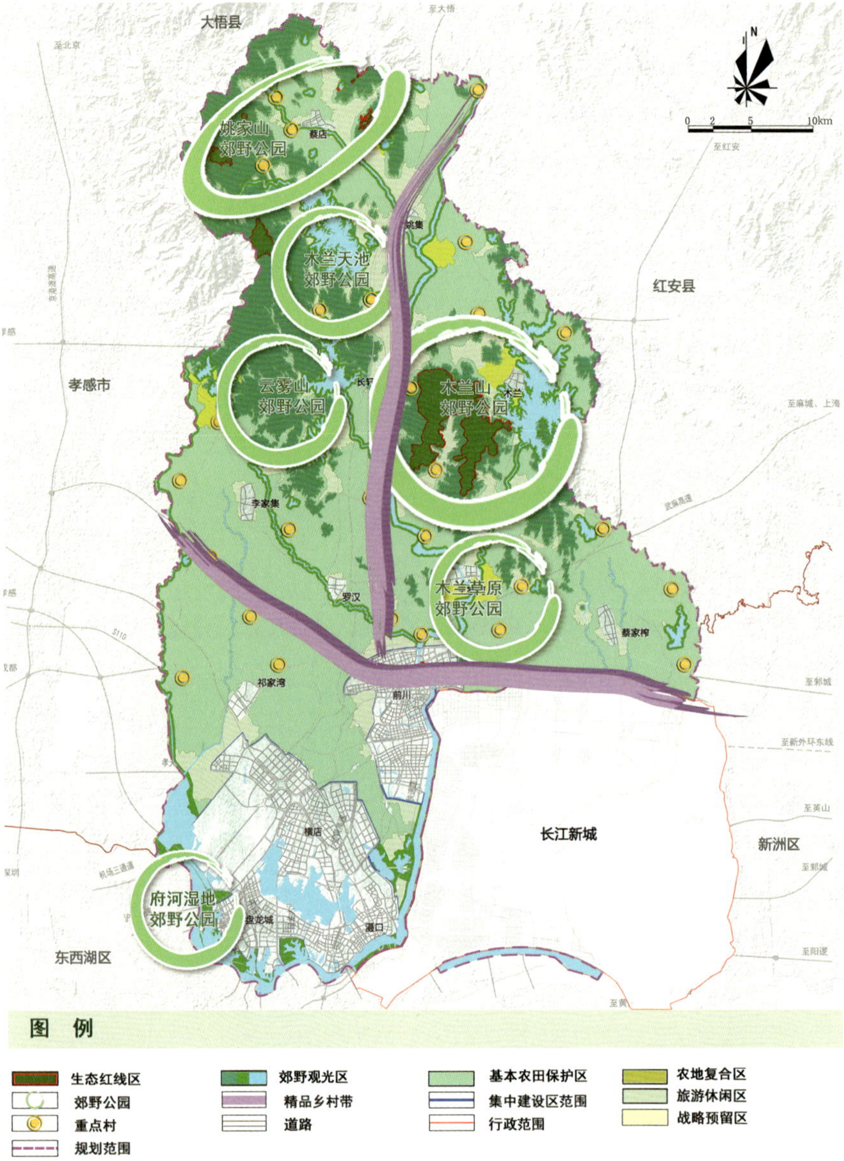

图 7-9　黄陂区非集中建设区空间结构规划图

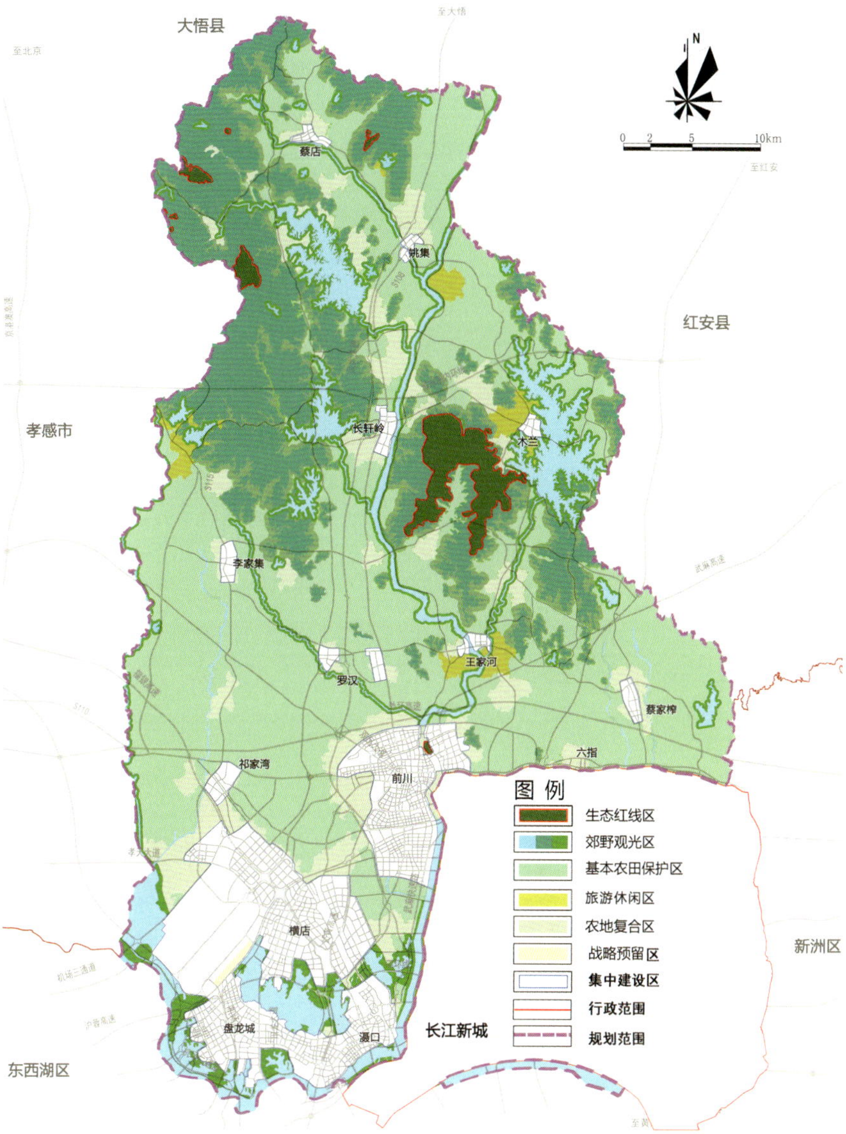

图 7-10　功能分区引导图

表 7-7　功能分区划定标准

名称	内容	备注
生态红线区	环保部门上报红线范围	非集中建设区的功能分区范围划定应尽可能结合村庄行政边界，以便指导下位规划；同时需遵循生态保护优先、景观成群塑造、农业效益提升的划定原则，优先划定生态保护要求相对较高的功能区，以及符合郊野公园成片、成带、成群发展的休闲度假区
基本农田保护区	基本农田集中分区的区域，确保全区划入基本农田保护区的基本农田比例不低于 70%，基本农田保护区内的基本农田面积比例不低于 70%	
农地复合区	适宜优先发展特色农业、休闲农业、设施农业的区域	
郊野观光区	山体本体线及保护线	
	重要水体本体线及保护线	
旅游休闲区	适宜发展旅游休闲度假的区域	

生态红线区即划定的生态保护红线区域。全区划定生态红线区 41 平方公里，主要为木兰山及北部山林区域。

基本农田保护区按照“确保全区划入基本农田保护区的基本农田比例不低于 70%，基本农田保护区内的基本农田面积比例不低于 70%”的原则，以行政村为基本单元，并根据村域基本农田占比、村域人均耕地面积两大指标综合评价后划定。基本农田保护区空间集中区主要位于黄陂中部李家集、蔡家榨区域以及东北部姚集区域。

农地复合区基于适宜优先发展特色农业、休闲农业、设施农业的耕地、建设用地条件分析确定。通过选取“村域一般农田占比、村域人均村庄建设用地面积、村域存量建设用地面积”三大指标，规划借助 GIS 平台叠加分区，最终划定黄陂区农地复合区，空间集中区主要位于中部李家集、蔡家榨区域以及北部蔡店、姚集区域。

郊野观光区规划严格落实武汉市国土空间总体规划、武汉市山体保护规划明确的山体和重要水体的本体线及保护线，空间范围主要包含黄陂的云雾山系（云雾山、双峰山、清凉寨）和木兰山系（木兰山、石将军山）的主要山体、滠水河、府河、木兰天池等主要水体，以及山水本体线周边 100～300 米的区域。

旅游休闲区基于旅游资源潜力（山体资源丰富度、水体资源丰富度、植被资源丰富度）、自然风险度、交通可达性、村域存量建设用地面积四个指标综合分析划定。规划以行政村为单位，分析适宜发展休闲度假的区域潜力，规划借助 GIS 平台叠加分区，最终划定黄陂区休闲度假区，空间集中区主要位于王家河、长轩岭、木兰、姚集等区域。

（2）田园功能单元划定

综合考虑乡村地形地貌、空间邻近特征和产业发展近似特征，落实上位规划功能管控要求和地方乡村振兴发展诉求；同时，对接管理实施，空间规模为 20 ～ 80 平方公里，以行政村边界为主且不跨街道，划定黄陂区田园功能单元，共计划定 36 个单元。功能单元将作为实施乡村振兴、发展农业产业的基本单元，单元内统筹自然资源管控、主导功能实施、建设成本和收益、监督管理等（图 7-11）。

图 7-11　田园功能单元区划图

3. 极核带动，以功能项目促进乡村振兴发展

（1）功能小镇建设指引

按照“融入产业带动板块，联动创新发展极核，提升旅游服务品质，完善城乡公共服务”的原则，规划明确黄陂区“创新创业型、文化旅游型、城乡服务型”三类功能小镇空间布局。

基于城市企业集中分布和扩散潜力区域的综合评估，规划 1 处创新创业型功能小镇，即土庙创新小镇。小镇重点依托临近天河空港枢纽的区位优势，加强快速交通通道、高品质住区和公共服务设施配套建设，打造航空制造创新创业特色小镇。

基于临近大型景区门户、历史文化镇村、森林湖泊、特色休闲旅游资源区域的综合评估，规划 3 处文化旅游型功能小镇，分别为铭泰赛车小镇、石门养老小镇、木兰心谷文旅小镇。其中，铭泰赛车小镇重点依托王家河集镇和在建的铭泰赛车场项目，联动木兰山、木兰草原、王河水乡等景点，打造赛车文化旅游小镇，丰富木兰文化生态旅游区的产品类型，形成全国赛车文化、体育休闲旅游目的地；石门养老小镇重点依托石门社区，联动长轩岭镇区、木兰天池景区，加强特色养老服务设施配套，打造滨水主体文化休闲、养老社区；木兰心谷文旅小镇重点依托罗汉寺滠水河景观资源，联动木兰山、木兰草原、王河水乡等景点，打造滨水主题文化旅游区，丰富木兰文化生态旅游区的产品类型，形成武汉北部重要的观光旅游、休闲度假目的地。

基于靠近并承担疗养、运动等新业态的潜力区域的综合评估，以及存量建设用地较多、交通良好、资源优良等指标分析，规划 2 处城乡服务型功能小镇，分别为泡桐宜居小镇、长堰宜居小镇。其中，泡桐宜居小镇重点依托泡桐社区，联动李集镇区、云雾山景区，加强基础公共服务设施配套，推进城乡服务均衡覆盖；补充高品质旅游服务设施，提升旅游体验，打造宜居生态小镇。长堰宜居小镇重点依托长堰社区，联动王家河镇区、木兰山景区，加强基础公共服务设施配套，推进城乡服务均衡覆盖；补充高品质旅游服务设施，提升旅游体验，打造宜居生态小镇。

（2）生态村庄建设指引

①分类建设指引

规划按照村庄建设整治分类，提出扩新型、保留型、控制型三类村庄建设指引。扩新型包括既有扩建和异地新建两种类型。其中，既有扩建是指现状发展条件优越且具备发展空间，规划对其提质改造和扩大规模的村庄。异地新建是在现状农村居民点以外另行规划选址建设的村庄。新建型村庄的选址应尽量利用荒坡地、废弃地，不占或少占耕地，同时规避地质灾害及其他不安全因素。保留型是指因客观原因需维持现状，以及发展潜力一般且在规划期内难以搬迁

的村庄。控制型是指综合考虑经济、社会与环境等因素后，规划确定需要迁移控制的村庄。

②村庄分级发展指引

规划构建“重点村—中心村—基层村”三级村庄体系。其中，重点村是在中心村的基础上发展培育的农村居民点，主要选取撤乡并镇的乡驻地、小集镇，以及现状规模较大、交通区位条件和产业基础相对较好的中心村，规划区共规划 28 个重点村。中心村是行政村内规模较大、公共服务设施配套较为完备的农村居民点，规划区共规划 343 个中心村。基层村是重点村、中心村以外保留的自然村，是从事农业生产活动最基本的农村居民点。

③历史文化名村规划指引

按照国家级、省级、市级的历史文化名镇名村级别，全区规划 23 处历史文化名村。

④精品乡村带规划指引

按照“串点成带，沿线打造”的原则，依托黄陂区重要交通干道，串联沿线特色村庄、景点、农业园区等，打造“黄土公路、黄孝公路—G318 国道”两大精品乡村带。规划提出应重点强化沿线主题景观营造，提升景观风貌品质、游憩设施服务水平和产业功能特色。其中，黄土公路精品乡村带以木兰文化旅游功能为主，黄孝公路—G318 国道美丽乡村精品带以现代高效农业展示功能为主，分类开展绿化提升、建筑风貌美化、节点设计、设施提升、标识系统、绿道系统、产业升级“七大工程”，助推魅力乡村建设。

⑤特色村区规划指引

依托历史文化名村和重要景区，按照空间邻近、资源互补、区位良好的原则，规划 7 个主题型特色村区（表 7-8）——蔡店特色村区、姚家集特色村区、木兰天池特色村区、云雾山特色村区、大余湾特色村区、王家河特色村区和府河特色村区，重点保护与控制特色村区内河道水渠、森林树木、田园肌理、乡村道路、建筑村落五类要素，实现功能、服务、环境、风貌的全面提升（图 7-12）。

（3）郊野公园建设指引

依托黄陂区自然和人文资源，规划打造六大郊野公园。在落实山体、水体、农田等保护要求基础上，结合现状特色资源与功能，规划提出在黄陂区着力营造融生态保育、运动休闲、农业体验、健康养生等多元功能为一体，特色化、差异化的郊野公园（图 7-13）。在严格落实基本生态控制线管理基础上，强化对自然资源的合理利用，促进生态资源保护和城市生态及游憩功能品质提升的共赢。全区规划姚家山、木兰天池、云雾山、木兰山、木兰草原、府河湿地六大郊野公园，并提出功能引导（表 7-9）。

表 7-8 特色村区建设指引

序号	名称	特色主题	行政村（单元）	核心资源
1	蔡店特色村区	民俗体验、爱国主义教育、生态休闲	姚山村、道士冲村、刘家山村、西峰尖油茶场、冯家楼村、西峰村、郭河村	锦里沟、清凉寨、新四军第五师司政机关旧址
2	姚家集特色村区	农业观光、乡愁体验	杜塘村、崇杰村、北门村、柏叶村	木兰花乡
3	木兰天池特色村区	健康疗养、生态休闲	三家店村、户冲村、虎桥村、官田村	院基寺水库、梅店水库
4	云雾山特色村区	民俗体验、生态休闲	矿山林场、巴山寨村、泡桐店社区、袁李湾村、关文港村、铁江湾村	泥人王传统村落、云雾山
5	大余湾特色村区	乡愁体验	双泉村、梳子店村、谌寨村、宁岗村	大余湾、农家乐
6	王家河特色村区	运动休闲	刘桥村、大阳村、张家榨村、红十月村	木兰草原、铭泰赛车、王河水乡
7	府河特色村区	乡愁体验	黄花涝村、童湖村、白莲村、刘新集村、丁店村	黄花涝历史、童家湖、农家乐

表 7-9 郊野公园规划指引

名称	依托资源	主题
姚家山郊野公园	古门山、锦里沟、清凉寨、姚家山风景区	以山地观光、民俗体验、避暑休闲等为主题
木兰天池郊野公园	木兰天池、素山寺森林公园等	以养生、度假休闲、滨水娱乐为主题
云雾山郊野公园	云雾山、泥人王村、龙王山盐疗、木兰溪等	以观光休闲、民俗体验为主题
木兰山郊野公园	木兰山、大余湾、木兰湖、木兰森林公园等	以文化体验、度假休闲为主题
木兰草原郊野公园	木兰草原、铭泰赛车场、王河水乡等	以体育运动、度假休闲为主题
府河湿地郊野公园	府河生态湿地、黄花涝等	以湿地观光、文化休闲为主题

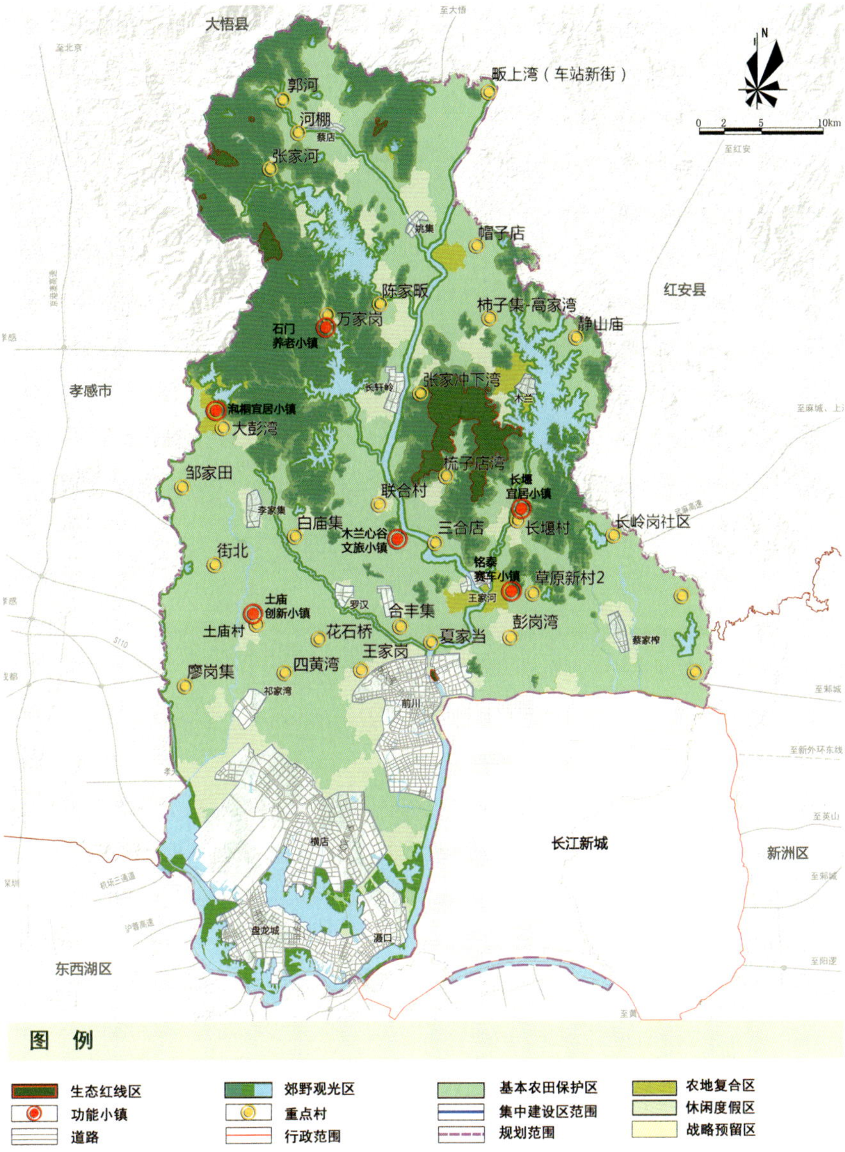

图 7-12 黄陂区功能小镇与生态村庄布局规划图

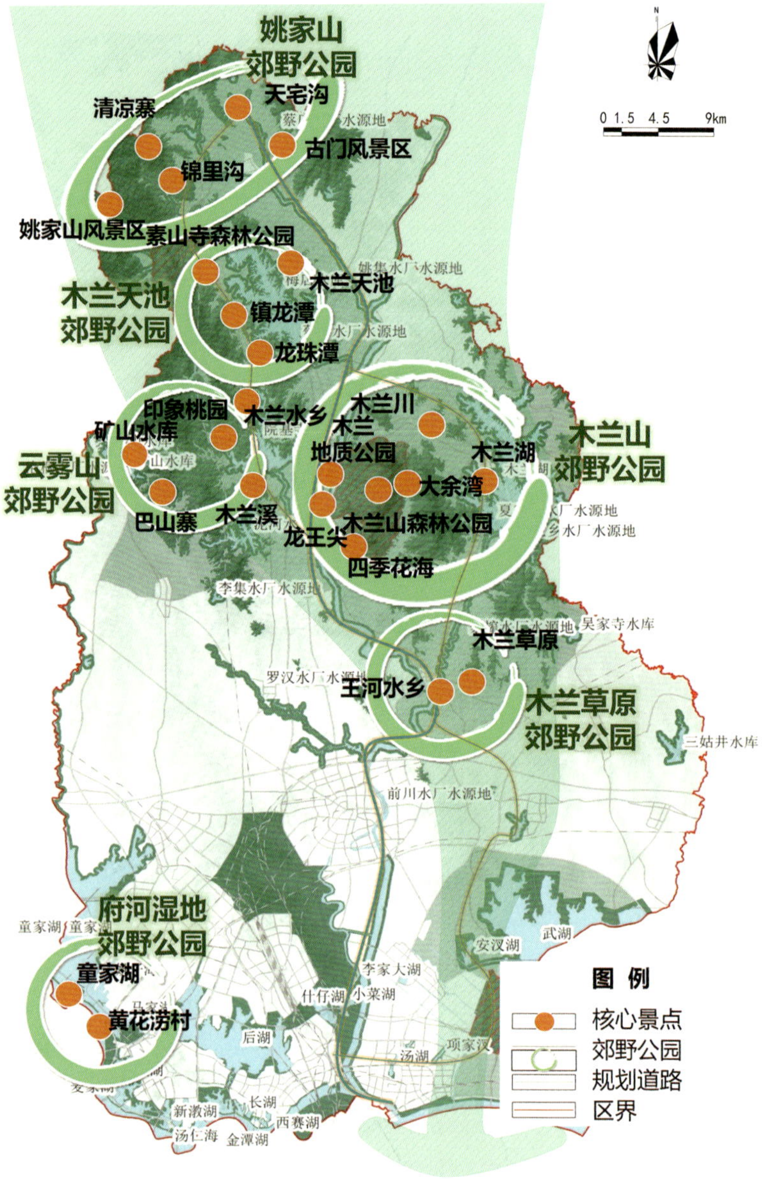

图 7-13 黄陂区郊野公园规划图

（4）绿色宜居，补齐乡村基础设施短板

统筹考虑黄陂区非集中建设区土地利用、产业发展、居民点布局、人居环境整治、生态保护和历史文化传承，按照因地制宜、多规合一的原则，规划将重点推进黄陂区城乡基础设施互联互通，补齐黄陂区非集中建设区基础设施短板。

7.4 乡级非集中建设区规划编管重点和主要内容

7.4.1 规划编制重点

一、对接土地整治专项的生态要素和农业设施布局优化

落实生态文明建设，开展生态资源保护规划，明确生态网络体系、核心生态要素和结构性生态要素。核心生态要素划定需在落实上位规划确定的生态保护红线及相关生态保护要素的基础上，按照乡镇规划深度，进一步明确生态控制线的边界、面积及保护要求；结构性生态要素划定需要按照构建山水林湖草生态网络系统要求，强化生态要素的网络连通性，完善水网系统、生物廊道系统、绿带防护系统等，划定结构性生态要素，包括山体、水体、湿地的防护绿地，重要渠道、道路或市政防护绿化等生态要素，明确各类生态要素的边界、规模和保护要求。

保障农业生产，开展耕地保护规划，明确基本农田保护、高标准农田建设、农田水利工程、农田防护和设施农用地的规划布局和保护要求。基本农田保护区划定需要严格落实上位规划分解的基本农田控制指标和基本边界；高产农田整治规划按照高标准农田连片的原则，对农田布局进行优化调整，根据区域内实际作物的生产特点，结合土地权属和地形条件，通过合并零散田块、田块规格化和标准化，以及农户拥有耕地相对集中等形式，实现高标准农田连片建设；农田水利设施规划包括田间渠道、沟道、道路、防护林等田间工程，需要与农田整治工程进行协调，确保设施高效运转；农田水利设施规划包括规划田间水系（渠道和沟道）、道路、圩区、灌溉排水等田间工程，需要与农田整治工程进行协调，确保设施高效运转；农田防护系统规划包括田间防护林、缓冲带、灌溉沟渠护岸保滩规划等内容；设施农用地规划包括规划附属设施的规模，以及新增、保留、复垦和改造的相关要求。

二、实施导向的田园功能单元产业项目策划

在生态保护、农田保护、推进乡村振兴、保护历史文化的前提下，结合单元资源条件、区级产业体系和功能定位，开展田园功能单元详细项目策划，为开发项目的准入与实施建设提供依据和指引。

开展用地潜力分析，作为项目策划和布点的基础。对山、水、林等生态资源的生态价值进行系统分析和评估，对农业资源和既有产业用地进行发展潜力分析评价；综合生态约束、资源条件和产业基础、交通区位等资源特征，以及土地成本、权属人开发意向等因素，形成开发潜力综合评价，合理确定高、中、低潜力开发区和禁止开发区。

按照“落实乡村振兴功能需求、满足生态农业底线要求、实现极核辐射带动模式、优先启用存量挖潜、刚弹结合”五个基本原则，开展田园功能单元的功能策划。首先是基于单元内资源要素特征、交通条件、存量用地开发潜力、土地权属人开发意向等要素，针对生态郊野、规模农业、农地复合、休闲旅游四种功能单元类型，差异化地提出各田园单元的开发主题定位、引爆项目和一般项目。其次是测算各田园功能单元内现状总建设用地规模和可利用用地规模，确定项目可开发规模。最后是对土地利用方式和开发策略进行比选研究，基于项目开发成本和收益的综合比较，形成项目总体布局，最大化实施既有建设用地的功能置换，明确核心项目点位。

三、全域全要素的土地用途布局

结合非集中建设区功能发展需求，基于城乡规划、土地规划、风景园林规划用地分类，创新全要素的土地用途分类。现行规划中对于乡村地区的用地分类，仍表现为城乡规划和土地利用规划并列；考虑到非集中建设区的旅游型用地也将占据一定比例，建议按照强化耕地保护、生态保护和建设引导的总体思路，在土地用地分类、城市用地分类、风景名胜区用地分类的基础上，按照生态保育用地、农用地、建设用地（村庄建设用地、区域基础设施用地、旅游服务用地等）的分类模式构建涵盖全要素的土地用途类型。

突出田园单元功能特色，开展土地利用布局。一是按照生态和耕地保护优先的原则，优先开展生态、农用地的空间布局和用地边界优化。二是村庄建设用地与旅游服务用地布局有机融合。可采取总量锁定和增存挂钩的方式，确定单元建设用地最大规模，继而采用“功能分区类型的田园功能单元最大建设用地规模控制”“景观生态学的建设用地斑块控制”等方式，确定不同类型单元内的建设用地斑块规模比例和指标；在用地布局方面，采用就近迁并、存量用地功能转换、新增植入等多样化布局方式，将村庄用地、旅游设施用地与非集中建设地区的资源环境、交通设施有机融合，实现土地的集约节约利用。

7.4.2 规划管控重点

一、全维度的管控内容

以田园功能单元为对象，开展全维度管控。采用“目标 + 指标 + 坐标”的方式，对田园功能单元的主导功能、生态红线保护、基本农田保护、村庄建设和旅游服务用地、建设用地整治、“五线”、农村居民点要求等方面进行全方位管控。

二、保护与开发并重的指标控制

制定保护性管控指标。包括生态红线用地面积和基本农田保护面积，实行刚性管控。其中，生态红线中应细分生态红线总量、山体本体及其保护区面积（武汉市将相对高程 30 米及以上的山体纳入保护山体）、重要水体本体及其保护区面积（重要河流、湖泊、水渠、水库等）、各级生态公益林保护面积、各类生态草地保护面积。

明确开发性管控指标。包括属性指标、强度指标、海绵指标三类，原则上为刚性管控。其中，属性指标主要包括村庄建设用地规模、旅游服务用地规模等；强度指标主要包括建筑密度和建筑高度等；海绵指标主要包括年径流总量控制率、屋面绿化面积比例、硬质地面透水面积比例等。

提出整治与建设弹性引导。包括土地整治、景观风貌引导两类，原则上为弹性控制。其中，土地整治引导包括水利设施建设、田间道路建设、农田防护等引导措施；景观风貌引导包括建筑风格、景观廊道、建筑形式等方面。

三、基于田园单元主导功能的土地用途转用

按照区级层面划定的五类功能分区和功能导向，在乡级层面结合土地用地分类，制订基于田园单元主导功能的土地用途转用规则，以及建设用地兼容要求。

1. 生态保育功能主导的土地用途转用

生态保育功能为主导的田园单元土地用途转用，以生态保护和修复为导向，用地转用应有利于提升区域生态功能，具体用途转用要求参考表 7-10。

2. 基本农田保护功能主导的土地用途转用

基本农田保护与修复功能为主导的田园单元土地用途转用，以保障粮食安全、提高农业生产效益为导向，用地转用应有利于促进基本农田集中连片、改善农业生产条件、提高农业种植业生产效益；同时保障水域、生态林地等高生态效益用地不受侵占。具体用途转用要求参考表 7-11。

3. 农地复合功能（旅游休闲功能）主导的土地用途转用

农地复合功能为主导的田园单元土地用途转用，以农业融合发展与农村建设为导向，用途转用应有利于改善农村生产生活条件、促进乡村振兴产业发展，同时保障水域、生态林地等高生态效益用地不受侵占；旅游休闲功能为主导的田园单元土地用途转用，以郊野旅游休闲以及农村新产业新业态为导向，用途转用要求参照农地复合功能单元。具体用途转用要求参考表 7-12。[72]

72. 武汉市规划研究院 . 长江经济带国土空间用途管制机制研究报告 [Z]. 2019.

表 7-10 生态保育功能主导的土地用途转用规定表

用途	永久基本农田	一般农田	园地	一般林地	牧草地	其他农用地	水域	生态林地	自然保留地	其他生态保育用地
永久基本农田	/	×	×	×	×	×	×	×	×	×
一般农田	√	/	√	√	√	△	√	√	×	√
园地	√	×	/	√	√	△	√	√	×	√
一般林地	△	×	×	/	×	△	√	√	×	√
牧草地	△	×	×	√	/	△	√	√	×	√
其他农用地	√	×	√	√	√	/	√	√	×	√
水域	×	×	×	×	×	×	/	×	×	×
生态林地	×	×	×	×	×	×	√	/	×	×
自然保留地	×	×	×	×	×	×	√	√	/	√
其他生态保育用地	×	×	×	×	×	×	√	√	×	/
村庄建设用地	√	√	√	√	√	√	√	√	×	√
其他建设用地	√	√	√	√	√	√	√	√	×	√

注：表中转用规则为“行”用地用途转“列”用地用途，“√”指允许转用，“×”指禁止转用，“△”指允许有条件转用（符合分区准入要求）兼容，“/”指不存在此类转用。

表 7-11 基本农田保护与修复功能主导的土地用途转用规定表

用途	永久基本农田	一般农田	园地	一般林地	牧草地	其他农用地	水域	生态林地	自然保留地	其他生态保育用地
永久基本农田	/	×	×	×	×	×	×	×	×	×
一般农田	√	/	×	×	×	△	√	√	×	×
园地	√	√	/	△	△	△	√	√	×	△
一般林地	√	√	√	/	△	△	√	√	×	△
牧草地	√	√	√	△	/	△	√	√	×	△
其他农用地	√	√	√	√	√	/	√	√	×	△
水域	×	×	×	×	×	×	/	×	×	×
生态林地	×	×	×	×	×	×	√	/	×	△
自然保留地	△	√	√	√	√	√	√	√	/	×
其他生态保育用地	△	△	×	×	×	×	√	√	×	/
村庄建设用地	√	√	√	√	√	√	√	√	×	√
其他建设用地	√	√	√	√	√	√	√	√	×	√

注：表中转用规则为“行”用地用途转用为“列”用地用途，“√”指允许转用，“×”指禁止转用，“△”指允许有条件转用（符合分区准入要求），“/”指不存在此类转用。

表 7-12 农地复合功能单元（旅游休闲功能单元）土地用途转用规定表

用途	永久基本农田	一般农田	园地	一般林地	牧草地	其他农用地	水域	生态林地	自然保留地	其他生态保育用地
永久基本农田	/	×	×	×	×	×	×	×	×	×
一般农田	√	/	√	√	√	√	√	√	×	×
园地	√	△	/	√	√	√	√	√	×	×
一般林地	√	△	√	/	√	√	√	√	×	×
牧草地	√	△	√	√	/	√	√	√	×	×
其他农用地	√	△	√	√	√	/	√	√	×	×
水域	×	×	×	×	×	×	/	×	×	×
生态林地	×	×	×	×	×	×	√	/	×	×
自然保留地	△	√	√	√	√	√	√	√	/	△
其他生态保育用地	△	△	△	△	△	△	√	√	×	/
村庄建设用地	△	△	√	√	√	√	√	√	×	√
其他建设用地	△	△	√	√	√	√	√	√	×	√

注：表中转用规则为“行”用地用途转用为“列”用地用途，“√”指允许转用，“×”指禁止转用，“△”指允许有条件转用（符合分区准入要求），“/”指不存在此类转用。

4. 建设用地兼容要求

为适应非集中建设地区开发和土地利用的不确定性，在符合兼容原则的前提下，规划可以结合田园功能单元的具体情况，依据本规定确定各地块允许兼容、有条件兼容和禁止兼容的用地类别。地块用地性质作兼容调整的，其开发控制要求应相应调整。区域基础设施用地不得与其他各类建设用地兼容。具体用途转用要求参考表 7-13。

表 7-13　建设用地兼容性规定表

兼容用地类别		旅游服务用地				村庄建设用地	其他建设用地				区域基础设施用地
		旅游商业用地	旅游商务用地	旅游娱乐康体用地	其他旅游服务用地	村庄建设用地	风景名胜设施用地	特殊用地	采矿用地	其他独立建设用地	
旅游服务用地	旅游商业用地	—	√	√	√	△	√	×	×	△	×
	旅游商务用地	√	—	√	√	△	√	×	×	△	×
	旅游娱乐康体用地	√	√	—	√	△	√	×	×	△	×
	其他旅游服务用地	√	√	√	—	△	√	×	×	△	×
村庄建设用地	村庄建设用地	△	×	×	△	—	×	×	×	△	×
其他建设用地	风景名胜设施用地	△	△	△	△	×	—	×	×	△	×
	特殊用地	×	×	×	×	×	×	—	×	×	×
	采矿用地	×	×	×	×	×	×	×	—	×	×
	其他独立建设用地	×	×	×	×	×	√	×	×	—	×
区域基础设施用地		×	×	×	×	×	×	×	×	×	—

注：“行”用地用途转“列”用地用途；“√”指允许转用，“×”指禁止转用，“△”指允许有条件转用（符合分区准入要求）。

7.4.3　乡镇规划实践：武汉市东西湖区东山街非集中建设区规划（2017—2035 年）

一、项目背景及现状特征

1. 项目背景

基于武汉市非集中建设区构建的“市—区—乡—村”四级规划编制和管控体系，按照“刚性传导、分级管控”“全域全要素规划”的总体思路，在已开展的总体规划、分区规划工作基础上，为进一步探索非集中建设区“自上而下”的规划管控传导机制，武汉市自然资源和规划局提出以东西湖区东山街为试点，探索乡镇非集中建设区规划编制和管控模式。

2. 项目现状特征

东山街道位于东西湖区中北部，属于典型的近郊乡镇（图 7-14，图 7-15）。街道交通条件优越，西部紧邻 107 国道，镇区预留有高速公路出入口，可快速通达武汉市中心城区和进入国家高速公路体系。2017 年，街道下辖 12 个行政村（大队）、15 个自然村，总人口 12502 人，总户数 4672 户。与周边农村地区类似，东山街农业人口呈现持续外流，外出务工人员占比达到 30%。村庄建设用地使用相对粗放，全街现状村湾建设用地总规模为 201.83 公顷，人均建设用地 161 平方米 / 人，与武汉市平均水平相当（182 平方米 / 人）。东山街由国营农场改制而来，现状农业基础较好，设施农业、乡村旅游特色化发展方兴未艾（图 7-16）。

图 7-14　东西湖区位图

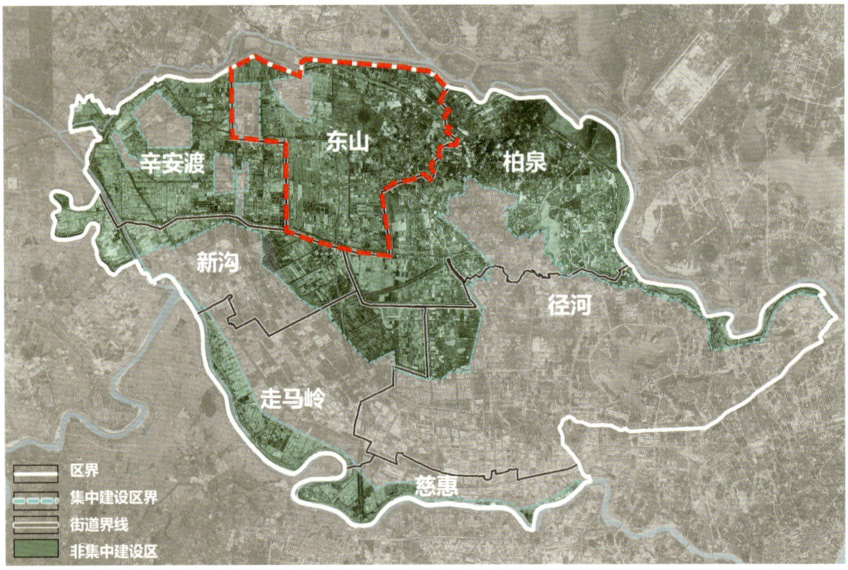

图 7-15　东山街区位图

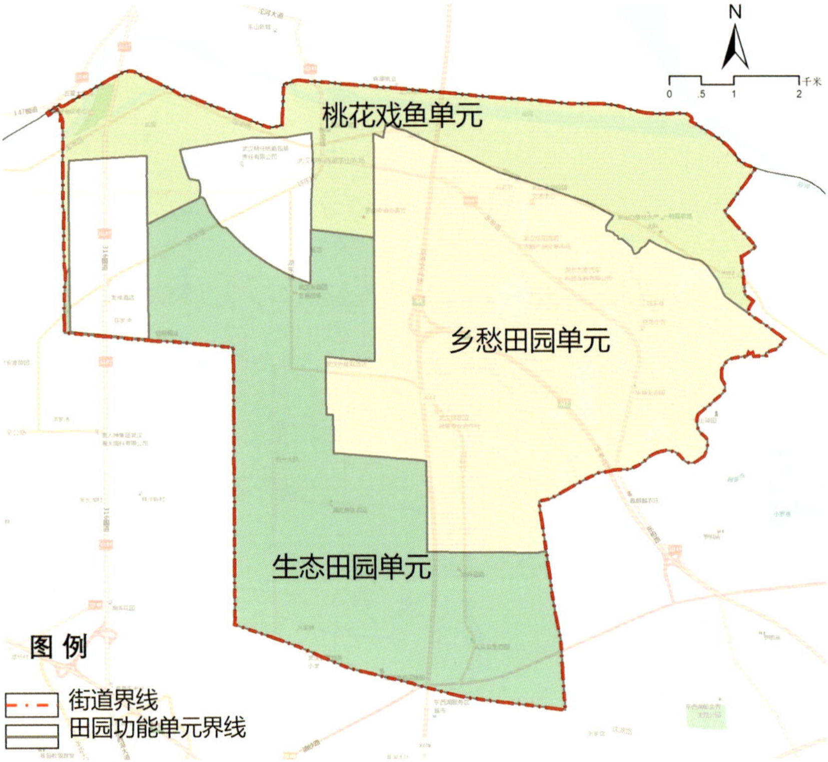

图 7-16　东山街田园功能单元分布图

二、规划目标和策略

1. 规划目标和定位

东山街非集中建设区规划总体目标是做大做优产业基础，持续改善人居环境品质，探索乡村“农业强、农村美、农民富”的发展路径，打造武汉市近郊生态宜居、治理有效、生活富裕的乡村典范。

2. 规划策略

为促进东山街功能定位实现，规划确定四方面发展策略：

产业发展方面，规划提出“双系”优化策略，即强化产业体系和空间体系融合提升，推动三次产业融合，构建第六产业关联发展环。

土地利用方面，采取“双能”提升策略，即以极核带动的发展思路，促进生产、生态等低价值片区和观光、休闲高价值片区整体开发，提升农地产能和建设用地利用效能。

乡村发展方面，规划提出“双向”转变策略，即以农村现代化，推动传统乡村向田园社区转型；以全域景观化，推动农业园区向农业景区转变和农民向市民转变。

发展新动能方面，规划提出“双驱”支撑策略，即以信息化和科技化，支撑非集中建设区产业提档升级，促进乡村社区品质化，助推乡村振兴发展。

三、东山街非集中建设区规划主要内容

1. 落实传导，街道规划严格落实市区级规划功能及指标管控

按照以存量建设用地规模确定规划建设用地规模的总体思路，基于有效供给的新增用地、现行规划布局用地需求、规划期末人地匹配等测算方法，东西湖区级非集中建设区规划提出建设用地总规模 32 ～ 33 平方公里。综合存量建设用地整治潜力、功能区发展引导、地方发展诉求等，在全区层面统筹分配各单元建设用地指标。东山街 3 个田园功能单元规划建设用地指标合计 206.2 公顷（表 7-14），其中，整治利用存量建设用地 157.4 公顷，新增建设用地 48.8 公顷。

表 7-14　田园功能单元规划建设用地指标

单元名称	规划建设用地
生态田园单元	82.1 公顷；其中：新增建设用地 15.31 公顷；整治利用存量建设用地 66.79 公顷
乡愁田园单元	118.1 公顷；其中：新增建设用地 33.5 公顷；整治利用存量建设用地 84.6 公顷
桃花戏鱼单元	6.0 公顷；其中：新增建设用地 0 公顷；整治利用存量建设用地 6.0 公顷

2. 主动谋划，提出乡村振兴导向下的功能单元项目策划

基于非集中建设区开发潜力综合评价，明确空间保护与开发重点。结合东山街生态约束、资源条件、产业基础、交通区位等发展因素，以及土地成本、权属人开发意向等市场因素，规划对非集中建设区内山、水、林、田、湖、草等生态和农业资源，以及村庄、工矿用地等现状存量建设用地，进行开发潜力综合评价，提出非集中建设区高、中、低潜力开发区和禁止开发区，构建街域内开发保护总体格局。

主动策划，提出田园功能单元规划引导。基于区级层面划定的田园功能单元，东山街域范围内非集中建设区涉及 3 个功能单元。结合上位规划产业空间布局规划和用地潜力分析（图 7-17），规划详细策划各田园功能单元的主题定位、项目建设思路、土地整理、开发项目空间布局等，指导单元建设（表 7-15 ～表 7-17）。

3. 建立非集中建设区全要素土地用途分类系统

针对现有城市非集中建设地区城乡规划和土地利用规划土地细分、功能用途管制的分类体系不一致的问题，东山街非集中建设规划试点创新性地构建了

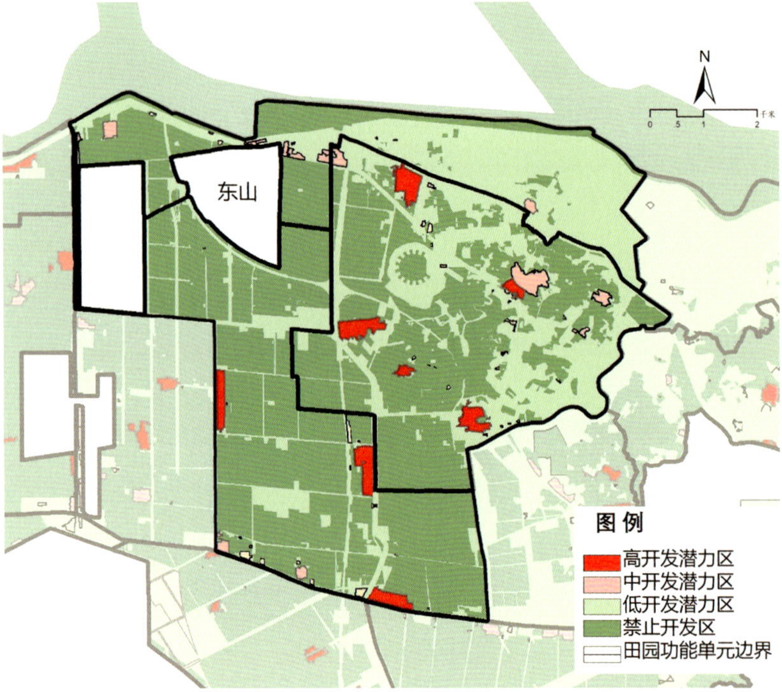

图 7-17　东山街用地潜力分析图

表 7-15　生态田园单元策划

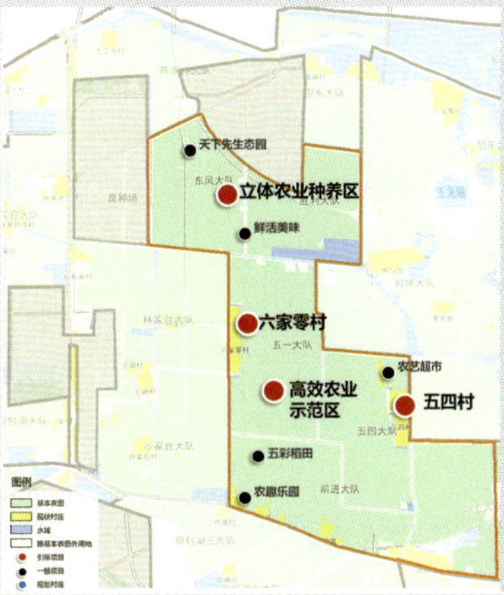

主题定位：城乡互动的高效循环农业示范和休闲观光区	
单元规模：21.9 平方公里	
建设思路：依托优质的耕地资源，以天下先生态园、六家零美丽乡村等既有项目为基础，整合既有种植基地，引入现代科技与设施技术，以循环、立体农业为发展方向	
引爆项目：布局五彩稻田、农业产能增效示范区、立体农业种养区等，为游客提供休闲田园观光，休闲游赏的场所	
土地整理：现状可利用存量用地规模约 107.7 公顷	

表 7-16　乡愁田园单元策划

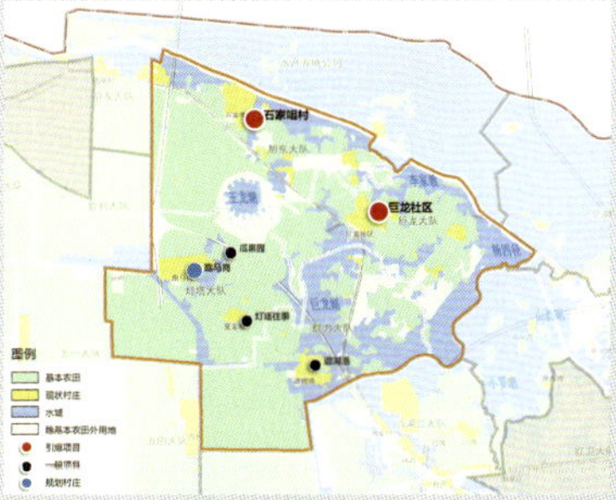

主题定位：乡村历史文化体验区	
单元规模：24.1 平方公里	
建设思路：依托现状良好的村庄环境和历史文化，着力打造乡愁记忆特色项目	
引爆项目；以农垦文化，布局巨龙功能小镇（农垦艺术家田园工作室、农场食堂）、巨龙社区等，打造能够勾起人们旧时记忆的体验区域	
土地整理：现状可利用存量用地规模约 130.0 公顷	

表 7-17　桃花戏鱼单元策划

<table>
<tr><td rowspan="2">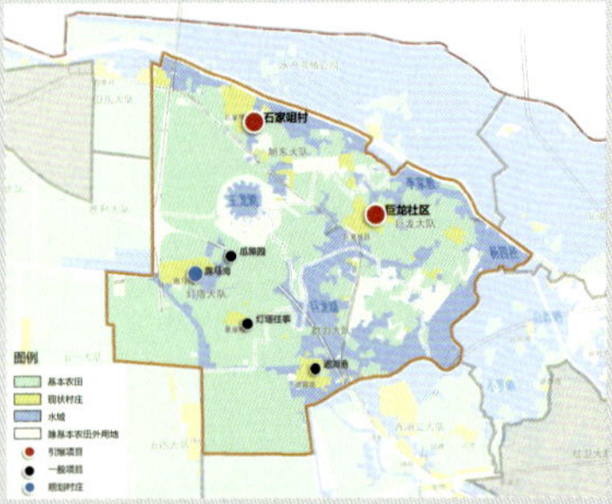
</td><td>主题定位：桃林游赏和渔场垂钓区</td></tr>
<tr><td>单元规模：14.0 平方公里</td></tr>
<tr><td colspan="2">建设思路: 在陈家冲桃花基地的基础上，进一步扩大桃林规模，形成桃花缤纷驿站、桃林驿站</td></tr>
<tr><td colspan="2">引爆项目；结合东山水产养殖区，打造桃林环池的特色景观，布局桃花村、桃林垂钓园等特色项目</td></tr>
<tr><td colspan="2">土地整理：现状可利用存量用地规模约 40.3 公顷</td></tr>
</table>

统一的、面向管理的、精细化的非集中建设区土地用途分类体系（表 7-18）。在城乡规划、土地利用规划、风景名胜区规划用地分类的基础上，按照强化耕地保护、生态保护和合理引导建设的总体思路，规划提出将非集中建设区用地划分为 3 个大类、14 个中类、24 个小类，以此整合多规用地管控，形成用地布局规划“一张图”。

4. 统筹全域，形成指导非集中建设区国土空间用途管制的详细规划总图

优化非集中建设区全要素国土空间用地布局。基于土地用途分类和指标的确定，以土地利用变更调查数据为基础，明确生态保育、农用地等非建设用地以及村庄、旅游服务等建设用地空间布局（图 7-18—图 7-21）。基于“应保尽保”的原则，规划全面核实东山街非集中建设区生态资源，将部分坑塘水面调入湖泊水面的范围，强化生态保护。按照“最严格的耕地保护制度”的要求，规划将坑塘水面调出农用地，将村庄建设用地复垦的农田调入农用地。鉴于区域基础设施建设用地和其他建设用地选址的不确定性，建议按已建或已批用地落实布局，用地布局规划图采用虚线予以布局，不落实用地指标，待实施时统筹全区建设用地指标落实（图 7-22）。

按照全域全要素布局思路，开展东山街非集中建设区全用途用地布局。规划范围内，规划农用地 5079 公顷，占比 82.8%；规划建设用地 537.8 公顷，占比 8.8%；规划生态保育用地 515.6 公顷，占比 8.4%。其中，规划村庄建

表 7-18　东西湖区非集中建设区土地用途分类标准一览表

大类	中类	小类
生态保育用地	水域	河流水面
		湖泊水面
		水库水面
		滩涂
	生态林地	—
	自然保留地	—
	其他生态保育用地	—
农用地	永久基本农田	—
	一般农田	—
	园地	—
	一般林地	—
	一般草地	—
	其他农用地	坑塘水面
		设施农用地
		农田水利用地
		农村道路
建设用地	村庄建设用地	—
	区域基础设施用地	铁路和轨道交通用地
		公路用地
		机场用地
		港口码头用地
		管道运输用地
		水工建筑用地
		其他区域基础设施用地
	旅游服务用地	旅游商业用地
		旅游商务用地
		旅游娱乐康体用地
		其他旅游服务用地
	其他建设用地	风景名胜设施用地
		特殊用地
		采矿用地
		其他独立建设用地

注：该规划是武汉市 2017 年东西湖区非集中建设区规划试点，反映当时的探索思路，用地分类与现行国土空间规划有部分不一致。

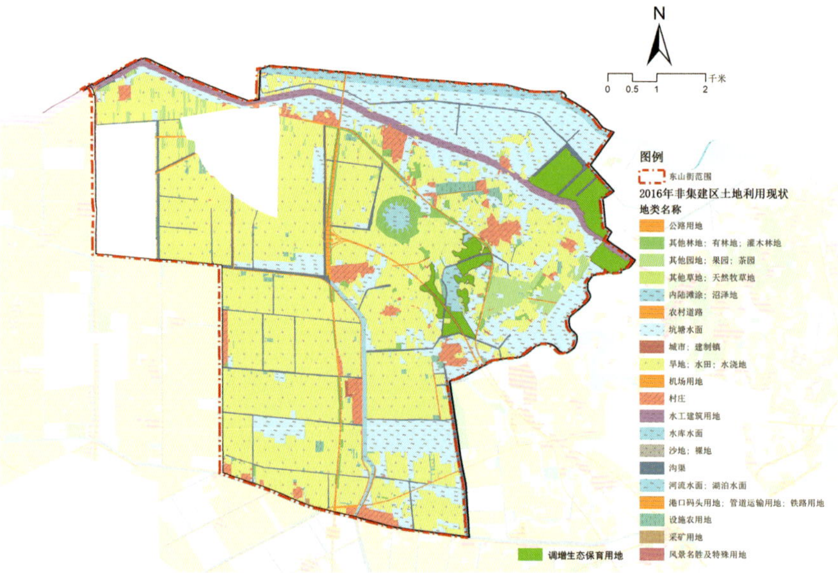

图 7-18　生态保育用地调增分布图

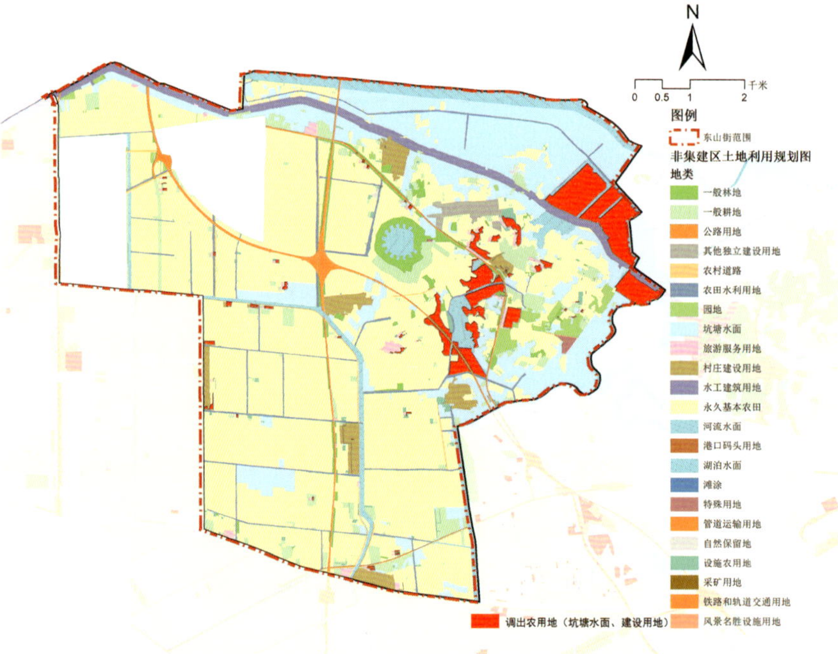

图 7-19　规划农用地调减分布图

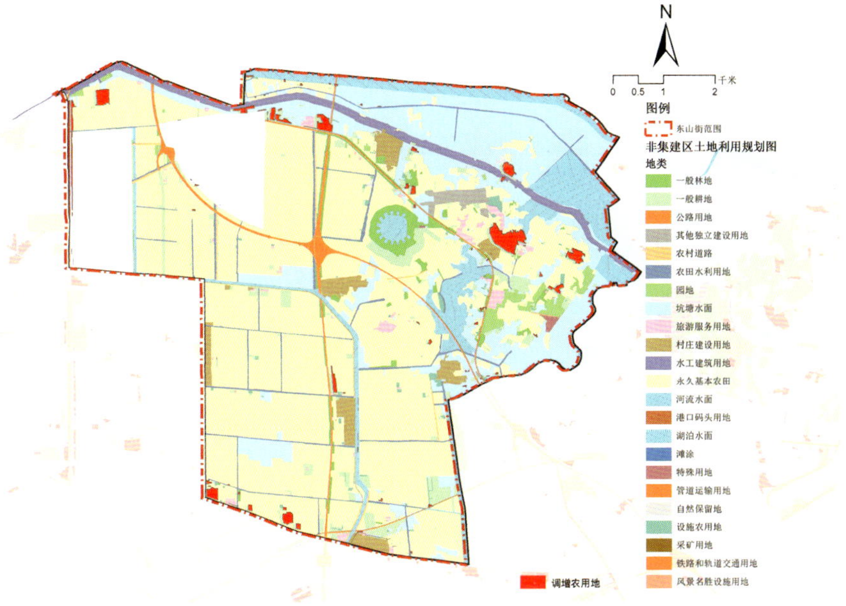

图 7-20　规划农用地调增分布图

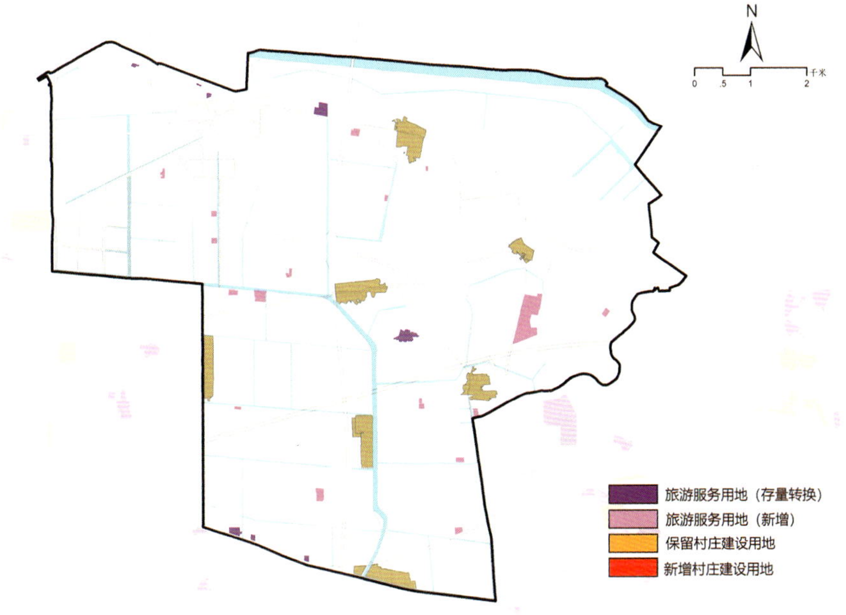

图 7-21　村庄及旅游设施用地布局图

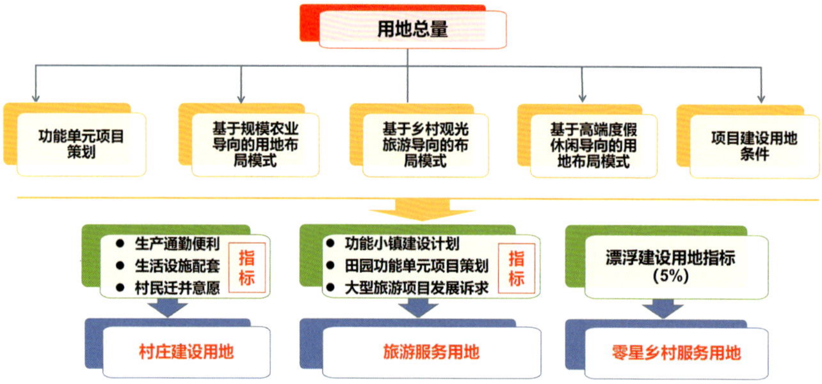

图 7-22 村庄和旅游服务建设用地布局思路

设用地 142 公顷，以现状保留为主；规划旅游服务用地 64 公顷，利用“增减挂钩”指标布局（表 7-19）。全区层面预留的漂浮建设用地指标，根据土地利用效率和项目实施情况，由区自然资源和规划主管部门统筹分配和落实布局（图 7-23）。

5. 衔接管理，制定田园功能单元管理图则

基于核心空间保护和建设需求，东山街建立非集中建设区核心管控体系。结合新一轮机构改革确定的规划国土管理部门职能，规划开展生态用地、耕地、湖泊水体等非建设用地管控研究。同时，借鉴城市集中建设区成熟的建设用地管理模式，规划明确东山街非集中建设区规划功能单元主导功能、生态红线保护、基本农田保护、村庄建设和旅游服务用地、建设用地整治、“五线”、农村居民点要求七方面管控内容（图 7-24）。

东山街非集中建设区规划采用刚弹结合的管控方式，以提高空间管控的适应性。基于管理的严格程度，规划提出刚性管控和弹性管控，其中，刚性管控内容应在规划许可中严格落实，弹性管控内容在实际管理中可以根据具体方案的深化进行微调。针对不同管控内容，规划管控图则主要采用目标控制、实线控制、虚线控制、指标控制和点位控制 5 种表达方式：目标管控的内容一般为刚性要求，在实际管理中应有落实，不可忽略；实线管控的内容为刚性要求，实线控制的规划地块位置、建设规模、设施建设要求等原则上不得更改，边界形状可根据具体方案深化确定；虚线管控的内容一般为弹性要求，虚线控制的地块规模和设施建设要求等一般不允许更改，地块的位置和边界可以在单元内

表 7-19　东山街规划土地用途指标汇总表

一级类	二级类	规划用地面积（公顷）	现状用地面积（公顷）	差值（公顷）
农用地	一般农田	290.5	3181.7	366.5
	永久基本农田	3257.7	—	
	园地	49.5	130.1	-80.6
	一般林地	128.4	132.5	-4.1
	一般草地	—	3.6	-3.6
	其他农用地	1352.9	1958.4	-605.5
	小计	5079	5406.3	-327.3
建设用地	村庄建设用地	142.3	232.4	-90.1
	区域基础设施用地	288.6	245.2	43.4
	旅游服务用地	63.9	—	63.9
	其他建设用地	43	19.9	23.1
	小计	537.8	497.5	40.3
生态保育用地	水域	512.4	228.6	283.8
	生态林地	—	—	0
	生态草地	—	—	0
	自然保留地	3.2	—	3.2
	其他生态保育用地	—	—	0
	小计	515.6	228.6	287.0
总计		6132.4	6132.4	0

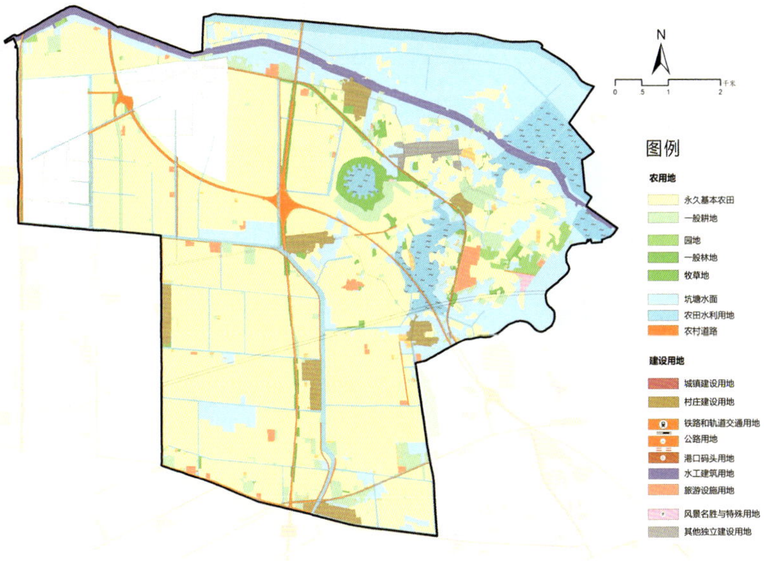

图 7-23　东山街非集中建设区用地规划图

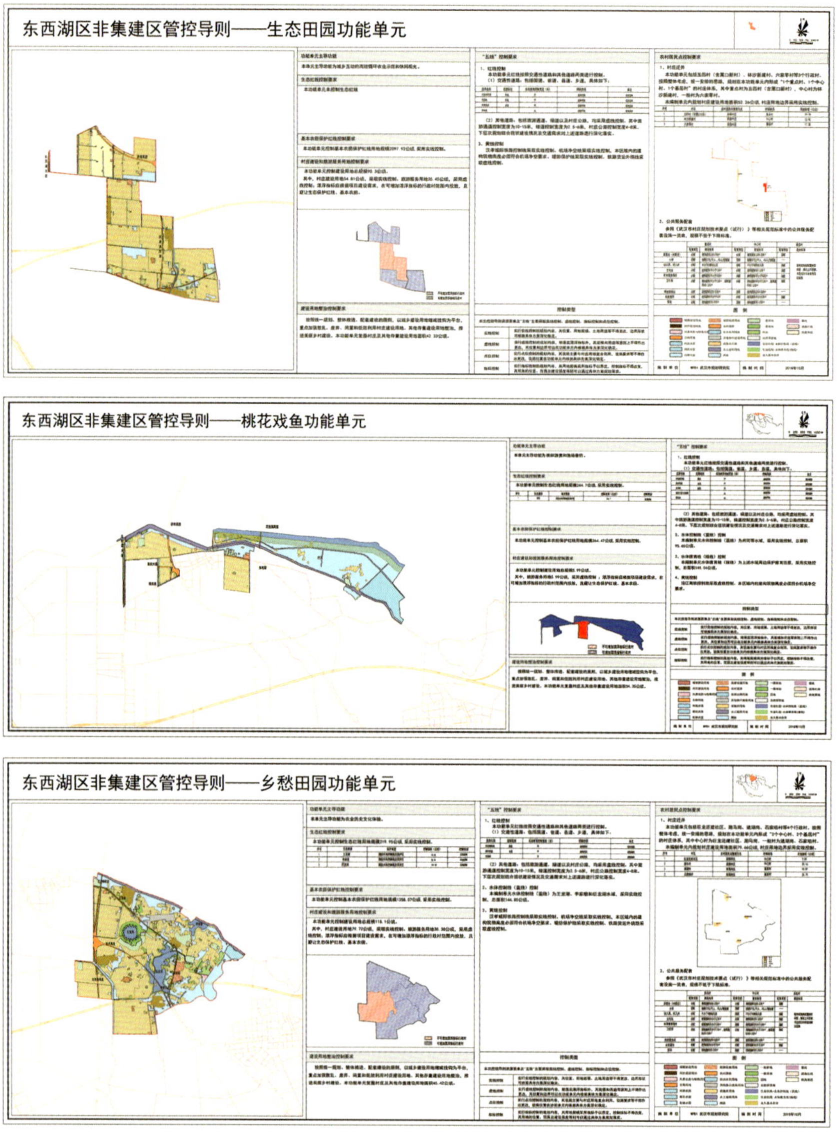

图 7-24　田园功能单元管控图则

根据具体方案深化确定；点位管控的内容一般为刚性要求，点位控制的设施可采用独立占地或与其他项目地块复合建设两种方式，当采用后者时设施建设要求等不得作出更改，采用点位控制的设施的地块四至边界在规划管理单元内根据具体方案深化确定；指标管控的内容一般为刚性要求，指标控制的规划要求应严格落实，控制形式采用阈值界定，包括上限值、下限值、区间值控制。

7.5 村级实施型规划编管重点和主要内容

7.5.1 规划编制重点

坚持简化、管用、抓住主要问题的原则，落实街（镇乡）域镇村体系及布局规划要求，以改善农村人居环境为重点，分两个阶段编制村域规划和村庄建设规划。第一阶段为村庄全域规划，明确全市各村村湾集并方案，确定农村居民点规模、边界，按照街村一体的思路形成村域用地布局方案；第二阶段为村庄详细规划，在村庄全域规划基础上，由各街道组织开展行政村详细规划，明确村湾建筑平面布局、综合整治导引、基础设施配套、房屋建设指引等内容。

一、明确村庄集并与建设边界，形成村域用地布局方案

按照“保障区域设施建设、结合特色产业集并、小型村湾化零为整、尊重历史文化村落”的村庄集并基本原则，发挥村民主体作用，构建科学适度有序的农村居民点布局体系，明确村湾集并方案。结合现状建设、发展诉求、基本农田布局等形成村庄建设用地边界，确定居民点规模，形成村域用地布局方案。

二、基于村庄改造分类研判，深化产业及功能布局

基于“扩新提升型、改造整治型、现状保留型”三类村庄改造类型研判，进一步整合资源、谋划村庄产业发展。重点在现状已有产业基础上，结合分区规划产业指引、田园功能单元分区引导，按照产村一体、景村互促的规划思路，合理布局村庄内产业空间，有效促进乡村产业发展。

三、开展村庄总平面方案设计，落实各项设施布局

在村庄全域规划基础上，开展村庄总平面方案设计，明确村湾建筑平面布局，落实村庄干路、支路等道路红线，落实区域性重要市政设施廊道，落实服务于村庄的市政设施，补齐基础设施和基本公共服务的短板。同时结合建设条件与村民诉求布局公共活动空间，提升村湾整体环境风貌。

四、做好建筑评估与分类，明确农房建设指引

界定类型、分类指导农房建设。兼顾整治与新建，在尊重原有自然生态现状与村庄肌理的基础上，紧密结合基础数据调查，界定新建、改造和拆除三类农房建设类型；明确各类农房建设样式、使用功能及建设要求；突出建筑的本土地方性，明确农房建设体量、风格、高度及外观控制指引，营造整体和谐的村庄风貌。

五、提炼“三图三表一指引”，制定村湾四三行动计划

最终成果进行简化，保障村民易懂、便于实施、有效指导建设。第一阶段村庄全域规划形成“三图三表”成果，即地现状图、用地规划及迁并流向图、市政和公共服务设施规划图、村庄现状情况调查表、村庄体系规模调整表、村域四三行动计划表；第二阶段村庄详细规划形成“两图一表一指引”成果，即村湾现状平面图、村湾总平面图、试点村村湾四三行动计划表、村湾建筑改造指引。

7.5.2　规划管控重点

村级实施性规划作为维系市场活力、平衡发展与保护的微观实施性规划，以有效引导村庄实施建设为管控目的，以农村人居环境整治行动的建设内容与标准为主要管控内容，是“自上而下”的规划实施效能与“自下而上”的项目建设诉求耦合的重要节点，体现实施性和需求性，突出项目准入和空间管控。

一、基于农村人居环境整治行动的空间管控

统筹安排村域田园开发项目、村庄布局、产业布局、生态保护与设施配套等；重点控制村庄的位置、各村庄用地面积、用地边界、发展类型（农村居民点整理方式）、村庄等级、村庄配套公共服务设施。

二、基于具体建设项目的规划条件指标管控

基于具体项目用地建设强度测算建设规模，开展空间方案设计，提出用地性质、规模、位置，以及容积率、建设密度、建筑高度、绿地率等空间控制指标要求，进一步指导村庄建设规划与田园开发项目的修建性详细规划编制。

7.5.3　村庄规划实践

一、品质提升思路下的“扩新提升型”村庄规划实践——黄陂区王家河街胜天村村庄规划

1. 项目背景及现状特征

黄陂区王家河街胜天村位于王家河的北部，距离王家河镇区 6.7 千米。村东部有火塔公路经过，交通较为便捷。

根据黄陂区的旅游发展规划，北部规划为木兰生态旅游区，打造“木兰八景”，重点发展自然观光、度假、休闲旅游。胜天村是木兰生态旅游区内为数不多的以乡村旅游为主的人文旅游节点。与北部其他生态主题的旅游景点，以及南部以汉口北国际商贸城为基础发展购物游相比较，胜天村作为木兰生态旅游区的南部门户具有旅游产业错位发展的优势。

但目前村湾布局零散，用地不够集约空心村现象明显，村庄缺乏活力。村庄整体风貌不佳，新旧建筑混杂，主要道路路网基本成型，但道路体系有待完善，设施的供给无法完全满足将来旅游的开发需求和日益增长的生活需求。

2. 规划目标

规划依托胜天村良好的发展基础，发挥生态资源优势，采取更高效的特色产业体系、更良好的生产生活条件、更高水平的民主管理，将胜天村建设成为生态、宜居、宜业、宜游的美丽玫瑰乡村、幸福生活社区和度假运动胜地。

3. 规划策略

针对胜天村这类区位条件较好、旅游资源丰富、休闲农业发展潜力大的村庄，需要构建适应城市居民乡村休闲需求和社会食品消费结构转变的特色产业体系，协调处理产业发展、农村居民与村域空间之间的良性互动关系，一方面转变农业生产模式，完善土地流转机制，采取“公司 + 基地 + 农户”、农业合作社、农业大户等多种农业经营方式，促进农业向规模化、特色化、深加工化拓展，确保村庄形成内生造血的发展路径，保障农村居民生产和生活的需求；另一方面要促进社区空间和产业发展有效结合，明确合理的居民点体系和空间组织，并结合农特资源和自然地貌，完善景观营造和设施建设，为村庄整体健康发展提供有力支撑，形成“产村融合”的产业提升型村庄规划建设模式。

4. 村庄规划主要内容

（1）优化村湾体系及村域用地布局

胜天村村湾迁并综合考虑人口和现状自然条件等因素，遵循三大原则：一是集中原则，即农民向农村新社区集中、沿路分散的村庄向中心村集聚；二是设施配套原则，即按照村庄集并人口规模，科学确定公共服务设施、市政设施入网、交通设施连城，构建完善的城乡服务设施体系；三是产业支撑原则，即村湾与产业发展潜力相结合，通过旅游产业发展，构建差异发展的空间体系。

同时规划坚持以人为本，在规划事前收集意愿、事中村民参与、事后征求意见，形成全过程的村民参与。第一阶段规划编制中，充分了解村民对村湾集并流向的意图，在此基础上结合规划原则，形成村庄居民点用地布局方案，并由村委会组织村民代表会议讨论规划方案，充分征求村民意见。通过村湾集并，腾退、流转建设用地 4.45 公顷，形成王家河街道全域村庄规划，明确了各个行政村村庄用地布局及迁并流向，将原规划胜天村仅保留龚家大湾的方案进行优化，根据村民意愿反馈，保留龚家大湾、罗家大湾、张家冲三个村湾，其中罗家大湾与张家冲形成连片发展，村民集中在罗家大湾进行安置（图 7-25，图 7-26）。

（2）深化产业及功能布局

构建以乡村旅游为主导、高效农业和农产品加工业融合发展的特色产业体系、深化产业及功能布局。规划充分利用已初步形成的以粮油作物种植、花卉苗木种植和休闲旅游为支柱的产业格局，提出以特色化差异发展的优势引导和创新化发展的升级提质为策略，打造以乡村旅游为主导、高效农业和农产品加工业融合发展的特色产业体系（图 7-27）。采取“农业合作社 + 基地 + 农工”的布局模式，有序引导村湾集并形成两个大型农村社区，社区人口均在 250 人以上。社区空间布局注重重塑“熟人社会”关系网络，落实和传承本地的生产生活方式和文化诉求。

（3）开展村庄总平面方案设计

村庄详细规划按照集并户数开展村湾内建筑平面布局，结合村民流向变化，将村委会迁至罗家大湾并配套各类设施。规划平面布局延续原村湾肌理，建设舒适宜人、宁静自然生活空间，依托现有的生态水塘构建村湾核心活动区，包括公共广场、村委会、文化室、医疗所、幼儿园、小卖铺；同时，结合地势布置住宅建筑，在每个生活组团形成中心活动区（图 7-28）。

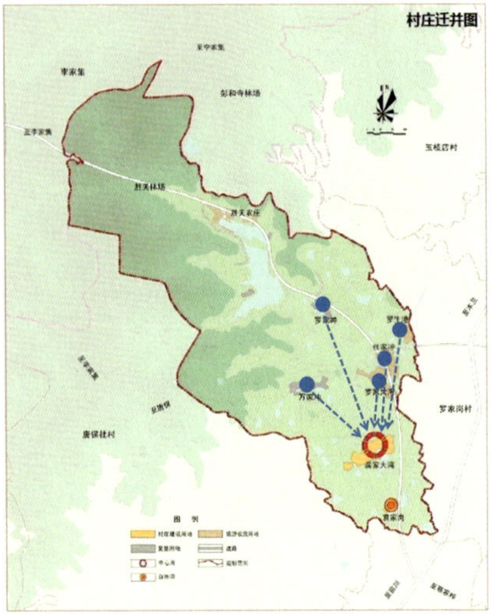

图 7-25 胜天村村湾集并流向图

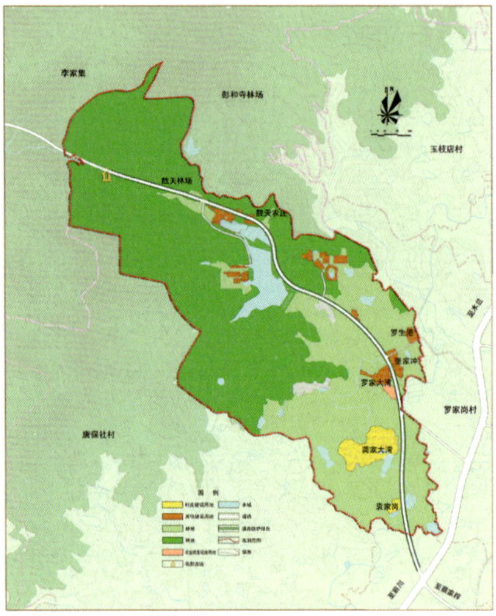

图 7-26 胜天村村域用地布局图

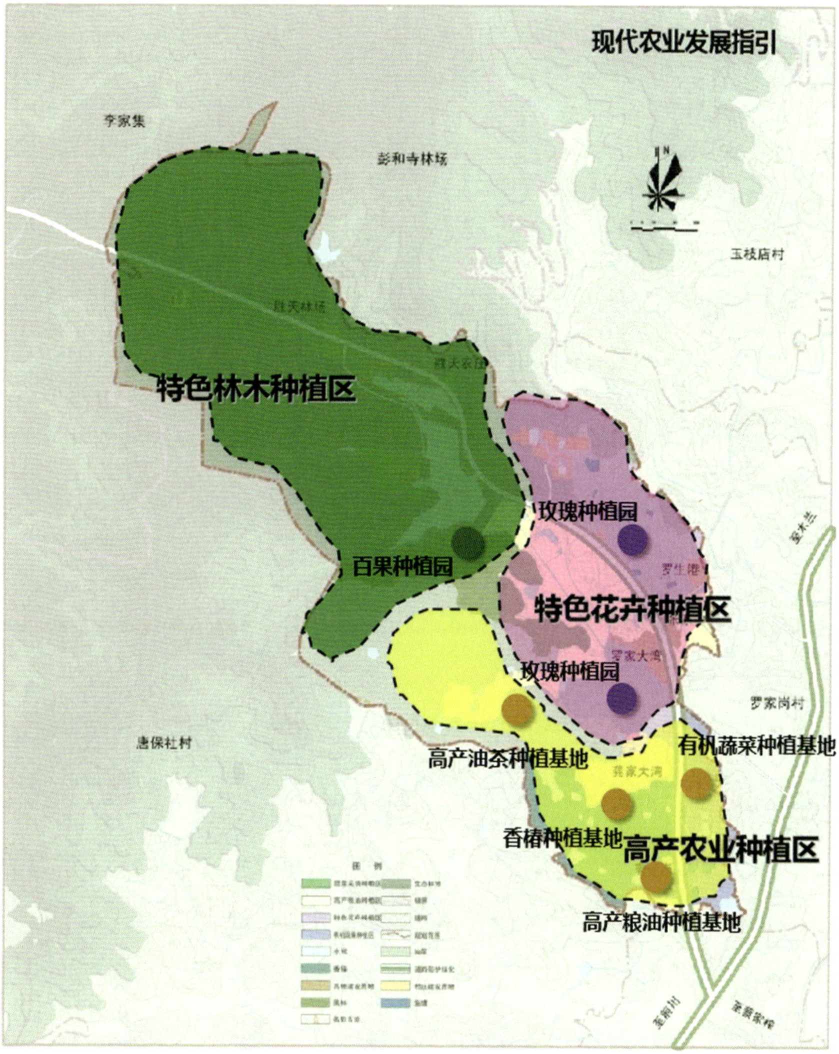

图 7-27　胜天村产业及功能布局图

图 7-28 罗家大湾村庄总平面方案图

（4）征集村民意见做好农房建设指引

与村民进行座谈访问，根据村民反馈建设诉求，明确村湾环境综合整治方案，并提出农房建设指引。形成最终成果后，在村内开展公示，并根据公示意见对规划进行完善。

针对建筑风貌较好的传统民居，采取外墙整治措施，保留传统特色民居风貌；拆除现状严重破损建筑，原地改建为广场或原址新建。新建建筑延续传统民居的建筑形态和建筑色调，联排布置，单户建筑面积 150 ～ 200 平方米（图 7-29）。

（5）制定村湾“四三行动计划”

结合第一阶段村庄全域规划和胜天村详细规划两个阶段的内容，提炼规划成果，形成胜天村村湾四三行动计划（表 7-20），保障村民易懂、便于实施、有效指导建设。

二、共同缔造思路下的“改造整治型”村庄规划实践——黄陂区巴山寨美丽乡村规划

1. 项目背景及现状特征

巴山寨村位于武汉市黄陂区李家集街北部，处于孝感、武汉交界处，距武汉市中心城区 60 千米，距区政府所在地前川 30 千米，距武汉天河机场 35 千米。2014 年，巴山寨村有 5 个自然村湾，总人口 1702 人，农民人均每年可支配收入 13700 元。

图 7-29　胜天村产业及功能布局图

表 7-20 胜天村四三行动计划表

行政村名称	项目	胜天村	胜天村	胜天村
村湾名称	—	龚家大湾	罗家大湾	张家冲
村庄等级	—	中心村	基层村	基层村
控制类型	—	扩新型	扩新型	保留型
现状概况	农户数	101 户	98 户	27 户
	人口数	342 人	320 人	72 人
规划概况	农户数	121 户	174 户	27 户
	人口数	405 人	563 人	72 人
一、农村村庄生活污水治理工程	任务内容	1 处	1 处	1 处
	相关建议	规划新建污水处理设施，污水处理达到一级 A 标后排放	规划新建污水处理设施，污水处理达到一级 A 标后排放	规划新建污水处理设施，污水处理达到一级 A 标后排放
二、农村人居环境综合整治工程	1. 农村公路建设	农村道路多为混凝土路面		
		建议将现状混凝土路面刷黑改造，提档升级		
	2. 农村房屋整治	整合资源，集中力量，突出重点，试点先行，逐步铺开，稳妥有序推进村庄建设		
	3. 切实加强规划统一管理	整合资源，集中力量，突出重点，试点先行，逐步铺开，稳妥有序推进村庄建设		
	4. 建立农村人居环境设施管护机制	按照建成小康社会和建设社会主义新农村的总体要求，以保障农民基本生活条件为底线，以村庄环境整治为重点，以建设宜居村庄为导向，全面改善农村人居环境		
三、农村厕所革命工程	任务内容	2 座	1 座	1 座
	相关建议	现状旱厕改造，并规划新增公厕设施	规划新增公厕设施	规划新增公厕设施
四、农村生活垃圾收集处理工程	任务内容	3 处	2 处	1 处
	相关建议	规划新增垃圾箱	规划新增垃圾箱	规划新增垃圾箱
五、公共服务设施	村委会	—	新建村委会 1 处	—
	教育设施	与镇区共用小学	与镇区共用小学	与镇区共用小学
	文体设施	与镇区共用，村委会内有文化活动室	与镇区共用，村委会内有文化活动室	与镇区共用，村委会内有文化活动室
	医疗设施	与镇区共用，村委会内有卫生室	与镇区共用，村委会内有卫生室	与镇区共用，村委会内有卫生室
	福利院	与镇区共用	与镇区共用	与镇区共用

综合分析，巴山寨空间区位优越，是武汉远郊口子村，且毗邻云雾山景区。村内核心生态要素为“山、水、林、田”，农林用地面积占村域总面积的 70.5%。建设空间相对集聚，主要集中在 5 处村湾，人均村庄建设用地 116.9 平方米，与武汉市村庄规划人均建设用地标准相当（120 平方米 / 人）。现状产业以传统农业为主，少量特色农业优势不突出。村域人口呈现“空心化”，劳动力外出务工比例较高，超过 50%，留守人口以老人和儿童为主。村民收入以外出务工所得为主，整体低于全市平均水平。村庄风貌新旧混存，村内木兰干砌特色建筑风貌显著；配套设施服务水平低，污废处理问题突出。

2. 规划目标和策略

规划目标与定位：依托巴山寨村良好的城郊区位和生态资源禀赋条件，以武汉市美丽乡村建设试点工作为契机，转变规划理念、转变工作方法、创新体制机制，规划将巴山寨村建设成为武汉市美丽乡村内生建设发展标杆、黄陂区美丽乡村综合示范点、云雾山大旅游圈重要的服务基地。

规划策略为一三联合、农旅联动，让农业注入活力；空间织补，风貌延续，让乡村魅力长久；共同参与、秩序重建，让村民共同建设。

相对于以往的村庄规划，规划更加强调规划路径的创新，是做村庄治理而非村庄规划，应充分发挥村民自己的能动性。根据巴山寨的现实情况和市场趋势，规划制定了责任明晰的三个阶段渐进式路径：第一步，通过村民自己投工投劳完成村湾的清洁卫生和邻里环境改善，实现洁美村庄；第二步，通过多方参与完成村容村貌和基础设施改善，实现美丽村庄；最终，寻找三大突破口，通过企业的引入（比如通过与云雾山景区开发公司的联动）、政府资源的调动以及巴山寨村的主动宣传，实现巴山寨的富美村庄。

3. 规划主要内容

（1）以“责任 +”制定递进式建设实施路径

规划基于村民需求导向的现状调研，制定经济实用的村庄环境设计方案，并进一步划分村庄建设责任包干区。通过划定村湾责任分区，明确“公共空间、半公共空间、私人空间”三类空间和整治内容。基于责任分区制定分步骤渐进式的行动建设计划及项目库，并明确对应的村民、政府、市场责任主体。通过制定村民自主、多方参与、政府投资三大行动计划，促进乡村规划由政府主导的蓝图纸规划走向共同参与、责任明晰的递进式规划。

（2）村民自主行动计划

一是垃圾分类收集计划。现在各村湾已经配备垃圾清理员，并有垃圾收集点，规划应进一步加强力度，建立垃圾分类收集制度，引导村湾垃圾分类收集。

规划增加村湾内部垃圾分类收集桶，原则上沿村湾主要道路每 50 米布置 1 个垃圾桶。改造现状露天垃圾收集点（收集点可采用垃圾箱、垃圾屋等垃圾收集设施），及时收集、清运，保持村庄整洁。垃圾分类整治主体明确半公共空间内为村民各自清理，公共空间由村湾垃圾收集员按时清理。

二是房前屋后环境整治计划。按照村湾责任包干空间的划定，明确各户整治范围。整治内容包括场地改造、绿化改造和装饰改造。其中，场地改造是通过打造“家家有院子，户户景不同”的特色农家小院，保证邻里巷道不同的景致。利用本土工匠和本地材料，形成乡土气息鲜明的房屋周边环境（图 7-30）。绿化改造是因地制宜，采取本地树种，体现乡土特色。庭院绿化以藤状植物及价格较低的植物为主，包括丝瓜藤、百日菊等，局部种点缀性景观花卉，提升整体品质。装饰改造是结合旧屋拆除的材料以及本地经济型材料，利用本土工匠，采取木质篱笆、干砌围栏（图 7-31），构建院落围合空间以及若干特色小品，形成乡土特色风貌架构。

（3）多方参与行动计划

危房拆除。基于现状建筑质量的盘整及整体空间结构，规划局部拆除危房、附房，主要为现状三类建筑（图 7-32）。经实地踏勘评估，保留 108 户，拆除 10 户（另包含多处辅助用房）。腾退地改建为组团公共活动空间，可结合本地特色，搭建花果架，满足生产及景观的需求。危房拆除工作实施主体为全

图 7-30　房前屋后场地整治效果示意图

图 7-31　房前屋后栅栏改造整治效果示意图

体村民，政府职能部门制定设计方案。由村委会组织村民积极配合拆除影响村容村貌或新村规划的危房，投工投劳；政府规划主管部门安排设计经费和采购设计服务，制定各节点详细设计。

建筑整治。建筑整治是在满足建筑基本诉求的基础上，赋予巴山寨本土特色，采用当地石砌建筑形式，传承巴山石砌文化，在尽量保留原有房屋结构的基础上，进行整体保留修复再利用、局部拆除。其中，规划对现状具有一定风貌特色的公共建筑及荒弃特色民居进行整治，集中打造村庄特色建筑风貌界面，注入新的功能活力。一般民居在整理好房前屋后的基础之上，原则上仅需局部采取墙体美化。建筑整治由政府职能部门出资，村委会组织本地工匠投工投劳实施。

空间维育。强化巷道空间作为村湾肌理重要承载区的功能。规划针对现状巷道空间缺乏特色、巷道路面差（水泥地或土路）、巷道两侧墙体单调等问题进行针对性空间维育。具体措施包括：利用当地拆迁房屋的旧砖、旧墙石头等材料，对水泥地面进行铺装；巷道两侧增设绿化小品，加强边界空间绿化及建筑窗口绿化；加强巷道两侧建筑墙立面效果设计。空间维育责任分工中，公共空间由政府出资，村民出力；宅前屋后空间由村民自己出资出力。

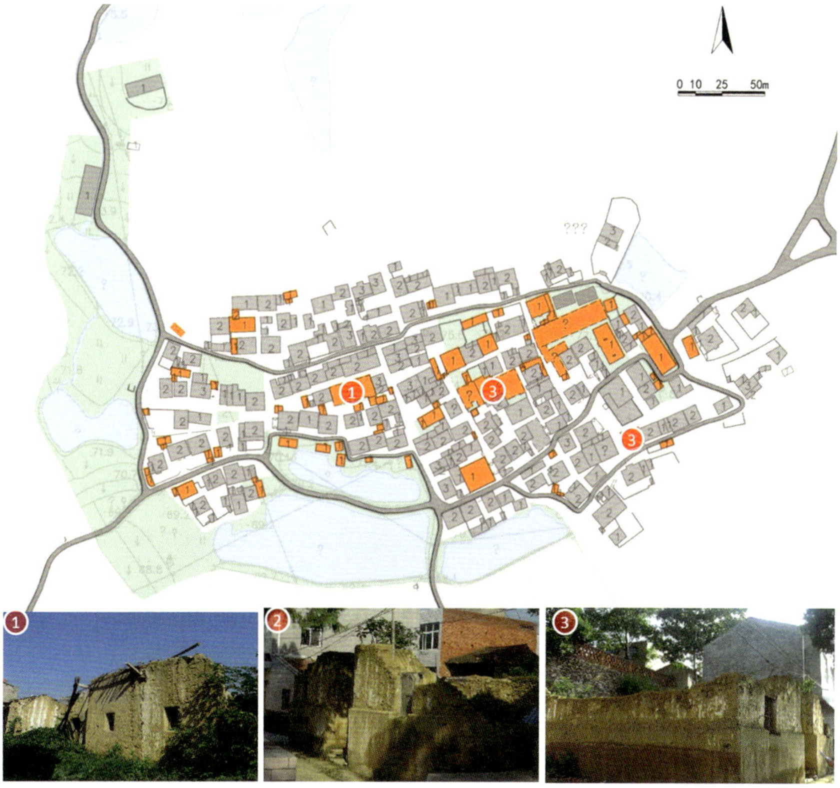

图 7-32　拆除危房分布图

（4）政府投资行动计划

公共空间环境整体提升。针对现状河道水体存在富氧化、渠道淤塞问题，开展池塘、河流、渠道截污清淤等水质提升措施，开展清杂、复绿等水岸提升措施。针对缺乏村民游憩空间的问题，强化公共空间布局，通过规划公共绿地、公共场地提升村庄整体的绿色空间质量与游憩体验。针对村湾道路环境差、市政设施配套不足的问题，强化村湾道路景观设计和完善主干排水渠道系统、人工湿地污水处理设施。

4. 巴山议程：“合作 +”重构乡村管理秩序制度

（1）创新村庄自治管理组织

通过构建乡村管理秩序制度，保障美丽乡村建设的有序实施。在行政村层面，村民选举成立村常务理事会；小组层面，村民选举成立小组理事分会。具体村庄整治工作由村常务理事会定事、各小组理事分会办事，实现村民的事情自己议、自己定、自己管、自己办。

（2）探索多元合作模式

以美丽乡村建设为主体，政府、村民、市场建立共同规划建设的工作机制。以美丽乡村建设为主体，形成村民与村委合作、职能部门与市场合作的模式。一方面建立村民、村委会合作的创新工作机制，完善村民自治管理组织架构，提高村民自治能力；另一方面整合政府各职能部门的政策优势以及市场投资力量，逐步完善政府间事权划分，将项目库分解到相应的职能部门中。

三、特色彰显思路下的“历史文化型”村庄规划实践——武汉市历史文化名村谢家院子规划

1. 项目背景及现状特征

谢家院子位于武汉市黄陂区区长轩岭街赵畈村，距武汉市中心城区约 60 千米。谢家院子自然生态环境优越，其东北枕山脉，南眺木兰山，西依滠水河，俨然一处绿水青山的古村落聚居地。

谢家院子老宅是由九组完整围合的天井院落和一个独立的天井院落组成的建筑群，当地俗称“九间半”，具有坚固性、安全性、封闭性和合族聚居的特性，在武汉地区甚为稀少。建筑群呈行列式布局，对外只有南北各三个入口，通过南北三条公共巷道连接九个既独立又相互联系的天井院落。天井院落以天井为中心，建筑包含前厅、中厅、正房、后厅和左右厢房。

目前“九间半”建筑群保留完整“三门三巷”空间格局，三条南北公共巷道于建筑群南向主立面开三门（土改时期分户农户私自增开门窗），中门对应中巷（主巷），门口遗存一对高约 1 米、长约 3 米、雕有夔龙纹的石雕户对，

墙面留有拴马环，彰显往昔繁华。三条巷道北部整体地势略高，平均进深 45 米，巷宽 4 米，石质铺地，巷内设小天井、排水渠，与天井院落的大天井互通，共同形成院落的排水系统，排向门前风水塘。建筑群北部依山就势设置供游玩休闲娱乐的花园，磴道盘曲，叠石独特，上筑一亭，可眺望四周景色。

2. 规划目标和策略

规划目标及定位：通过对谢家院子历史村落的保护与利用，将其打造为市级历史文化名村、传统乡村风貌示范基地和黄陂天井围屋院落展示区。

规划策略：通过历史建筑更新、乡村生活维系和规划监管的三大深入策略，全方位推进谢家院子历史村落的保护。

（1）建筑的更新

历史建筑和传统建筑按照文物保护相关规定进行修缮、整理。一般性建筑倡导可持续使用、渐进式改造方式，建筑需要融入生活需求，具备能承担原有功能或改造提升功能，即建筑改造能被村民理解，村民能够积极地参与改造并能使用。

（2）乡村生活状态的维系

维系乡村固有的山、水、屋、田格局；通过职业、生产方式、生活来源等方面进行统筹分析，满足现代村民的生活需求。

（3）规划监管的深入

借鉴武汉成熟的“三边”规定，对谢家院子的山、水、田制定针对性的保护图则，编制成果与乡村“一张图”衔接，将保护与乡村发展结合管控，真正落实规划监管。

3. 规划主要内容

（1）剖析历史村庄资源，提炼谢家院子历史价值

通过“田野调查”，深入研究维系历史村庄选址的大系统生态、文化格局，整个村域家庭人口年龄、产业组织和村庄人口流向结构，建筑年代、风格、质量、产权、使用、高度、结构等方面的特征，逐步明确谢家院子是一个传承古代堪舆文化、注重生态环境营造的村湾，是一个研究地方历史文化发展演变的“活教材”，是一个传承血缘宗族文化、受洋务文化影响的文化古村，是一个规模较大并较完整反映农耕社会的院落，是一个行列式、均衡布局的“九间半”天井围屋格局的典范。

（2）立足村庄原真保护，形成空间保护与图文建档双管控

通过对村湾选址及整体格局、街巷及历史环境要素、传统文化及非物质文化遗产及村民内生意愿调查等分析，通过建立 GIS 评估体系，明确保护核心主

体为9处保护建筑、6处传统建筑、3条历史街巷、8处历史环境要素及5类传统文化和非物质文化遗产，并从空间上划定核心保护范围和建设控制地带，建立历史遗存保护及核心建筑保护建档图文资料。

（3）寻求村庄生活路径，开展村庄协调发展规划

从区域产业统筹、行政村建设指引、村庄协作更新三个层面开展规划协调工作，在村民产业、基础设施配套保障和具体村庄住房空间与建筑保护等方面进行深入研究，提出“一轴两心三区”的村庄功能结构，重点对古村核心保护及生活片区的人居和建筑保护进行规范，并对旅游生活片区及新村生活片区提出规划引导。

（4）明确部门事权，通过项目库推进保护工作

为引导蓝图设计走向制度设计，规划提出“一个机制三大主体”，具体通过建立发挥村民经济和社会两方面的能动性制度机制，逐步规范及引导政府、企业和村委的事权和责任，并从历史村湾保护、人居环境改善和保障支持三方面制定实施项目库推进保护工作。

本章小结

本章节以武汉市非集中建设区编制规划体系：“市级总体规划—区级总体规划—乡镇级控制性详细规划—村级实施型规划”为例，阐述各类规划在非集中建设区的规划编制和管控要求。

其中，在市级层面强调战略性、政策性、系统性指引和底线管控，规划编制与管控应重点制定基于生态底线思维的结构性格局、划定保护与开发兼顾的政策分区、构建非集中建设区区重点功能区格局，并通过红线管控和基于政策分区的刚性指标管控实现底线约束。区级层面强调对战略、结构性格局的落实和细化，规划编制与管控应重点制定全链条融合的产业布局、细化五类功能分区并划定田园功能单元、编制村庄布局、旅游设施、道路交通等重点专项，针对功能分区实行正负面清单项目准入方式、以及刚性指标与弹性建设指引并重的管控方式。乡镇级层面强调规划有效引导项目落地，规划编制与管控应重点制定全域全要素的土地用途布局、谋划实施导向的田园功能单元产业项目策划；以田园功能单元为对象，对单元主导功能、“五线”、村庄建设和旅游服务用地、建设用地整治、农村居民点要求等方面进行全方位管控。村级层面强调全面指导村庄人居环境改善和各类建设，规划编制与管控应重点明确村庄集并建设边界和村域用地布局方案、精细化村庄改造方式并深化产业功能布局、开展村庄总平面方案设计、明确农房建设指引、制定村湾四三行动计划；基于农村人居环境整治实行空间管控、基于具体建设项目明确规划条件要求。

第 8 章

武汉市非集中建设区规划实施机制

规划引导空间治理，是以规划编制为基础和前提，落脚到规划实施。要实现城市非集中建设区由功能单一的农业主导空间转型为多元功能复合的城乡魅力空间，取决于规划编制本身的科学性，也取决于与之配套的规划实施管理机制的合理性和有效性。本章基于武汉市既有的规划管理实践和政策研究，提出了武汉市非集中建设区规划实施机制思考和建议，期望以此推动非集中建设区规划精准高效实施。

8.1 规划保障机制

8.1.1 调整和完善现行规划组织和审批机制

一、制定市区分级规划组织和审批机制

非集中建设区规划是各级国土空间规划成果的重要组成部分，纳入国土空间规划进行规划组织和审批管理。依据《中华人民共和国城乡规划法》《中华人民共和国土地管理法》《湖北省城乡规划条例》《武汉市城乡规划条例》等法律法规，武汉市市级国土空间规划由市人民政府组织编制，由湖北省人民政府审查同意后，报国务院审批。区级国土空间规划由区人民政府和市规划主管部门共同组织编制，报市人民政府审批。

二、完善乡级非集中建设区规划编制和审批机制

基于乡级非集中建设区规划定位为面向管理的控制性详细规划，这一层级非集中建设区规划将重点考虑与现有控制性详细规划编制和审批机制衔接。目前，武汉市集中建设区控制性详细规划编制和审批管理在《武汉市城乡规划条例》《武汉市控制性详细规划管理暂行规定》中明确了相关要求。《武汉市城乡规划编制审批管理办法》规定，新城区人民政府所在地的街道和新城区位于都市发展区内的区域，控制性详细规划由区人民政府会同市城乡规划主管部门组织编制，报市人民政府审批；其他区域，街道的控制性详细规划由区城乡规划主管部门组织编制，镇的控制性详细规划由镇人民政府会同区城乡规划主管部门组织编制，报区人民政府审批。《武汉市控制性详细规划管理暂行规定》规定，都市发展区和新城区政府所在街道，依据控规导则编制控规细则且未对控规导则管控内容进行实质性修改的，由市人民政府委托市城乡规划主管部门审批；都市发展区、新城区政府所在街道以及市政府指定区域的控规草案应报市规划委员会审议；区人民政府批准的控制性详细规划应同步报市城乡规划主管部门备案。

根据现有政策管理规定，主要针对区域空间管理重要性进行分区、分级管理。考虑当前乡级非集中建设区规划是“多规合一”的规划，未来也将统一纳入国土空间规划体系，必然要求与国土空间规划编制审批要求一致，武汉市乡级国土空间规划由武汉市人民政府批准。

因此，本书提出乡级非集中建设区规划编制和审批程序为：区人民政府组织编制，市规划行政主管部门组织审查，市规划委员会对规划成果进行审议，市人民政府负责规划最终审批。

8.1.2 建立规划编制的动态监测—评估—维护机制

一、开展常态化的规划监测和实施评估

首先应注重非集中建设区规划从蓝图式向过程式管理转变，建立规划“监测—评估”的实施机制。在规划编制实施过程中建立非集中建设区空间信息跟踪系统，对现状建设和城乡发展进行全面、实时的跟踪，作为规划评估和滚动调校的基础；同时，大力提升规划参与城市社会经济发展调控、制定相应公共政策的深度与能力，加强规划与社会经济发展、城市目标与公共政策的深度协同。

其次是建立非集中建设区规划全过程、周期性、常态化的评估工作机制。按照“一年一体检，五年一评估”的要求，定期对规划的内容、政策设计以及规划运作制度的架构提出完善建议，保证规划的运作过程良性循环。

二、制定规范化的规划变更管理

参考武汉市既有的规划管理机制，研究提出非集中建设区的规划变更管理，按照规划维护和规划修改分别制定审批程序。

1. 规划维护的程序

对管控内容中的弹性内容进行变更的，需按照以下规划维护程序：

（1）非集中建设区规划维护由区级职能部门、街道办或镇人民政府组织方案编制，并提出申请。

（2）非集中建设区规划维护方案由市区规划主管部门按照职责划分审批。

2. 规划修改的程序

对管控内容中的刚性内容进行修改的，需按照以下规划维护程序：

（1）非集中建设区规划维护由区级规划职能部门、街道办或镇人民政府组织方案编制，并提出申请。

（2）修改原规划中的湖泊蓝线、绿线、市政公用设施、山体保护线等涉及已批专项规划的，方案应征求专项规划行政主管部门意见。

（3）非集中建设区规划修改方案按照规定的分级审批程序重新审批。

8.1.3 建立正负面清单管理机制

一、正负面准入清单制定的基本思路

1. 强化三大政策区管控，综合应用正面引导和负面管控方式

以生态功能主导的政策区主要是为人类之外的生物提供栖息地、繁育地、迁徙通道等的功能区域，采用正面清单管理为主的方式，使绝大多数的人类活动受到负面控制，最大限度确保生态功能不受侵害。

以农业生产及观光功能主导的政策区是为农业生产服务的功能区域，采用正面清单管理为主的方式，使大多数非农建设活动受到负面控制，以更好确保农业空间不受开发侵害，产业发展不造成生态污染问题。

以旅游休闲功能主导的政策区是为特色旅游服务的功能区域，以实施乡村振兴、实现高质量发展为价值导向，是非集中建设区开发活动相对集中的区域，采用负面清单管理为主的方式，应尽量减少政府对正常经济社会活动的干预，管控对象、领域和范围应相对有限。

2. 强化五大功能区差异化引导，基于主导功能明确准入要求

生态红线控制区功能定位为全市自然资源的核心生态空间，保障和维护市级生态安全的底线区，包括具有重要水源涵养、生物多样性维护、水土保持、防风固沙、海岸生态稳定等功能的生态功能重要区域，以及水土流失等生态环境敏感脆弱区域。分区内鼓励开展山、水、林、田、湖、草等生态环境维育，禁止非必要的科研活动以外的各类开发活动。

生态郊野公园区功能定位为全市结构性生态空间，维护全市生态安全格局的系统性，包括生态红线区外的缓冲区、重要生态联系廊道等区域。分区内鼓励开展山、水、林、田、湖、草等生态环境维育，禁止各类产业活动进入，仅准入必要的配套游赏设施、农业生产和生活设施、对区域具有系统性影响的道路交通设施和市政公用设施、生态修复和应急抢险救灾设施。

基本农田保护区功能定位为全市现代农业生产集聚区、核心区。分区内发展现代都市农业、绿色农业、有机农业，避免农业生产造成水体、土壤污染。区内建设活动严格落实国家基本农田保护相关法律法规管理要求，在基本农田范围内允许准入国家重大战略资源勘查项目、生态保护修复和环境整治项目、重大基础设施项目、军事国防项目；在不占用基本农田前提下，允许开展必要的区域公用设施、农业生产和生活设施、公益性服务设施等开发建设活动。

农地复合区功能定位为落实乡村振兴战略的观光农业、农家体验旅游产业集聚区。分区内鼓励利用农业资源禀赋和生产条件，发展体验农业、观光农业等产业。区内在严格落实国家耕地、林地保护等相关法律法规管理要求前提下，

允许开展必要的农业生产和生活设施、公益性服务设施、区域公用设施等开发建设活动

旅游休闲区功能定位为城市近郊风景游赏、休闲度假产业集聚区。分区内鼓励利用山水生态资源、历史文化资源和交通区位优势条件，发展旅游观光、休闲度假产业，开展建设用地综合整治，引导农民有序迁并。区内可准入必要的游赏设施和区域公用设施、休闲度假项目、农业生产和生活设施、公益性服务设施等。

3. 强化刚弹结合，明确分级管控方式

按照刚弹结合、管控有效的原则，在不过多增加行政成本的前提下，结合目前的行政管理流程，合理设置国土空间用途管制正负面准入清单审查介入的阶段和方式。同时，结合现实需要，建立清单的动态维护和更新机制。

二、用途管制正负面准入清单管理实施

1. 正负面清单应用方式

将正负面清单的成果内容纳入国土空间规划管理"一张图"平台，市区自然资源和规划管理部门依据正负面清单，在规划调整、用地预审、规划选址等环节首先审查是否符合清单的空间准入要求，并在规划用地管理许可环节，指导规划论证和规划设计条件形成。

规划调整环节，主要是基于控制性详细规划，落实上位规划分解要求，依据正负面清单的设定严格管控条件，指导控规用地优化调整，满足城市发展需求。

用地预审和规划选址环节，主要是依据正负面清单，通过设立准入条件，指导具体项目的选址，实现城市总体发展目标和各类功能布局。

2. 正负面准入清单审查程序

采用"分区 + 分级"准入审查管理。在生态功能主导的政策区内符合管控要求的建设项目，在区自然资源和规划主管部门核发选址意见书、提出规划条件前，须提请市级自然资源和规划主管部门审查同意。其他政策区内符合管控要求的建设项目，由各区自然资源和规划主管部门按照规定进行审查，审查同意后报市级自然资源和规划主管部门备案。

3. 正负面清单动态维护机制

正面清单从正面对空间管理内容进行界定，体现的是"法无授权则禁止"，正面清单管理模式通常与政府管制相联系，是行政权对市场主体的强干预，一

定程度上会限制市场主体在空间内的合理发展诉求，因此必须动态调整。

负面清单虽然对市场主体干预少，但随着人口、资源、环境的变化，各政策分区的管控目标也会发生变化，负面清单需要适时调整，这种调整是负面清单能够有效发挥作用的关键所在。

（1）调整频次。调整方式包括年度评估修正和五年全面调整两种。其中，年度修正可以在符合转用规则和主导功能的前提下，对具体的分区准入类型进行优化修改，增强正负面准入清单的适用性。全面调整可以对正负面准入清单进行系统评估调整，增强清单事项的科学性、规范性和权威性。

（2）调整方式。建立市场准入负面清单调整第三方评估机制，引入专业机构参与清单编制工作，注重吸纳市场主体和各部门的意见。

（3）调整流程。可建立“第三方评估—自然资源主管部门审查评估报告—委托专业机构编制调整方案—征求部门和社会意见—政府批准实施”流程实施管理。

8.1.4 建立非集中建设区规划许可制度与程序

一、建立非集中建设区规划许可制度

1. 许可类型

非集中建设区内乡村规划许可包括乡村建设和自然资源两种类型，前者包括村民住宅、旅游休闲服务设施、农业生产服务设施、农业休闲服务设施、乡村基础设施、公共服务设施、公益事业用房以及其他建设类型，核发乡村建设规划许可；后者包括山、水、林、田、湖、草等自然要素在高标准农田建设、国土综合整治等农业生产活动和生态保护修复活动中涉及非建设用地转用等活动，核发自然资源规划许可。

其中，乡村建设规划许可应当载明建设项目位置、建设范围、建设规模和主要功能等内容。自然资源规划许可应当载明该非建设用地的主要用途，可以转用为其他非建设用地的类型。

2. 许可依据

镇级国土空间规划是城乡规划主管部门作出规划许可、实施规划管理的依据。涉及镇级空间规划内容调整的建设项目，应以田园功能单元为范围开展咨询论证满足规划管理需求。如确需在未编制镇级国土空间规划的区域内开发建设，可参考街（镇乡）域镇村体系评估优化的成果来指导相关建设。

二、非集中建设区规划许可程序

1. 非集中建设区内乡村建设许可管理程序

使用原有或扩建宅基地进行农村村民住宅建设的，如符合村庄建设规划，可由街道办事处、乡（镇）人民政府核发乡村建设规划许可证，报区自然资源和规划局备案；如不符合村庄建设规划，不允许改、扩建，仅可进行适当的加固和整治。

开展新建型农村居民点、乡村公共设施和公益事业建设，如使用村庄内的集体建设用地，应根据村庄建设规划由区自然资源和规划局核发乡村建设规划许可证。如建设项目不符合村庄建设规划，则不允许建设；或者开展项目咨询论证，待论证通过后核发乡村建设规划许可证。

旅游休闲服务设施建设、农业生产服务设施建设和农业休闲服务设施建设，使用村庄内的集体建设用地或国有经营性建设用地，均按照村庄建设的相关程序执行，核发乡村建设规划许可证。建设项目如符合镇级空间规划，则需编制项目咨询论证，明确项目使用强度、建设规模以及其他规划条件，并作为土地使用权出让合同的组成部分。区自然资源和规划局根据国有土地使用权出让合同和建设项目的批准、核准或者备案文件，核发乡村建设规划许可证；建设项目如不符合镇级空间规划，则需调整规划后再按照符合规划的相关程序申请规划许可。

市政基础设施和公共服务设施建设以及其他类型的建设行为，以划拨方式提供国有土地使用权的，如符合镇级空间规划，则需编制项目咨询论证，明确项目使用强度、建设规模以及其他规划条件，由区自然资源和规划局核发选址意见书，经有关部门批准、核准、备案后，由区自然资源和规划局核发乡村建设规划许可证。如不符合镇级空间规划，则需调整规划后再按照符合规划的相关程序申请规划许可。应当由省级以上人民政府有关部门批准或者核准的建设项目的选址意见书办理，按照国家、省的规定执行。

2. 非集中建设区内自然资源许可管理程序

项目建设涉及非建设用地之间转用的，如符合镇级国土空间规划，通过并联审批，获得相关部门同意意见后，依据规划核发自然资源规划许可；如不符合镇级国土空间规划，则需开展咨询论证，待论证通过后，核发自然资源规划许可。

其中，项目建设如涉及生态红线控制区，由市级自然资源和规划局核发自然资源规划许可；涉及其他功能区的，则由区级自然资源和规划局核发自然资源规划许可。

8.2 政策保障机制

8.2.1 建立和完善非集中建设区内各方产权制度和管理制度

特大城市非集中建设区内土地权属和建设需求复杂多元，完善非集中建设区内各个土地权属的产权制度，实行严格的资源管理制度，是保障规划有效落实，助力乡村发展的基础。

一方面，结合非集中建设区规划着力推进非集中建设区中各类资产确权到户。通过村庄规划进一步盘清农村的资产家底，引导房地一体的宅基地和集体建设用地登记发证工作，构建乡村发展的产权基础。基于此，进一步持续深化自然资源改革创新，开展非集中建设区内各类自然资源调查，确定各类自然资源要素的范围界线，明确非集中建设区规划中各类自然资源要素的保护和利用要求，同时以自然资源要素保护作为自然资源确权登记的底线，探索对各类自然资源用途先行开展全域登记，界定自然资源资产产权主体后再颁发产权证明的机制。

另一方面，不断完善和更新非集中建设区内各类资源要素的数据库，建立非集中建设区动态监测和管理信息平台，结合监测管理平台进一步完善农村产权交易平台，基于不同类型自然资源产权要素性质、规划功能引导、建设要求、流转范围和交易需要，建立融入规划实施的统一的自然资源产权交易市场，通过将非集中建设区内各类资源在空间上、产权上、建设上等各方面进行统筹，进一步引导和保障规划的实施落地，统筹好政府、集体、农民、企业各方利益，提高管理效率，更好地发挥特大城市非集中建设区对城市的整体服务效能。

8.2.2 建立非集中建设区内项目准入和自然资源补偿制度

特大城市的非集中建设区主要承担着生态功能、农业功能和休闲功能，其中包含了农村生产生活设施建设、生态修复和维护、旅游休闲设施建设等多种建设项目。一方面，为保护自然生态环境，非集中建设区内的多种建设必然受到严格的限制，须设置相应的项目准入目录和清单；另一方面，由于承担各类自然资源保护的责任，乡村地区牺牲了部分的“发展权”，同时对该地区的生态保护投入了相应的人力、物力和财力，其相关主体理应得到合理的补偿。因此，针对非集中建设区内各项规划建设活动，必须建立行之有效的项目准入和自然资源补偿机制，以规范和鼓励非集中建设区内建设的有序实施。

在项目准入方面，结合规划的功能引导，制定详细的准入项目名录，鼓励资源节约型、环境友好型的产业投资，引导发展休闲观光农业、生态旅游业等绿色产业等。

在自然资源使用的补偿机制方面，探索建立有利于自然资源保护、建设和经济社会协调发展的市场化的全域全要素补偿机制，推进区域协调和可持续发展。首先，在补偿主体方面，进一步完善由政府作为主要承担者，由企业、个人等其他对自然资源造成损害或利用自然资源获利者作为共同承担者的补偿责任主体架构，针对不同的补偿主体设置明确的补偿前提条件、补偿对象、补偿要求等，实现自然资源使用补偿的常态化、制度化和市场化。其次，在补偿方式方面，针对不同区域的特色，制定差异化、特色化的补偿方式，同时结合各个区域、各个补偿主体的实际需求，与时俱进地探索不同渠道的补偿方式，鼓励通过产业扶持、政策支持等方式实施相关补偿，以进一步激活非集中建设区的振兴发展。

8.2.3 探索和建设多类“国土空间综合整治 +”的模式机制

对应非集中建设区规划中各类规划单元和核心要素，制定“国土空间综合整治 +”的建设模式和机制。

针对非集中建设区中的田园功能单元，探索“国土空间整治 + 田园综合体”的模式，以各单元的特色资源及其功能定位为基础，以增减挂钩节约建设用地指标，以土地整治、耕地提质改造落实耕地占补指标，吸引社会资本参与投资，将产业、乡村旅游等与农村基础设施进行捆绑发展，推进田园综合体建设。

针对非集中建设区中的不同类型的村庄，探索“国土空间整治 + 村庄建设”模式，对村庄进行分类整治，以村庄综合整治助推空间治理精细化。对于具有历史建筑、古树、民俗、农业遗迹等历史文化保护价值的传统村落，通过详细调查经认定后，列入历史文化名镇名村保护名录，进行保护性整治。对于位于生态空间内的景中村、绿中村，出台基本生态控制线内村庄规划建设管理指导意见，明确分类建设模式及规划建设标准，围绕“控、建、改、迁”进行村庄搬迁撤并性整治。

针对非集中建设区中的郊野公园，探索“国土空间整治 + 郊野公园”的模式，充分考虑郊野地区土地利用现状、自然资源禀赋、文化资源特色，坚持因地制宜、建改结合、分类施策，以郊野公园建设带动空间利用多样化。在存量建设用地集中的区域建设乡村旅游型郊野公园，在生态功能重要的区域建设生态型郊野公园，在人文资源丰富的区域建设文化型郊野公园，为规划郊野公园的实施提供实践经验。

8.2.4 进一步完善和细化用地保障政策

结合非集中建设区内各类建设项目需求，完善相应的用地保障政策与机制。针对农村宅基地建设，加强研究完善宅基地置换政策和宅基地平移政策，明确宅基地归并范围和标准；继续完善农村土地流转政策，鼓励多主体参与、多方式推进农村土地流转，探索推进农地流转和集体建设用地入市，明确奖补资金标准和利用方式，支持新型农业高质量发展，提升土地规模效益。针对农村基础设施和公共服务设施建设，进一步加强对基础设施和公共服务设施用地供给的倾斜，保障设施建设优先用地，同时进一步健全促进乡村生产生活配套设施建设的支持措施，对通过土地增减挂钩、迁村腾地进行建设的基础设施和公共服务设施项目进行奖补，不断推进村生活垃圾收集处理、农村“厕所革命”、农村村庄生活污水治理以及农村人居环境综合整治，有序引导规划实施落地。针对农村新产业、新业态项目，结合市场发展需求，探索农村新产业、新业态的规划建设模式，创新新产业、新业态的土地管理和供应方式，抓紧出台支持农村新产业、新业态的土地保障政策，加强乡村土地综合整治、盘活的存量建设用地指标向新产业、新业态倾斜，释放土地资产活力。

8.2.5 创新实施资金支持政策，保障规划实施有序推进

一、完善支撑实施的公共财政机制

规划作为一项公共政策，只有拥有了有利的经济支持才能得以实施。城市公共财政作为提供经济支持的重要手段，其配置必须与非集中建设区的规划实施相互协调。这种协同既表现在非集中建设区内空间布局上，也表现在项目推进的时间安排上，促使非集中建设区内各项建设能够得以有序开展。在国土空间改革的背景下，国土空间规划部门应结合规划的编制，协调政府平衡城市公共资金的投入方向、地区和时间等引导非集中建设区内各项建设，保障资金的安排与规划的实施相结合，保证建设过程与规划实施的协同。

首先，强化公共财政对于非集中建设区中的“重点民生保障项目”“近期重点产业项目”等近期建设项目的支撑作用，实现非集中建设区中近期重点项目建设规划和城市公共财政之间相互依存、相互促进的关系。其次，强化公共财政对于非集中建设区年度实施计划的协同支撑作用。一方面，公共财政应着重对近期重点项目给予支持，另一方面，在非集中建设区规划编制过程中，规划应对有限的公共财政资源进行安排，结合财政安排合理确定非集中建设区规划的年度实施计划，有序推进各类项目建设和投资，保证财政资源的利用效率。

二、拓展实施资金来源，制定支持实施的多元化机制措施

一是尝试打破现行以乡镇、行政村，甚至更小区域为单元的实施资金平衡模式，建立跨乡镇或行政区的区域资金调动与跨期土地基金制度，在更大的区域范围内实现实施资金的调动，保障规划重点项目的建设实施。

二是研究采用“公私合营模式”推进规划项目实施的融资，通过第三方协调政府、土地所有人（通常是农民）以及开发商三者间的合作，将非集中建设区内各类自然生态要素的建设作为重要的绿色基础设施，将生态保护与农业休闲等功能发展融合，通过市场参与，助推资源的保护与利用。

三是探索迭代更新城乡统筹新模式，引导社会资本参与乡村地区建设，通过先期开展田园功能单元的土地流转和增减挂钩，引导单元产业由传统农业向生态产业转型，为后期城镇集中建设区预存建设指标和资金储备。

四是制定农民土地入股分红的利益分配和固定股权机制，研究建立政府按投资回收以及促进公平发展的利益分配机制，促进农民共享土地增值收益。建立集体留存金制度，完善和推进农村公共服务设施建设和农村社保医疗缴纳等。

8.3 社会参与机制

8.3.1 完善机构建设，发挥政府的保障、综合协调和管理作用

非集中建设区规划的实施需要在各级政府的综合协调、行政管理和监督指导下组织实施，需要建立在现行行政管理体制下合理而精干的城市规划实施管理的行政决策机制之上。各级政府应根据政府框架进行合理的职责划分，统筹非集中建设区中山、水、林、田、湖、草，以及村庄、风景区等各类要素的实施管理，结合各级政府各个职能部门的管理权限，规定相应的规划实施行为内容和基本规范，分级管理分级实施，同时明确专人负责，并将规划实施工作列入政府成绩考核指标之中，从而确保有序高效地开展非集中建设区内各项规划建设工作，促使非集中建设区规划的实施能够得到政府的保障。

8.3.2 发挥“自下而上”的公众参与实施作用

一是加大宣传力度，提高公众对非集中建设区规划的认识度和参与的积极性。通过电视、网络、书籍、宣传画册、讲座、展览等多种媒体和手段，开展对非集中建设区相关规划知识和信息的传播，努力提高公众的自然资源保护意识，规范化非集中建设区内各项建设行为，提高各方社会民众参与非集中建设区规划实施的积极性。二是积极引导和设立非政府组织协调公众参与，保障公众参与的有效性。尝试通过设立非政府组织或专业的咨询机构，建立政府与公众之间的无障碍联系通道。公民可以通过非政府组织或专业咨询机构行使自己的参与权和管理权，同时非政府组织或专业咨询机构也可以利用其专业知识，更好地向民众普及相关知识和政府政策规定，以推进公众积极参与到非集中建设区的规划建设、决策与实施中来。三是有效引导和发挥“村民自治”的作用，通过完善制度、加大奖补等措施来调动农民积极参与农村设施建设和管护。

本章小结

“非集中建设区”规划实施机制是国土空间规划治理体系下完善城乡规划程序的必要环节，有助于进一步合理引导和调控城乡统筹可持续发展，更加科学有效地进行规划管理和控制，推动和保障“非集中建设区”规划得以有序实施。在不同的治理模式、规划实施机制及制度条件下，“非集中建设区”的实施效果具有显著区别。当前武汉市“非集中建设区”的发展背景与规划编管需求，武汉市多管齐下，从规划、政策、公众参与等多方面完善机制体制建设，不断探索“非集中建设区”的有效实施模式。

在规划层面，尝试建立支撑“非集中建设区”规划的“编制—审批—管理—许可”一系列保障机制。一方面，应对各级国土空间规划，完善了“市、区、乡”规划编制程序与动态评估机制；另一方面，探索了“非集中建设区”正负面清单管理机制与规划许可制度，强化对不同功能区的引导与管控，开拓差异化、精细化的实施模式。在政策层面，进一步完善各方产权制度，针对“田园综合体”、村庄与郊野公园等不同功能主体，探索和建设多类“国土空间综合整治+”的模式机制，并结合建设需求，不断完善和细化各类用地、资金等支持政策。同时，规划实施更注重各级政府的综合协调管理，以及非政府组织和社会民众的共同参与，通过发挥多方协调运作，共同促进规划顺利实施。

参考文献

[1] 何洪泽．世界城市化发展趋势．智能建筑与城市信息，2003（4）．

[2] 余晓斌，裴东惠．世界城镇化发展历程及趋势．时代金融，2013（12）．

[3] 侯永志，张永生，等．世界城市化和城市发展的若干新趋势和新理念．中国发展观察，2013（1）．

[4] 何梅，汪云，夏巍，等．特大城市生态空间体系规划与管控研究．北京：中国建筑工程出版社，2010.

[5] 孙颖杰，王姝，邱柳．中国城市化进程及其特征研究．沈阳工业大学学报，2003(3)：220-224.

[6] 李兵弟．城乡统筹规划的实践探索．北京：中国建筑工业出版社，2011：26-36.

[7] 赵永建．我国城乡发展差别的根源追索．现代经济探讨，2012(6).

[8] 马远军，张小林，李凤全，等．我国城乡关系研究动向及其地理视角 [J]. 地理与地理信息科学，2006(3).

[9] 张伟．试论城乡协调发展及其规划．城市规划，2005(1).

[10] 苏发金．我国工业化与城乡统筹发展关系的实证研究．中国地质大学学报（社会科学版），2012(5).

[11] 寇宗淼．底线思维是基石 : 国家机构改革中自然资源全要素管控的再认识．北京规划建设，2018(06)：34-36.

[12] 张一凡，马璇，冯琼．总规创新视角下非集中建设区的规划路径与方法初探．城市规划学刊，2017(S2)：188-194.

[13] 王锋，李开猛，李晓军．城市非建设用地“控用结合”规划方法及广州市从化新城实践．规划师，2017，33(05)：47-52.

[14] 高颖，张秀兰．我国特大城市人口结构特点及变动趋势分析：以北京为例．人口学刊，2016，38(02)：18-28.

[15] 槐胜斌．城市非建设用地及其管治研究．中外建筑，2015(01)：159-161.

[16] 王福定，裘国平，杨振文．城市非建设用地区划与类型研究 // 中国城市规划学会．城乡治理与规划改革：2014 中国城市规划年会论文集（07 城市生态规划）．中国城市规划学会 : 中国城市规划学会，2014：10.

[17] 陆希刚．“图”与“底”：关于城市非建设用地规划的思考．城市规划学刊，2013(04)：68-72.

[18] 李昶．我国特大城市建设用地变化特征及其影响因素研究．重庆：重庆大学，2013.

[19] 舒沐晖．城乡非建设用地概念界定辨析 // 中国城市规划学会．多元与包容：2012 中国城市规划年会论文集 (13. 城市规划管理). 中国城市规划学会：中国城市规划学会，2012：9.

[20] 盛洪涛，汪云．非集中建设区规划及实施模式探索．城市规划学刊，2012(03)：30-36.

[21] 程遥，赵民．“非城市建设用地”的概念辨析及其规划控制策略．城市规划，2011，35(10)：9-17+85.

[22] 邢仲余．非建设用地的规划控制研究．城市规划，2010，34(S1)：27-30.

[23] 肖华斌，袁奇峰．城乡统筹视角下的城乡非建设用地规划初探 // 中国城市规划学会．城市规划和科学发展：2009 中国城市规划年会论文集．中国城市规划学会，2009：9.

[24] 董戈娅 . 重庆都市区非建设用地规划及管理控制方法研究 . 重庆：重庆大学，2007.
[25] 李勇 . 中国超大城市、特大城市的经济地位和可持续发展研究 . 长春：东北师范大学，2002.
[26] 何梅，汪云，夏巍，等 . 特大城市生态空间体系规划与管控研究 . 北京：中国建筑工程出版社，2010.
[27] 荣南 . 中国古代城市规划思想中的生态要素 . 绿色科技，2012 (02)：3-5.
[28] 张慧 . 先秦生态文化及其建筑思想探析 . 天津：天津大学，2010.
[29] 武前波，崔万珍 . 中国古代城市规划的生态哲学：天人合一 . 现代城市研究，2005，(09)：47-51.
[30] 冯双 . 城市边郊田园综合体规划设计研究 . 长沙：湖南大学，2018.
[31] 雷维群，徐姗，周勇，等 . "城市双修"的理论阐释与实践探索 . 城市发展研究，2018，25(11)：156-160.
[32] 营泓博，李彦 . "城市双修"是"城市美化运动"吗？规划师，2018，34(02)：140-145+150.
[33] 吴耀宇 . "反规划"视角下的城市森林景区生态规划 . 南京林业大学学报 (人文社会科学版)，2010，10(03)：80-84.
[34] 李颖怡 . 城乡一体化背景的乡村景观价值探 . 风景园林，2013 (04)：150-151.
[35] 章莉莉，陈晓华，储金龙 . 我国乡村空间规划研究综述 . 池州学院学报，2010，24(06)：61-67.
[36] 黄璜，杨贵庆，菲利普·米塞尔维茨，等 . "后乡村城镇化"与乡村振兴：当代德国乡村规划探索及对中国的启示 . 城市规划，2017，41(11)：111-119.
[37] 殷成志，Franz Pesch. 德国建造规划评析 . 城市问题，2004，(03)：64-69.
[38] 易鑫 . 德国的乡村规划及其法规建设 . 国际城市规划，2010，25(02)：11-16.
[39] 邢海峰 . 部分国家与地区乡村用地规划法律制度的特点及其借鉴 . 国际城市规划，2010，25(02)：26-30+105.
[40] 谢敏 . 德国空间规划体系概述及其对我国国土规划的借鉴 . 国土资源情报，2009，(11)：22-26.
[41] 金俊，金度延，赵民 . 1970—2000 年代韩国新村运动的内涵与运作方式变迁研究 . 国际城市规划，2016，31(06)：15-19.
[42] 孙敏，姜允芳 . "存量发展"背景下上海市郊野单元规划研究 . 城市观察，2015，(02)：132-139.
[43] 管韬萍，吴燕，张洪武 . 上海郊野地区土地规划管理的创新实践 . 上海城市规划，2013，(05)：11-14.
[44] 涂于华 . 成都市中心城非城市建设用地规划实践研究 . 成都：西南交通大学，2010.
[45] 李边疆，欧名豪，张全景 . 我国台湾地区土地利用规划的特点及其启示 . 国土经济，2004，(04)：26-28.
[46] 包宇航，黄全能，陈松河 . 台湾园林景观的特色与营造 . 江西农业学报，2011，23(11)：40-42+52.
[47] 王日秀 . 统筹城乡发展加快城乡关系转变 . 中共山西省委党校学报，2009.
[48] 裴艳 . 浅析城郊镇的发展思路 . 中外企业家，2012(03)：92-93.

[49] 武力 . 论改革开放以来中国城乡关系的两次转变 . 教学与研究，2008，V(10)：12-18.
[50] 胡能灿 . 市县 " 多规合一 " 实现路径初探 . 国土资源导刊，2018，015(002)：1-4.
[51] 夏巍，刘菁，卢进东，等 . 城市生态空间规划管控模式探索：以《武汉市全域生态管控行动规划》为例 . 城乡规划，2018，000(002)：113-118.
[52] 叶裕民 . 中国城市化与统筹城乡发展基本概念解析 . 湖南城市学院学报，2013，034(002)：1-7.
[53] 罗巧灵，李志刚，周婕 . 新型城镇化背景下长江经济带城市生态空间规划引导研究：以武汉市为例 [J]. 现代城市研究，2017，000(004)：21-26.
[54] 王国恩，汪文婷，周恒. 城市基本生态 控制区规划控制方法. 城市规划学刊，2014(2)：73-79.
[55] 赖文浩 . 华南地区农村新产业新业态用地情况调查 . 中国土地，2018.
[56] 方卓君 . 供需视角下武汉市小城镇医疗服务设施配置优化研究 . 武汉：华中科技大学，2019.
[57] 朱海伦 . 农旅融合视角下的武汉市乡村规划应对策略研究 . 武汉：华中科技大学，2018.
[58] 黄丽杰 . 城市生态系统承载力综合评价与调控策略研究：以武汉市为例 . 武汉：华中科技大学，2008.
[59] 郑知廷 . 全域旅游视角下的乡镇 " 五位一体 " 发展机制研究：以杭州市淳安县威坪镇为例 . 杭州：浙江工商大学，2018.
[60] 黄云云 . 精准扶贫中基层政府角色转变对行为优化影响的研究 . 上海：上海师范大学，2018.
[61] 李明祥 . 产业转型升级背景下武汉市近郊小城镇空间演变研究 . 武汉：华中科技大学，2018.
[62] 魏娟 . 村镇建设标准体系实施绩效评价导则构建研究 . 哈尔滨：东北林业大学，2016.
[63] 董菲 . 武汉现代城市规划历史研究 . 武汉：武汉理工大学，2010.
[64] 余怡君 . 基于协调集约度评价的城市生态用地保护与利用策略研究 . 武汉：华中农业大学，2019.
[65] 张琳 . 低冲击视角下的城市新区开发建设策略研究 . 长沙：中南大学，2014.
[66] 周全 . 应对气候变化的城市规划 "3A" 方法研究 . 武汉：华中科技大学，2013.
[67] 魏旭红，开欣，王颖，等 . 基于“双评价”的市县级国土空间“三区三线”技术方法探讨 . 城市规划，2019，43(7)：10-30.
[68] 周静，胡天新，顾永涛 . 荷兰国家空间规划体系的构建及横纵协调机制 . 规划师，2017，33(2)：35-41.
[69] 宋博 . 致力于建构城乡统筹的完整规划体系：对“非城市建设用地规划”的辨析与延伸讨论 . 规划师，2012，28(2)：23-28.
[70] 汪毅，何淼 . 大城市乡村地区的空间管控策略 . 规划师，2018，34(9)：117-121.
[71] 廖威，苗华楠，毛斐，等 . “多规融合”的宁波市域国土空间规划编制探索 . 规划师，2017，33(7)：126-131.
[72] 史家明，范宇，胡国俊，等 . 基于“两规融合”的上海市国土空间“四线”管控体系研究 . 城市规划学刊，2017，(7)：31-41.
[73] 周劲 . 三线 • 三生 • 三控：城乡布局结构的宏观管控机制 . 规划师，2019，35(5)：5-12.
[74] 武汉市人民代表大会常务委员会 . 武汉市基本生态控制线管理条例 . 2016-3-18,19.

[75] 武汉市自然资源和规划局 . 武汉市城市总体规划（2017—2035 年）. 2017.
[76] 黄陂区自然资源和规划局 . 黄陂区分区规划（2017—2035 年）. 2017.
[77] 东西湖区自然资源和规划局 . 东西湖非集中建设区规划（2017—2035 年）. 2017.
[78] 武汉市规划研究院 . 长江经济带国土空间用途管制机制研究报告 . 2019.
[79] 钟韵，胡晓华 . 粤港澳大湾区的构建与制度创新：理论基础与实施机制 . 经济学家，2017(12)：50-57.
[80] 吴纳维 . 北京绿化隔离地区土地利用演变及规划实施机制研究 . 北京：清华大学，2016.
[81] 吴之凌 . 城市生态功能区规划与实施的国际经验及启示：以大伦敦地区和兰斯塔德地区为例 . 国际城市规划，2015，30(01)：95-100.
[82] 牛文浩 . 政府经济伦理视域下的生态文明实施机制建设研究 . 阿坝师范高等专科学校学报，2014，31(02)：19-22.
[83] 李仙娥 . 我国生态文明制度实施机制的建构探析 // 中国科学技术协会、云南省人民政府 . 第十六届中国科协年会：分 4 民族文化保护与生态文明建设学术研讨会论文集 . 中国科学技术协会、云南省人民政府：中国科学技术协会学会学术部，2014：5.
[84] 詹运洲，李艳 . 特大城市城乡生态空间规划方法及实施机制思考 . 城市规划学刊，2011(02)：49-57.
[85] 舒沐晖 . 重庆都市区城市非建设用地的规划研究 . 重庆：重庆大学，2011.
[86] 吕传廷，魏凌波，黎云 . 城市规划实施保障机制研究 // 中国城市规划学会 . 生态文明视角下的城乡规划：2008 中国城市规划年会论文集 . 中国城市规划学会，2008：10.
[87] 方创琳，周成虎，顾朝林，等 . 特大城市群地区城镇化与生态环境交互耦合效应解析的理论框架及技术路径 [J]. 地理学报，2016，71(4)：531-550.
[88] 罗震东，何鹤鸣 . 全球城市区域中的小城镇发展特征与趋势研究：以长江三角洲为例 [J]. 城市规划 , 2013(1)：9-16.
[89] 朱查松，张京祥 . 城市非建设用地保护困境及其原因研究 [J]. 城市规划，2008(11)：41-45.
[90] 武小龙 . 城乡对称互惠共生发展 : 一种新型城乡关系的解释框架 [J]. 农业经济问题，2018(04)：14-22.
[91] 董祚继 . 以正确价值导向引领农村土地制度改革 [J]. 国家治理 , 2018.
[92] 邹兵 . 自然资源管理框架下空间规划体系重构的基本逻辑与设想 [J]. 规划师，2018，271(07)：7-12.
[93] 林坚，吴宇翔，吴佳雨，等 . 论空间规划体系的构建：兼析空间规划、国土空间用途管制与自然资源监管的关系 [J]. 城市规划，2018(5)：9-17.
[94] 衣霄翔 . 城市规划的动态性与弹性实施机制 [J]. 学术交流，2016(11)：138-143.
[95] 官卫华，刘正平 , 周一鸣 . 城市总体规划中城市规划区和中心城区的划定 [J]. 城市规划，2013，37(9)：81-87.
[96] 叶绪镁 . 分区规划与控制性详细规划 [J]. 城市规划，1990(4)：59-60+57.
[97] 陈伟新 . 深圳城市分区规划的作用与定位 [J]. 规划师，2002，18(3)：29-32.
[98] 胡冬冬，殷毅，郑振华，等 . 武汉市非集中建设区规划编制方法初探 [J]. 城市规划，2018(A02)：64-70.
[99] 杜瑞宏，黄晓芳，胡冬冬 . 国土空间规划视角下非集中建设区规划体系构建 [J]. 规划师，2020，36(19)：47-51.

后记

本书基于武汉市规划研究院区域规划所长期关注研究的武汉市非集中建设区的相关规划编著而成。武汉市自 2005 年开始实施“家园建设行动计划”以来，逐步在乡村地区开展相关规划研究，继而系统研究了非集中建设区规划及管控，本书中提到的规划实例是我们近年来在非集中建设区的规划探索，有些与正在开展的国土空间规划可能有一定出入，我们只是提供当时研究时的思考，不周之处敬请谅解。党的十八大以来，习近平总书记指出“山水林田湖草是生命共同体”，强调“统筹山水林田湖草系统治理”“全方位、全地域、全过程开展生态文明建设”，规划的视角也从原来备受关注的集中建设区向非集中建设区转移。随着新的国土空间规划体系的建立，非集中建设将会成为规划的热点和重点。武汉市国土和资源规划局在重视快速城镇化发展的同时，高度关注非集中建设区的发展，盛洪涛、刘奇志、马文涵、周强、殷毅、郑振华、何梅等领导对我们开展的武汉非集中建设区规划和研究大力支持，在此表示感谢。同时，感谢武汉市规划研究院陈韦、彭伟宏、刘平、黄焕、武洁、肖志忠、丘永东等院领导给予我们的支持，为我们在本书撰写过程中提供了优越条件，创造了良好的工作氛围，使我们在繁重的工作之外能完成本书。感谢所里同事为我们分担了工作上的压力，提供了许多规划资料和图片。最要感谢的是我们的家人，他们分担了我们照顾家里的任务，让我们安心完成本书的撰写工作。

本书在撰写过程中，参考了大量经典著作和论文，在此向原作者致以谢意。

编者

图书在版编目（CIP）数据

特大城市非集中建设区规划和管控探索 : 以武汉市为例 / 武汉市规划研究院主编 ; 胡飞等著 . -- 上海 : 同济大学出版社 , 2021.11
ISBN 978-7-5608-9984-8

Ⅰ . ①特… Ⅱ . ①武… ②胡… Ⅲ . ①特大城市－城市建设－城市管理－研究－武汉 Ⅳ . ① F299.276.31

中国版本图书馆 CIP 数据核字 (2021) 第 220977 号

特大城市非集中建设区规划和管控探索
——以武汉市为例

武汉市规划研究院　主编
胡　飞　黄晓芳　袁建峰　张古月　胡冬冬　著

责任编辑　由爱华
责任校对　徐春莲
书籍设计　张　微
出版发行　同济大学出版社　www.tongjipress.com.cn
（地址：上海市四平路 1239 号　邮编：200092　电话：021-65985622）
经　　销　全国各地新华书店
印　　刷　上海雅昌艺术印刷有限公司
开　　本　787 mm× 1092 mm　1/16
印　　张　14.25
字　　数　356 000
版　　次　2021 年 11 月 第 1 版　　2021 年 11 月 第 1 次印刷
书　　号　ISBN 978-7-5608-9984-8
定　　价　178.00 元